イベント・トレンドで
伸びる業種、沈む業種

逆引き

ビジネスガイド 2020

一般社団法人 金融財政事情研究会 [編]

消費トレンド
ロボット産業
VR(仮想現実)・AR(拡張現実)・MR(複合現実)
スマート農業
航空宇宙ビジネス
物流危機

データ利活用と個人情報保護
終活ビジネス
SDGs
人生100年時代の金融機関ビジネス
マネー・ローンダリング／テロ資金供与対策(AML／CFT)

消費増税／教育改革
高齢者医療・介護改革
外国人労働者の受入拡大
通商問題／超金融緩和政策
キャッシュレス化／インフラ老朽化
高齢者の住まい

企業経営者の高齢化問題
働き方改革
最適エネルギーミックスの模索
スマートモビリティ
インバウンドビジネス
シェアリングエコノミー

一般社団法人 金融財政事情研究会

はじめに

2019年は令和の始まりとともに、将来への期待と不安が交錯する年となりました。国内では4月より働き方改革関連法が順次適用、10月には消費税引上げといった生活者へ大きな影響を与えるイベントが続きました。

そうしたなか、キャッシュレス化、AI活用の浸透をはじめ、よりスマートな社会へと進みつつあります。しかし、人口減少、超高齢化、社会保障不安、インフラの老朽化といった日本の構造問題は静かに深刻化し、金融緩和の「出口」はいまだ見出せていません。

国外へ目を向けると、トランプ通商政策に引き続き翻弄され、英国のEU離脱問題、香港では政府に対する抗議活動と混迷しています。

さて、2020年はいよいよ東京オリンピック・パラリンピックが開催されます。ここでは5GやMaaSなど、最新の科学技術が導入されます。

さらに、オリンピック後の「ポスト2020」ではヒトだけでなくモノがインターネットでつながるIoTが発展し、あらゆるものを包摂していくことが想定されます。そうしたなかで私たちの消費行動、暮らし、ビジネスのあり方は大きな変革を迫られています。

本書は、日本が直面する変化の波が、どのようなビジネス（業種）に、どのような（ポジティブ／ネガティブ）インパクトを及ぼすのかを予測するものです。

タイトルにある「逆引き」の"正本"は、当会が1966年の創刊以来、4年に一度改訂を重ねてきた『業種別審査事典』です。

2020年1月に全面刷新された『**第14次業種別審査事典**』が刊行されました。半世紀を超えて活用され約1,500にのぼる業種ごとの沿革、特色、市場規模、需給動向、業況等を分析した、いわばミクロの視点からの「業界情報の宝庫」です。

これに対して本書は、マクロな視点から業種群を俯瞰することをコンセプトとしています。

執筆チームには、政策担当者、シンクタンクのアナリスト、コンサルタントのほか、『**第14次業種別審査事典**』の執筆者である業界の専門家、中小企業診断士等に加わってもらいました。本書が皆様の会社の経営計画策定や取引先企業の事業性評価、投資先発掘のお役に立てば幸いです。

2020年1月

一般社団法人金融財政事情研究会

【執筆者一覧】（50音順）

明石　久美
　明石シニアコンサルティング
　相続・終活コンサルタント

浅見　淳
　「月刊消費者信用」編集長

足立　早恵子
　長鶴コンサルティング
　代表取締役

伊藤　秀樹
　みずほ総合研究所
　政策調査部　主任研究員

上野　剛志
　ニッセイ基礎研究所
　経済研究部　シニアエコノミスト

岡部　眞明
　一般社団法人ローカルコミュニケーションセン
　ター
　理事長
　一般社団法人中小企業人材確保支援協会
　筆頭理事

小田島　労
　NTTデータ経営研究所
　エグゼクティブコンサルタント

金　明中
　ニッセイ基礎研究所
　生活研究部　准主任研究員

近藤　有希子
　東京経営研究グループ　中小企業診断士

三治　信一朗
　NTTデータ経営研究所
　パートナー（情報未来イノベーション本部）

芝坂　佳子
　KPMGジャパン　有限責任あずさ監査法人
　統合報告CoE　コーポレートガバナンスCoE
　パートナー

鈴木　政司
　中小企業診断士

高橋　克英
　株式会社マリブジャパン
　代表取締役

内藤　啓介
　みずほ総合研究所
　政策調査部長

中田　一良
　三菱UFJリサーチ＆コンサルティング
　調査部　主任研究員

長門　理恵
　中小企業診断士

中西　孝樹
　株式会社ナカニシ自動車産業リサーチ
　代表アナリスト、パートナー

平林　裕治
　東京経営研究グループ　中小企業診断士

藤野　大輝
　大和総研
　金融調査部　研究員

堀江　奈保子
　みずほ総合研究所
　政策調査部　主席研究員

松本　賢英
　農林水産省大臣官房政策課
　技術政策室長

村岡　滋
　　東京経営研究グループ　中小企業診断士

森田　章
　　ボストンコンサルティンググループ
　　マネージング・ディレクター&パートナー

森　弘子
　　東京経営研究グループ　中小企業診断士

和家　泰彦
　　EYアドバイザリー・アンド・コンサルティン
　　グ株式会社
　　エグゼクティブディレクター

目　次

〈本書の留意事項〉

① 　わかりやすさを優先したために、一部省略・簡略化した表現を用いています。

② 　一般的な知識を説明したものであり、特定の商品・サービスなどの勧誘を目的とするものではありません。

③ 　本書に記載された情報は執筆当時のものです。本書の情報によるすべての読者の行動等とその結果等について、本書の執筆者および金融財政事情研究会はいかなる責任も負いません。

④ 　意見に当たる部分は執筆者個人の見解であり、執筆者の所属する組織を代表するものではありません。

Part 1

ポスト2020

さまざまな増税負担軽減策が業種ごとの需要動向を左右

三菱UFJリサーチ&コンサルティング
調査部　主任研究員
中田　一良

「三度目の正直」で10%に

2019年10月1日から消費税率が8%から10%に引き上げられた。日本では、高齢化が進展しており、それに伴い、社会保障給付費が増加している。社会保障給付費の主な財源は社会保険料であるが、それだけではまかなえず、社会保障給付費のための公的支出が増加しており、将来的には財政赤字が拡大する可能性がある。そこで、社会保障制度と財政の持続可能性を確保し、社会保障のための安定的な財源を確保するために消費税率が引き上げられることとなった。

2012年に旧民主党、自由民主党、公明党の三党が合意した「社会保障と税の一体改革」では、消費税率は2014年4月に8%に引き上げられた後、2015年10月に10%に引き上げられることになっていた。しかし、2012年末に誕生した安倍政権は、消費税率を8%に引き上げた後の景気低迷を受けて、10%への引上げ時期を2017年4月に延期した。その後、2016年6月には世界経済が大きなリスクに直面していることなどを理由に、引上げ時期を2019年10月に再延期することを決定した。安倍政権は、消費税率の10%への引上げが景気にマイナスの影響を与えることを考慮して、二度にわたって延期してきたわけである。

では、増税によって日本経済はどのような影響を受けるのか。結論からいえば、2019年10月の消費税率の引上げによる景気下押しの影響は2014年の時と比較すると小さいとみる。引上げが2%と、前回の3%よりも小幅であり、さらに、酒類・外食を除く食料品などには軽減税率が適用さ

れるほか、キャッシュレス・消費者還元事業や幼児教育・保育の無償化などの負担軽減策が用意されているからである。

今回の引上げが日本経済に与える影響を見通す前に、まず、2014年4月に5%から8%に引き上げられた時の影響を、当時とられた負担軽減策とともに確認しておく。

前回の引上げによる家計負担は8兆円

(1) 個人消費

日本では、欧州諸国などと異なり、消費税率が引き上げられる日に、小売価格がほぼ一斉に上昇する。このため、個人消費や住宅取得において、消費税率引上げ直前に駆込需要が生じ、直後には反動減が生じる傾向がある。

まず、消費者物価(持家の帰属家賃を除く)の動向をみると、消費税率がそれまでの5%から8%へと3%ポイント引き上げられた2014年4月に、前月比で2.6%上昇した。下請企業が増税分を価格転嫁できず、収益が悪化することを避けるために、政府が消費税率引上げ分の価格への完全転嫁を奨励したこともあり、消費税率引上げ分がほぼ小売価格に転嫁されたとみることができる。

次に、個人消費(実質ベース)の動向を財・サービス別にみると、2014年4月から価格が上昇することを見越して、いずれの財・サービスでも2014年1〜3月期に増加し、4〜6月期に大きく減少した(図表1)。特に、耐久消費財は、他の財・サービスと比較すると需要の変動が非常に大きかったが、家電製品、自動車、家具など、単価

図表1　消費税率引上げ前後の財別消費動向

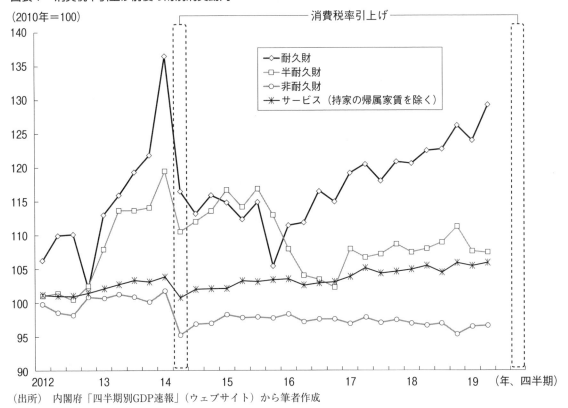

（出所）　内閣府「四半期別GDP速報」（ウェブサイト）から筆者作成

が高い商品が多いためであると考えられる。この
ほか、衣類などの半耐久財も駆込需要とその後の
反動減といった動きがみられた。他方、食料品な
どの非耐久消費財は、耐久消費財と比較すると、
駆込需要の規模は大きくなかったが、消費税率引
上げ直後には減少した。

　なお、自動車については、2014年4月の消費税
率引上げ時に、自動車取得税の税率が、軽自動車
以外の自動車は5％から3％に、軽自動車は3％
から2％に引き下げられ、消費税率引上げに伴う
負担の増加が軽減策がとられた。

(2)　住宅需要

　住宅は取引価格が高いため、消費税率引上げが
需要に与える影響が大きい。そこで政府は2014年
の消費税率引上げ時において、たとえ、2014年4
月1日以降に住宅の引渡しが行われる場合でも、
2013年9月末までに契約されていれば、8％では
なく5％の消費税率が適用されるという経過措置
をとった。

　また、消費税率引上げにあわせて、住宅ローン

減税の拡充が行われ、2014年4月以降、最大控除
額（10年間合計）が200万円から400万円に引き上
げられた（住宅の取得にあたり消費税率8％が適用
される場合）。住宅ローン減税は、所得税等から
控除する仕組みであるため、所得税額の水準が低
い人はその恩恵を十分に受けられないことがあ
る。そのため、そのような人の負担を軽減するた
めに、「すまい給付金」制度が創設された。

　このように、消費税率引上げ後に予想される住
宅需要の減少を緩和するために、さまざまな措置
がとられた。しかしながら、住宅着工の推移をみ
ると、持家、貸家を中心に2013年度に入ると増加
し始め、2013年末頃にピークを迎えた後、消費税
が引き上げられた2014年に入ると急減した（図表
2）。

(3)　実質GDP

　個人消費、住宅投資を中心に、消費税率引上げ
前の駆込需要とその後の反動減が生じたことか
ら、実質GDPは、2014年1〜3月期に大きく増
加した後、4〜6月期に大幅に減少し、7〜9月

図表2　2014年消費税引上げ前後の住宅着工動向

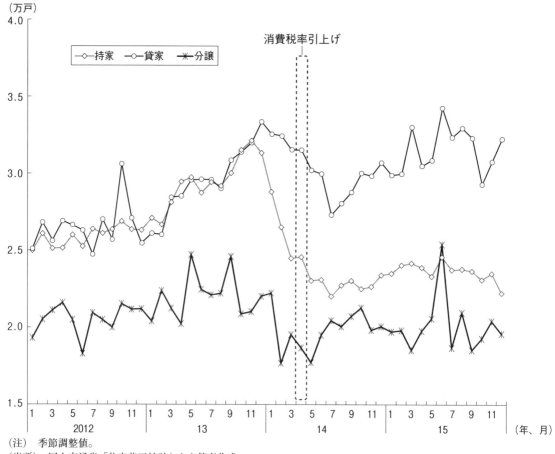

（注）　季節調整値。
（出所）　国土交通省「住宅着工統計」から筆者作成

期にも低迷が続いた。10～12月期にプラス成長となったものの、実質GDPの水準は低く、2015年1～3月期にようやく消費税率引上げ前の水準を上回った（図表3）。

　消費税率の引上げは、家計の税負担の増加を伴うものであり、家計の実質的な購買力の低下をもたらすため、消費税率引上げ後には個人消費を中心に景気が低迷することは避けられない。消費税率の5％から8％への引上げにより、家計の税負担は8兆円程度増加し、こうした家計の負担増加が消費税率引上げ後の景気の持直しのペースを鈍化させる要因となったと考えられる。

さまざまな負担軽減策

①　キャッシュレス・消費者還元事業
　政府は2019年10月の消費税率引上げにあたっ

て、2014年の経験もふまえて、需要の駆込みとその後の落ち込みによる個人消費の変動をできるだけ平準化すべく、さまざまな手を講じている。
　まず、キャッシュレス・消費者還元事業が実施される。この制度に登録した中小・小規模の事業者の店舗で、クレジットカードなどキャッシュレス手段を用いて決済した場合に、購入金額の5％（フランチャイズチェーン傘下の中小・小規模店舗では2％）が、消費税率引上げ後の9カ月間に限定して、ポイント還元される。中小・小規模事業者にとっては、決済業者に支払う手数料が生じるものの、手数料は3.25％以下に抑えられ、期間中は国がその3分の1を補助してくれるうえに、キャッシュレス決済用端末導入のための費用負担がなく、ポイント還元により集客力の強化につながるといったメリットがあるとされている（フランチャイズチェーン傘下の中小・小規模店舗は端末

図表3　実質GDPの推移

（季節調整済年率換算値、兆円）

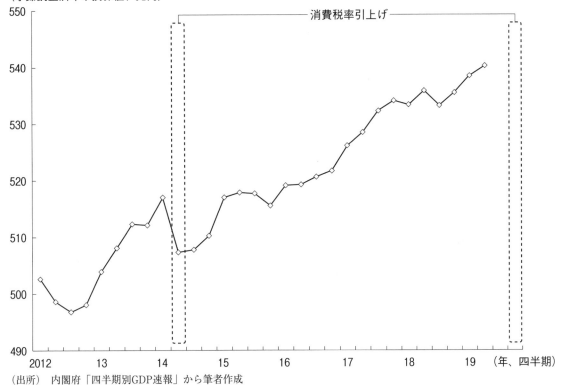

（出所）　内閣府「四半期別GDP速報」から筆者作成

費用と手数料の補助はなし）。

②　プレミアム付商品券

商品券の購入額に25％分を上乗せした金額の買い物が可能なプレミアム付商品券が導入されている。住民税非課税世帯と2歳以下の子どもがいる世帯が、1人当り最大2万5,000円分の商品券を2万円で購入できる。プレミアム付商品券は消費税率引上げ後の最大6カ月の間、市区町村ごとに定められた店舗で利用可能となっている。

③　すまい給付金・住宅ローン減税

2014年4月の消費税率引上げ時と同様、2019年3月末までに契約を行えば、引渡しが2019年10月以降になった場合でも8％の消費税率が適用される。2014年4月の消費税率引上げ時に創設されたすまい給付金は、2021年12月までに入居したものを対象に実施され、住宅ローン減税についても2021年12月までに入居したものを対象に継続される。このうち2019年10月1日から2020年12月31日に入居した場合、控除期間が3年延長される。

④　幼児教育・保育の無償化

政府は「人づくり革命」の一環として、消費税率の10％への引上げに伴う増収分の一部を財源に、幼児教育・保育の無償化を、消費税率を引き上げる2019年10月から実施している。3～5歳のすべての子どもと0～2歳のうち住民税非課税世帯の子どもが対象となっており、**認定こども園**等の費用が無償化されたほか、**認可保育所**以外の施設の**保育サービス**等に関しても、認可保育所の全国平均の月額保育料（0～2歳は4.2万円、3～5歳は3.7万円）を上限として無償化措置がとられている。対象となる子どもがいる世帯では、保育料などの負担が最大で年間45万～50万円程度軽減されることになる。

総務省「家計調査（2018年）」のデータをもとにして、世帯人員が2人以上の世帯の消費税率引上げに伴う負担増加額を試算すると、所得水準によって異なるものの、最大で5万円台となる。したがって、幼児教育・保育の無償化の対象となる子どもがいる世帯では、無償化による負担減が、消費税率引上げによる負担増を上回ると考えられる。

軽減税率の導入で逆進性を緩和

そして、今回の税率引上げにあたり、消費税としては初めて軽減税率が導入された。低所得世帯の負担増加の影響を緩和することが目的である。

所得が低い世帯ほど、所得に対する消費支出の割合が高い（消費性向が高い）傾向がある。このため、消費税は、低所得世帯のほうが高所得世帯よりも所得に対する税の負担割合が高くなる。この「逆進性」を緩和するために、2014年増税時には、低所得者に一時金として「臨時福祉給付金」（簡素な給付措置）が導入され、2014年度から低所得者に支給されてきた。支給額は年度によって異なるが、2014年度は支給対象者1人につき1万円（年金や児童扶養手当等の受給者は5,000円の加算）であった。2017年度には、2019年9月分までが一括して支給された。しかし、2019年増税において臨時福祉給付金は実施されない。今回の消費税率引上げ後の低所得者対策、逆進性対策として、軽減税率が導入されたからである。

軽減税率は、標準税率が15％以上と定められているEUでは、多くの国において食料品など生活必需品を対象に導入されている。日本での軽減税率の対象は、**酒類・外食を除く飲食料品**と定期購読契約が締結された週2回以上発行される**新聞**であり、これらに係る消費税率は8％に据え置かれている。財務省によると軽減税率導入による税収の減少額は1兆円程度とされており、軽減税率の導入にあたっては代替財源を確保することとなった。2020年以降、所得税増税やたばこ税増税が予定されている。

実質税負担増は前回の4分の1程度

経済全体で考えると、消費税率2％の引上げにより税負担は5.7兆円程度増加するものの、軽減税率の導入により1.1兆円程度軽減される。幼児教育・保育の無償化については、国の2019年度予算に2019年10月以降分として3,882億円が計上されていることから、年間ベースでは7,764億円となり、子育て世帯で負担が軽減される。このほか、社会保障の充実の一環として年金生活者支援給付金が支給（月額5,000円の上乗せ）されることなどにより、幼児教育・保育の無償化と合わせると2.8兆円程度、負担が軽減される。今回の実質的な負担増加は2兆円程度であり、2014年に消費税率が3％引き上げられた時の負担増8兆円程度と比較すると4分の1程度にとどまる。

こうしたことから、2014年4月の引上げと比較

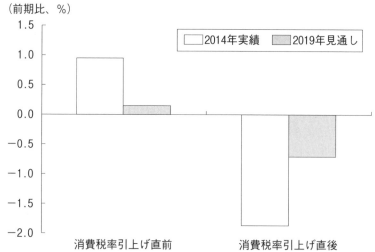

図表4　2014年 vs 2019年　実質GDP成長率の比較

（注）　2014年は実績、2019年は「ESPフォーキャスト調査（2019年9月）」による見通し（平均値）。

（出所）　内閣府「四半期別GDP速報」、日本経済研究センター「ESPフォーキャスト調査（2019年9月）」から筆者作成

すると、今回は駆込需要やその後の反動減の大きさは小さくなり、消費税率引上げの景気に対する押下げの影響も小さくなると見込まれる（図表4）。もっとも、実質GDP成長率は、消費税率引上げ以外に、世界景気や企業の設備投資などの動向の影響も受けることに留意する必要がある。

業種によって分かれる影響

　消費税率引上げの影響は、家計の負担増を通じて、実質的な購買力が低下するため、幅広い業種に及ぶと考えられる。個人向けの事業を行う業種を中心に、消費税率引上げ直後には売上げが落ち込むことが予想されるが、業界の需要動向をみるうえでは、消費税率引上げ後に売上げがどの程度のペースで回復するかが重要である。

　売上げの動向を年度ベースでみた場合、2019年度は駆込需要とその後の反動減の影響が同一年度内に表れるため、2018年度と比較すると、それほど大きな落ち込みにはならない可能性がある。2020年度は、東京オリンピック・パラリンピックによりインバウンド需要が盛り上がる可能性がある。このため、需要全体は2014年度ほどには落ち込まないと考えられるものの、落ち込みからの回復のペースが鈍い場合には、売上全体としては伸び悩むことになるだろう。

　消費税率引上げ後に、業績が他の業種と比較してより厳しくなる、あるいは期待を下回る可能性がある業種として以下があげられる。

(1)　小　売　業

　家計の実質的な購買力の低下を受けて、小売業の売上げは、消費税率引上げ後しばらくは全体に伸び悩む可能性がある。酒類と外食を除く食料品には軽減税率が導入され、引き続き8％の消費税率が適用されるものの、**食品スーパー**などに家計の実質的な購買力の低下の影響が及ぶと考えられる。

　もっとも、政府が消費税率引上げ分の価格への完全転嫁を奨励した2014年の時と異なり、今回は消費税込みの販売価格の設定について、企業の自由度が高まる。政府は2018年11月に公正取引委員会、消費者庁、財務省、経済産業省等の連名で「消費税率の引上げに伴う価格設定について（ガ

イドライン）」を発出し、小売事業者が「消費税還元セール」など、消費税と直接関連したかたちで宣伝・広告を行うことや、下請事業者や上流の事業者に対し、消費増税分を減額するよう求めることなどを引き続き禁止する一方、事業者の価格設定のタイミングや値引きセールなどの宣伝・広告自体を規制するものではないことを確認している。このため、小売業では消費税率引上げ前後の需要の変動を平準化したり、消費税率引上げ後の需要の落ち込みを緩和するための工夫の余地が広がった。

　たとえば、中小・小規模事業者は、政府が実施するキャッシュレス・消費者還元事業への参加という選択肢があり、これに対抗して対象外の企業のなかには独自にポイント還元を行う動きもみられる。ポイント還元は小売業にとってコストを伴うものの、需要の落ち込みの緩和につながる面もある。

　また、2014年と比較すると、訪日外国人数が増加してインバウンド消費の規模が約2倍に拡大していることや免税制度が拡充されていることも、消費税率引上げによる下押し圧力を緩和することになると考えられる。

(2)　住宅産業

　住宅のうち持家の年度ベースの着工件数は、政府による住宅ローン控除の拡大などの施策が実施されているものの、2014年の消費税率引上げ後は、引上げ前の水準を上回ることができない状況が続いている。持家の着工件数は長期的にみると減少傾向にあることから、2019年10月の消費税率引上げ後は、持家の着工件数は低迷が続き、**住宅分譲業、建売業者（パワービルダー）**をはじめ住宅産業全体の業績に影響を及ぼす可能性がある。

(3)　外食産業

　外食は軽減税率の対象外であるため、10％の消費税率が適用される。他方、飲食料品の持帰りや**宅配サービス**は、軽減税率の対象となるため消費税率は8％のままである。たとえば、**ファストフード**を店内で飲食する場合は10％、テイクアウトすれば8％ということになる。また、寿司を**惣菜店や持帰り寿司店**で購入すれば8％、一般の**寿司店、回転寿司店**など飲食店で食べると10％とい

うことになる。このため、外食のうち飲食料品の持帰りや配達と競合する業態では、売上げが減少する可能性がある。また、消費税率引上げ後に、実質的な購買力の低下を背景に家計の節約志向が高まった場合、外食はそうした影響を受けやすいことも、売上げの減少要因となるだろう。

⑷　自動車産業

消費税率引上げにあわせて、自動車取得税が廃止され、軽自動車以外の自家用乗用車については3％、軽自動車については2％の自動車取得税の負担がなくなった。他方、自動車および軽自動車における環境性能割（燃費課税）が新たに導入され、環境性能に応じて3％までの税率が設定されている。環境性能の高い自家用乗用車は非課税となるが、それ以外の自家用乗用車については、負担軽減の観点から2019年10月1日から2020年9月30日までの間に取得した場合、税率1％分を軽減する臨時措置がとられている。もっとも、消費税率引上げに伴う家計の実質的な購買力の低下が、税制の変更による需要を喚起する効果を打ち消すかたちとなり、需要が低迷する可能性がある。

社会保障給付費の急増に10%で十分か

日本では、高齢化の進展を背景に今後も社会保障給付費の増加が見込まれている。特に、2022年からは団塊世代が75歳以上になり始めるため、社会保障給付費が急速に増加する可能性がある。そのようななかで、社会保障制度を持続可能なものとするためには安定的な財源が必要となる。

消費税は所得税などと比較すると景気変動の影響を受けにくく、税率を1％引き上げることにより税収が2.7兆〜2.8兆円程度増加する。日本では、消費税率は当初は3％と海外と比較すると低い水準で導入されており、10%に引き上げても国際的にみると必ずしも高いとはいえない。今後、社会保障給付費の増加が予想されるなか、財政と社会保障制度の持続可能性のために、さらに引き上げる必要があるといった指摘が国際機関からなされている。

2020年問題のその先へ、新たな学びはグローバル、IT、アクティブ・ラーニング

東京経営研究グループ　中小企業診断士
村岡　滋

教育改革として何が起こるのか

2017年改訂の学習指導要領では、幼稚園は「幼稚園教育要領」として2018年度より、小学校・中学校・高等学校では「学習指導要領」に基づき、小学校は2020年度、中学校は2021年度、高等学校は2022年度から新しい指導要領の教育が進められていく。

学習指導要領はおよそ10年に一度改訂され、今回の新「学習指導要領」では、「学校で学んだことが、子供たちの「生きる力」となって、明日に、そしてその先の人生につながってほしい。これからの社会が、どんなに変化して予測困難な時代になっても、自ら課題を見付け、自ら学び、自ら考え、判断して行動し、それぞれに思い描く幸せを実現してほしい。そして、明るい未来を、共に創っていきたい」という願いがある。

そのために、主体的・対話的で深い学びである「アクティブ・ラーニング」と学習の効果の最大化を図る「カリキュラムマネジメント」を通じて、①知識および技能、②思考力、判断力、表現力等、③学びに向かう力、人間性等の3つの柱を育むことを目的としている。そのために新たに取り組み、重視する項目として「プログラミング教育」「外国語教育」「道徳教育」「言語能力の育成」「理数教育」「伝統や文化に関する教育」などを充実する予定である。

同時に、文部科学省は「高大接続改革」（図表1）に取り組み、「高等学校教育」「大学教育」

図表1　高大接続改革の必要性

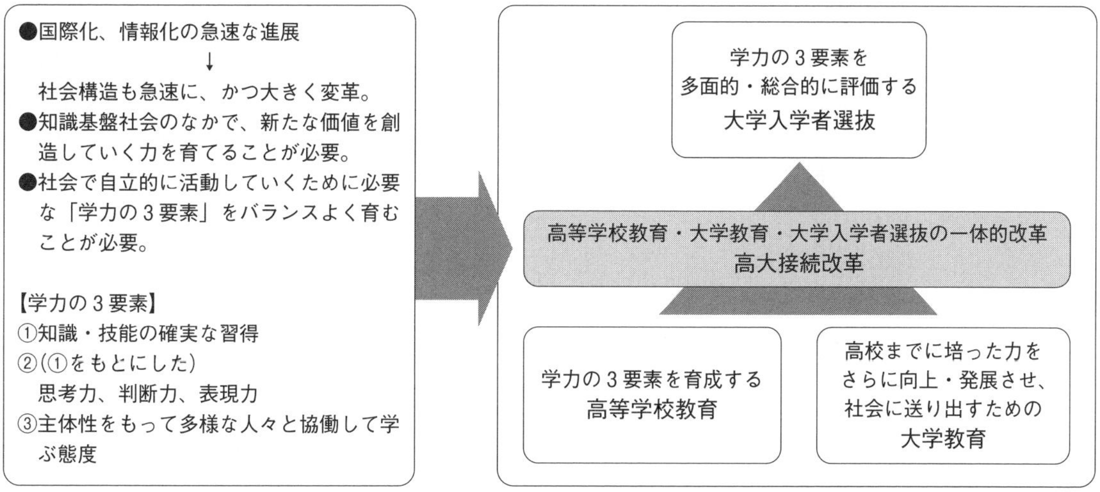

- ●国際化、情報化の急速な進展
  ↓
  社会構造も急速に、かつ大きく変革。
- ●知識基盤社会のなかで、新たな価値を創造していく力を育てることが必要。
- ●社会で自立的に活動していくために必要な「学力の3要素」をバランスよく育むことが必要。

【学力の3要素】
①知識・技能の確実な習得
②（①をもとにした）
　思考力、判断力、表現力
③主体性をもって多様な人々と協働して学ぶ態度

学力の3要素を
多面的・総合的に評価する
大学入学者選抜

高等学校教育・大学教育・大学入学者選抜の一体的改革
高大接続改革

学力の3要素を育成する
高等学校教育

高校までに培った力を
さらに向上・発展させ、
社会に送り出すための
大学教育

（出所）　文部科学省「高大接続改革」（ウェブサイト）

「大学入学者選抜」を通じて学力の3要素を確実に育成・評価する、三者の一体的な改革がきわめて重要であるとし、これらの改革の取組みを着実に進めているとの発表を行った。

2020年1月試験を最後に廃止される従来のセンター試験にかわり2021年1月から「大学入学共通テスト」が導入されることを柱とする大学入試改革（大学入学者選抜）も高大接続改革の一環である。「2020年問題」と呼ばれる高等教育にかかわる制度変更は、少子化が課題となる将来に対し、既存の業界地図やさまざまな技術革新等による外部環境の変化とともに教育業界に大きな変化を起こしている。

教育改革の背景

(1) 市場は縮小している

総務省統計局の調査によれば、2019年4月1日現在における子どもの数（15歳未満人口）は、前年に比べ18万人少ない1,533万人で、1982年から38年連続の減少となり、過去最低を記録し続けている。一方、経済産業省「特定サービス産業実態調査」（2016年度は「経済センサス」を利用）における学習塾の年間売上高は、過去6年間ほぼ横ばいから微増で推移しており、マーケットの縮小はまだみられない（図表2）。

これは、平成初頭から高校を卒業する18歳人口

の減少が始まっているのにもかかわらず、大学進学率の上昇に支えられ、大学入学者数が過去15年間にわたってほぼ60万人強で横ばいを維持してきたためとみられる（図表3）。

しかし、いずれ進学率の上昇が頭打ちとなった場合、市場の縮小は不可避と思われる。そうしたなか実施される教育改革は、変化への対応の巧拙が教育産業の成長を大きく左右することになる。

(2) 目 的

教育改革には「子供たちに、情報化やグローバル化など急激な社会的変化の中でも、未来の創り手となるために必要な資質・能力を確実に備えることのできる学校教育を実現する」（文部科学省ウェブサイトより）という目的がある。また、高大接続改革では、2004年に経団連が「21世紀を生き抜く次世代育成のための提言」として企業が求める人材像を提言し、これをベースに文部科学省は学習指導要領の改訂を実施し、2008年には「生きる力と確かな学力」を、2017年には2020年の高大接続改革へ向けた「主体的・対話的で深い学び」へ進めるためにアクティブ・ラーニングの視点を取り入れるなど学習過程の質的改善を進めることになった。

図表2　学習塾の年間売上高

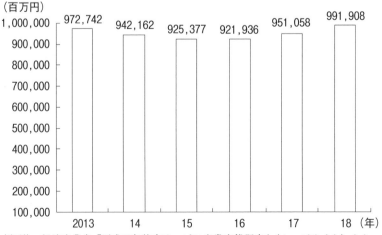

（百万円）

年	売上高
2013	972,742
14	942,162
15	925,377
16	921,936
17	951,058
18	991,908

（出所）　経済産業省「平成30年特定サービス産業実態調査」（ウェブサイト）から筆者作成

図表3　18歳人口と高等教育機関への進学率等の推移

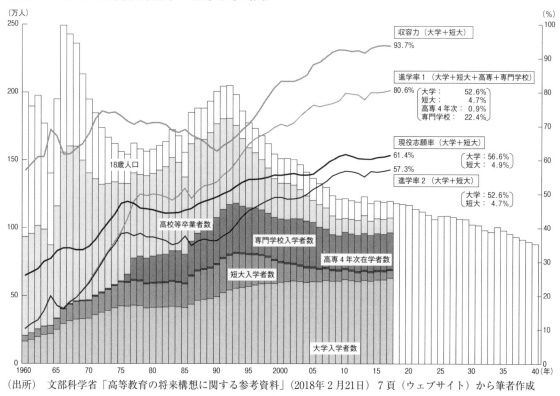

（出所）　文部科学省「高等教育の将来構想に関する参考資料」（2018年2月21日）7頁（ウェブサイト）から筆者作成

改革のポイント（各項目の説明とスケジュール）

⑴　小・中学校学習指導要領等の改訂のポイント

改訂内容の大きなポイントでは「外国語教育の充実」がある。現在、小学5・6年生では年間35時間を「外国語活動」として「英語に少しでも慣れ親しむ」「言語や文化に興味を持つ」ことを目的に音声を通じコミュニケーションに興味をもち、能力を養う活動を行っている。今後、2020年からは3・4年生で「外国語活動」がスタートし、5年生からは必修教科になる。「教科」とは本格的に教育がスタート、教科書が制定され、他の科目同様に点数がつけられるということである。中学校でも、高校で実施されている「英語で授業を行うことを基本とする」という指導の方向性が発表されている。これは教師が一方的に英語の単語や文法などの知識を伝達していた授業では

なく、生徒が自ら考え英語を使う授業を実施することになる。

また、情報活用能力を向上させるためにプログラミング教育が導入される。小学校の授業としては、コンピュータ等を活用した学習活動の充実（各教科等）が中心であり、コンピュータでの文字入力等の習得やプログラミング的思考の育成であり、実際にプログラムを組むということではない。2019年3月の教科書検定を合格した教科書では2020年度から小学校5年生の算数において正多角形の作図、6年生の理科においてLEDライトの制御が導入されている。

中学校では2021年度より、現在の技術・家庭科で実施しているプログラミング教育が増加する予定である。

⑵　高等学校学習指導要領の改訂のポイント

基本的な考え方として、高等学校教育を含む初等中等教育改革と、大学教育改革、そして高大接続改革という両者をつなぐ大学入学者選抜改革の一体的改革のなかで実施される改訂である（文部

科学省ウェブサイト）。

高等学校教育でも「外国語教育の充実」は大きなポイントである。特に４技能と呼ばれる「聞く」「読む」「話す」「書く」能力をバランスよく育成する。また、「情報教育」として、情報科の科目を再編し、「情報Ⅰ」として全生徒の必修科目として新設する。内容的には、プログラミング、ネットワーク、セキュリティ、データベースの活用や、データサイエンス等に関する内容を大幅に充実させている。同時に学習活動のなかでコンピュータ等を活用することもあげられている。

また、理数教育の充実、伝統や文化に関する教育の充実、道徳教育の充実、職業教育の充実などがポイントとしてあげられており、2022年度より実施される予定である。

⑶　高大接続改革

高大接続改革では、特に「どのように学ぶか」を重視し、学習過程において自分で調べること、論文にすることや、ディスカッションやプレゼンテーションといった主体的・対話的に深く学ぶことができる「アクティブ・ラーニング」が必要といわれる。この教育課程の習得度を計るために大学入試改革において特に大きく変わるのが、①国語と数学で「記述式問題の導入」、②英語４技能評価へ「民間検定試験の導入」の２点である。

文部科学省のウェブサイトによれば、記述式問題の導入においては、解答を選択するだけではなく、自らの力で考えをまとめ、相手が理解できるよう根拠に基づいて論述したりする思考力・判断力・表現力を評価することができる。また、これにより高等学校に対しては、「主体的・対話的で深い学び」に向けた授業改善を促し、大学においても、思考力・判断力・表現力を前提とした質の高い教育が期待できるとのことである。つまり、学んだことの理解だけでなく、自分が得た、もっている知識を活用する力・学びに向かう力も評価することで、いままでの暗記だけでは対応できない、応用力が試される。

なお、2021年１月実施の大学入学共通テストから記述式問題が導入される予定であったが、2019年12月に導入を見送ることが発表され、改めて検討されることとなった。

英語試験では急速なグローバル化に伴い、課題である英語におけるコミュニケーションツールである４技能を育成し評価することが重要視されている。民間検定試験導入は、表現力など多種多様な解答が予想されることもあり、すでに実社会のなかで活用され、評価されている認定試験を活用する予定であったが、2019年11月に実施の延期が発表され改めて検討されることとなった。

⑷　専門職大学・専門職短期大学の創設

高等教育改革が進むなか、実践的な職業教育に重点を置く**専門職大学・専門職短期大学**や大学・短大の専門職学科創設が2019年からスタートした。専門職大学の学生は卒業単位のおおむね３分の１以上を実習等により習得、企業内実習等を４年間で600時間以上履修し、大学側も専任教員数の４割以上を実務家教員とするなど、産業界と連携した教育が実施される。2018年は全国で17法人が専門職大学・短期大学の認可申請を行ったが、高知リハビリテーション専門職大学、国際ファッション専門職大学、ヤマザキ動物看護専門職短期大学の３法人のみが認可を受け、2019年４月に開設した。2020年４月には、静岡県立農林環境専門職大学、東京国際工科専門職大学、びわこリハビリテーション専門職大学、静岡県立農林環境専門職大学短期大学部の４法人が開設予定である。これは制度開始に伴い、文部科学省や大学設置・学校法人審議会も厳格な審査を実施していると同時に、文部科学省や他省庁も実践教育や産業育成を担う専門職大学・専門職短期大学に対して、新たな教育制度として期待をもっていることの証と考える。

予想されるビジネス界の動き

⑴　受験産業の学校教育への参入

今後は受験教育と学校教育は区別され専門化していくため、受験競争への対応策としては、すでに一部で導入している学内予備校の増加が予想される。**予備校**はこれまで蓄積した受験に関するノウハウを駆使して対応し、新たに学校教育とのつながりも確認することで、学校経営のスペシャリストとしても新規参入が可能になる。

リソー教育グループは「スクールTOMAS」の

メニューとして学校に学校内自習システムと個別指導教室を提供しチューターを駐在させることで学校教育に参入している。

Ｚ会グループの㈱エデュケーショナルネットワークでは教育ソリューション事業として公民連携推進室を設置し、公教育支援の事業展開として**教材販売**や先生の派遣などを実施している。

⑵　英語教育

大学入試における英語のテストに関しては、当初、2020年度からTOEFL、英検といった民間の資格試験か共通テストの英語科目かを選択し、2024年度からは完全に民間試験に委託することになっていたが、19年11月になって突然リスケジュールが発表され、新たな英語試験については、新学習指導要綱が適用される24年度試験から適用されることになった。

英語4技能の評価には学校だけでの即時対応はむずかしく、**語学教室**や**学習塾**などが参入してきている。

ベネッセホールディングスでは子会社の東京個別指導学院において「イングリッシュスピーキングトレーニング」を開発し、教室へ展開中である。

2019年2月にはＺ会がオンライン英会話のレアジョブに出資し通信教育だけでなく学校向けに授業自体を提供するなど新たなプログラムの提供を行っている。また、英会話のAEONやECCでは、出前事業と称し、学校での事業を行うなど新たなサービスの提供をスタートさせている。

また、さまざまな業種が英語教育に参入し、2017年11月にKDDIはスマホユーザーに対応するサービスの提供だけでなく、自社のAI分野への有効活用も目的として英会話学校のAEONを買収した。ニチイ学館はGABAを2011年に買収し、自社のCOCO塾とのスクール運営に関するシナジー効果を期待している。ベネッセホールディングスは1993年にベルリッツインターナショナルを買収、2015年にはオンライン英会話のぐんぐんと資本業務提携を行った。

このように競争が激しい英語教育分野だけでなく、ALT（外国語指導助手）の派遣のために**人材派遣業、通訳サービス業、翻訳業、資格取得教育訓練産業、語学教室**の参入が考えられる。

⑶　プログラミング教育

「情報活用能力」を重要な学習の基礎能力と位置づけているプログラミング教育であるが、情報科を指導できる選任教員も限られ、さまざまな情報産業に携わる企業が**プログラミング教室**を開催し、教育の支援事業などに参入してきている。サイバーエージェントは自社の開発ノウハウをベースに「CA Tech Kids」で提供してきたプログラミング教育を、2018年からは小学生に「QUREO（キュレオ）」としてのオンライン学習とプログラミング教室のフランチャイズ展開を始めた。また、プラモデル製造業のタミヤではロボットプログラミング教室のフランチャイズ事業を、学研ホールディングスでもロボットプログラミングコースを始めている。

また、教職員への支援事業もあり、家電量販店のノジマでは教職員向けプログラミング授業体験会を実施し、ベネッセホールディングスでは、以前よりICTサポーターとして学校への派遣事業を進めており、今後は独自のプログラミング教材も提供する予定である。

今後、参入する業種としては、**デジタルコンテンツ産業、受託開発ソフトウェア業、パッケージソフトウェア業、情報処理サービス業、クラウドサービス事業**が考えられる。同時に大きな課題として、情報化を進めるうえでの無線LANなどの通信回線を含めたインフラ設備やパソコン等のICT設備の投資も必要となり、**リース業**や設備業者も今後大きな需要が期待できる。

⑷　大学入試改革と基礎診断測定ツール

国の「高等学校における基礎学力の定着に向けたPDCAサイクルの構築」のために検討されている高校在学時の基礎診断である「高校生のための学びの基礎診断」も、高等学校の実態にあわせた測定ツール（民間事業者製）が提供される。2019年度から活用を始めるべく2018年7月から事業者の審査が始まり、2018年度申請分として文部科学省は、国語と数学を各2団体5ツール、英語を5団体7ツール、全3教科は3団体8ツールを認定した。塾や予備校の新たな市場となりつつある。

新たな教育関係への参入業種

(1) 教育現場でのIT活用

IT技術の進展により、授業風景も変化する。紙の教科書をタブレットに変更することで、これまで不可能であった動画による確認、VR（バーチャル・リアリティ）を使用し、疑似体験等を通じた深い理解が可能となる。

また、データ活用が可能であり、遠隔からの授業、単純な正誤問題や選択問題であれば即時採点も可能であり、生徒への対応も早くなる。また、タブレット等を通じて生徒が解答したデータは蓄積され、活用も可能になる。生徒個人の理解度合いや進捗確認ができ、クラス全体や地域の学校全体の理解度を把握できることで、効率的な勉強の仕方を発見し、質をふまえた効果的な勉強方法を提供することが可能になる。また、さまざまなサンプルやデータを活用することで、生徒の授業に対する理解に対して授業方法の仮説と検証も可能になる。

リクルートマーケティングパートナーズが提供する「スタディサプリ」は、学習機会のハンディキャップの解消が可能なアプリを使ったオンライン学習サービスである。1講座を定額で無制限に視聴でき、「到達度テスト」を利用し生徒個人の理解度や進み方にあわせたカスタマイズもでき

る。また近年では「スタディサプリ合格特訓プラン」や「スタディサプリENGLISH」と専門的サービスもスタートしている。

この分野ではAIの活用やデータベースの活用が期待され、**デジタルコンテンツ産業、受託開発ソフトウェア業、パッケージソフトウェア業、情報処理サービス業、クラウドサービス事業**の参入が予想される。

(2) その他新規業種

教育内容の専門化に伴う専門職大学の教師や、部活動指導の委託を受ける業種などから、**家庭教師派遣業、人材派遣業、**通訳サービス業、翻訳業、複合スポーツ教室などの参入や、教育設備の変化に伴い**電子ペーパー製造業**、産業用ロボット製造業などの参入も予想される。アクティブ・ラーニングを対象とした新規事業もスタートしており、JTBでは「修学旅行探求ノート」を開発し、修学旅行を楽しみながら自ら深く学べる教材を開発、内田洋行もアクティブ・ラーニングを前提に企画した教室やICT設備の提案を進めている。上記、予想される新規参入の業種をみてもわかるように、これまで無関係と思われていた業種や業界の参入が多く、今後も増加すると考えられる。

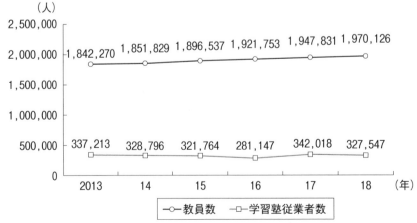

図表4　教員数と学習塾従業者数

（人）

	2013	14	15	16	17	18 (年)
教員数	1,842,270	1,851,829	1,896,537	1,921,753	1,947,831	1,970,126
学習塾従業者数	337,213	328,796	321,764	281,147	342,018	327,547

—○— 教員数　—□— 学習塾従業者数

（出所）　文部科学省「文部科学統計要覧」、経済産業省「平成30年特定サービス産業実態調査」（いずれもウェブサイト）から筆者作成

淘汰されていく業種

(1)　教　師

　教育改革によって最も大きな影響を受けるのは教師である。授業内容の変更や1クラスの生徒数の減少、個別指導の人気により教師数や**学習塾**従業者数は、この6年間は減少していない。今後はITやAI関連の導入で、正誤問題等の単純作業や知識伝授のみの教師は淘汰されていく。魅力ある授業を提案、開発することや記述式などのクリエイティブな作業や、生徒の人格形成への期待も大きい。さらに大学入試などの合格実績などが問われ、進路指導に関する助言能力などの付加価値化と質の高度化が求められる（図表4）。

(2)　学習教材

　教科書の発行部数は年々減少傾向にあり、編集や印刷経費は上昇する厳しい状況が続いている。IT技術の発達により、教科書はタブレットなどにかわることが多くなり、コンテンツをいかに早くWeb上で提供できるかが**教科書出版業**の課題となる。

　紙媒体の教科書に固執することなく、Webコンテンツに切替えを進める必要がある。同時に電子黒板などの導入でこれまでの**教育機材製造・販売業**などは厳しい淘汰が始まる。

(3)　塾・予備校

　少子化で学生数が減少しているなかで、アクティブ・ラーニングの導入により、これまでの暗記重視型の学習塾や予備校、英語教育における「話す・書く」に未対応の学習塾や予備校は今後、厳しい状況が続いていく。

2040年までに全就業者数の15%を占める巨大産業に成長

みずほ総合研究所
政策調査部　主席研究員
堀江　奈保子

「団塊の世代」が後期高齢者に

　日本は人口減少社会に突入している。2018年10月1日現在の日本の総人口は1億2,644万人となり、8年連続で減少が続いている。年齢区分別には、0〜14歳の年少人口と15〜64歳の生産年齢人口が減少するなか、65歳以上の老年人口のみ年々増加しており、2018年の総人口に占める65歳以上

人口の割合（高齢化率）は、28.1％と過去最高となった。今後も人口減少が続くなか、65歳以上人口は増加する見通しである。5年に一度実施される国立社会保障・人口問題研究所の「日本の将来推計人口」（2017年4月推計）によると、2025年の総人口は1億2,254万人、65歳以上人口は3,677万人と推計されている。高齢化率は2025年には30.0％、2065年には38.4％に達する見通しである（出生中位、死亡中位推計による。以下同じ。図表

図表1　将来推計人口と高齢化率

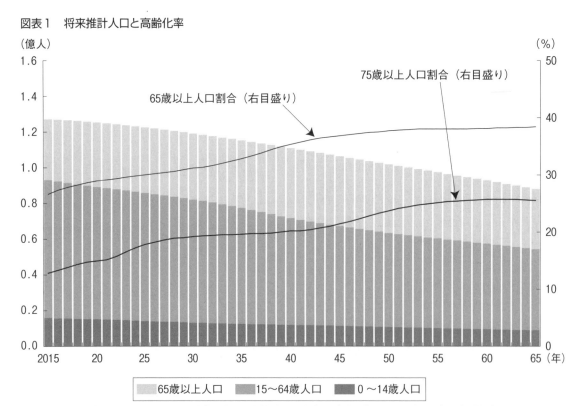

（出所）　国立社会保障・人口問題研究所「日本の将来推計人口」（2017年推計）からみずほ総合研究所作成

1）。

なお、今後の高齢者の増加で特徴的なのは75歳以上の後期高齢者の増加である。75歳以上の人口は、2018年時点で1,798万人だが、2025年には2,180万人へ増加する見通しである。これは、いわゆる「団塊の世代」と呼ばれる1947〜1949年生まれの世代が2022〜2024年にかけて75歳になることが影響している。総人口に占める75歳以上人口の割合は、2018年の14.2％から2025年には17.8％、2065年には25.5％へ拡大する。

また、平均寿命（出生時の平均余命）が年々延びていることも高齢者の増加につながっている。2015年の平均寿命は男性が80.79年、女性が87.05年である。2025年には男性が81.89年、女性が88.21年と、今後も長寿化することが見込まれている。65歳の平均余命でみると、2015年は男性が19.46年（84.46歳まで生存）、女性が24.31年（89.31歳）であるが、2025年には男性が20.32年（85.32歳）、女性が25.29年（90.29歳）となる見通しである。

後期高齢者医療給付14兆円、介護給付10兆円に

高齢者の増加、とりわけ75歳以上の増加は、医療・介護需要の増加に直結する。2016年度の1人当り医療費は65〜74歳が55.3万円、75歳以上が91.0万円、1人当り介護費は65〜74歳が5.0万円、75歳以上が48.0万円となっており、医療費、介護費ともに、75歳以上になると大幅に高くなる傾向が顕著であることによる。

国民医療費は、高齢者の増加と医療の高度化を背景に年々増加傾向にあり、2017年度は43兆710億円となった（図表2）。2016年度は、14年ぶりに前年度よりやや減少したが、2017年度は前年度より9,329億円、2.2％増加した。国民医療費から患者等負担分を除くと37兆7,960億円であり、前年度より8,014億円、2.2％の増加となった。なお、2017年度の国民医療費のうち、後期高齢者医療給付分は14兆7,805億円と前年度より6,074億円、4.3％増加しており、医療費全体に占める割合も34.3％と前年度の33.6％より上昇した。

図表2　国民医療費の推移

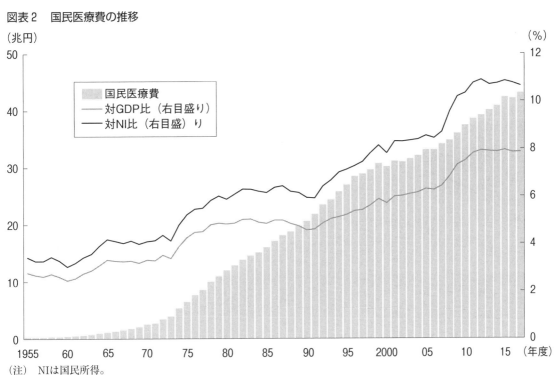

（注）　NIは国民所得。
（出所）　厚生労働省「国民医療費の概況」（各年版）からみずほ総合研究所作成

また、2017年度の介護給付費用総額は10兆2,188億円となり、前年度から2,285億円、2.3%増加した。介護給付費用総額から利用者負担を除いた介護保険給付費は9兆4,430億円となり、前年度から2,153億円、2.3%増加した。介護保険は2000年度に創設された制度であるが、2000年度の介護保険給付費は3兆2,427億円であり、制度創設18年で給付費は3倍弱へ増大している（図表3）。一方、介護保険の要介護認定者数と要支援認定者数の合計は、2000年度の256万人から、2017年度は641万人へ増加している。今後も、高齢者の増加、特に75歳以上人口が増加することから2025年度の認定者数は800万人程度になることが見込まれる。

医療・介護需要は今後、高齢者人口がピークを迎える2040年頃に向けて急増する見通しである。2018年5月21日に開催された政府の経済財政諮問会議では、2040年を見据えた社会保障の将来見通しが示された（図表4）。それによると、医療給付費は2018年度（予算ベース）の39.2兆円から2025年度には50兆円弱に、2040年度には70兆円前後まで増加する。また、介護給付費は2018年度

（同）の10.7兆円から2025年度に15兆円前後、2040年度には25兆円前後へ増加する。介護給付費については医療給付費より規模は小さいものの、2018年度から2040年度にかけて2倍以上増加する。なお、医療・介護給付費がGDPに占める割合でみると、2018年度（同）は8.8%であるが、2025年度には10%弱、2040年度には12%前後まで拡大する見通しである。

医療・介護保険料は引上げが続く

医療・介護給付費が増加するなか、保険料の引上げが続いている。

主に中小企業の従業員が加入する協会けんぽの医療保険料率は、総報酬制が導入された（保険料の徴収ベースが月収から、賞与も含めた年収に変更された）2003年度は8.2%であったが、2012年度以降は10.0%（全国平均）まで引き上げられた。また、主に大企業の従業員が加入する組合健保の平均医療保険料率は、2003年度の7.5%から2019年度は9.2%へ引き上げられた。

介護保険は40歳から被保険者となるが、65歳以

図表3　介護保険給付費と要介護・要支援認定者数の推移

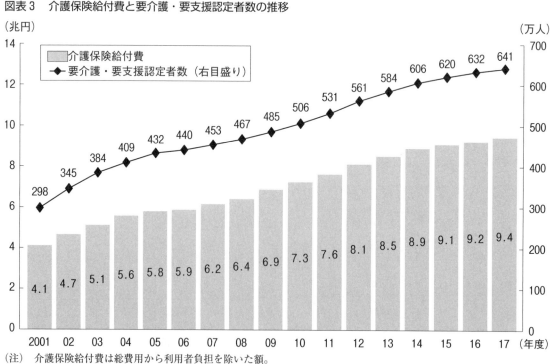

（注）　介護保険給付費は総費用から利用者負担を除いた額。
（出所）　厚生労働省「介護保険事業状況報告（年報）」（各年版）からみずほ総合研究所作成

図表 4　医療・介護給付費の見通し

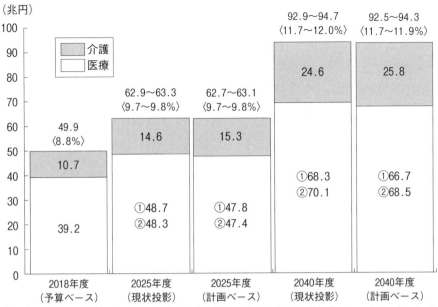

（注1）　医療は、単価の伸び率の仮定が二通り設定されているため給付費も二通り示されている（図表中の①と②）。

（注2）　「現状投影」は、現状の年齢別受療率・利用率をもとに機械的に将来の患者数や利用者数を計算したもの。「計画ベース」は、医療・介護サービスの提供体制の改革や適正化の取組みを基礎とした見通し。

（注3）　〈　〉内は対GDP比。経済成長率想定ベースラインケース。ほかに、成長実現ケースの試算が示されている。

（出所）　経済財政諮問会議資料（2018年 5 月21日）からみずほ総合研究所作成

上の第 1 号被保険者の全国平均の介護保険料の基準額は、2000〜2002年度は月額2,911円であったが、2015〜2017年度は5,514円、2018〜2020年度は5,869円となり、2025年度には7,000円程度となる見通しである。また、40歳から64歳までの第 2 号被保険者の協会けんぽの介護保険料率は、2003年度は0.89％であったが、2019年度には1.73％まで引き上げられた。2025年度には 2 ％程度まで引き上げられる見通しである。一方、組合健保の平均介護保険料率は、2003年度の0.86％から2019年度には1.57％（予算早期集計）まで引き上げられた。健康保険組合連合会によると、今後も介護保険料率は上昇を続け、2022年度には2.0％になると推計されている。

これまでの医療保険・介護保険改革

　すべての国民がいずれかの公的医療保険制度に加入する「国民皆保険」となったのは1961年であ

る。その後、しばらくは給付の拡充が実施されたが、1970年代後半以降は、医療費の増大への対応として、保険料の引上げが行われるとともに、患者の自己負担の引上げが段階的に実施された。

　最近の主な医療保険制度改革は、持続可能な医療保険制度を構築するための改革が実施されている。具体的には、主に自営業者等が加入する国民健康保険への財政支援の拡充による財政基盤の強化、負担の公平化、医療費適正化の推進等である。また、医療費適正化計画の見直しとして、予防・健康づくりの促進について、都道府県が地域医療構想と整合的な目標を計画のなかに設定することや、保険者が行う保健事業に予防・健康づくりに関する被保険者の自助努力への支援の追加も実施されている。

　介護保険制度は、2000年 4 月の制度創設以来、数次にわたる改革が実施された。これまでの改革の主な内容は、介護予防の重視、利用者負担の引上げ、地域包括ケアシステムの推進等である。

図表5　地域包括ケアシステムの全体像

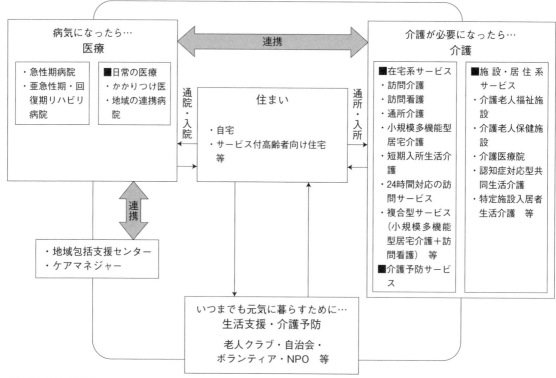

（出所）　厚生労働省ウェブサイトからみずほ総合研究所作成

　なお、地域包括ケアシステムとは、地域の実情に応じて高齢者が可能な限り住み慣れた地域で自立した生活を営むことができるように、医療、介護、介護予防、住まいおよび自立した日常生活の支援が包括的に確保される体制をいう（図表5）。団塊の世代が75歳以上となる2025年をメドに地域包括ケアシステムの構築を実現することが目標とされている。今後、高齢化の進行に伴い認知症高齢者の増加が見込まれることから、認知症高齢者の地域での生活を支えるためにも同システムの構築が重要であるとともに、地域により高齢化の進行状況に大きな差があるなかで、地域の特性に応じた体制をつくりあげていくことが必要とされている。

診療報酬・介護報酬の2018年度同時改定のねらい

　2018年度は、診療報酬、介護報酬が6年ぶりに同時に改定された。2018年度の診療報酬の改定においては、①地域包括ケアシステムの構築と医療機能の分化・強化、連携の推進、②新しいニーズにも対応でき、安心・安全で納得できる質の高い医療の実現・充実、③医療従事者の負担軽減、働き方改革の推進、④効率化・適正化を通じた制度の安定性・持続可能性の向上、の4つが柱に据えられた。

　このうち、地域包括ケアシステムの構築については、「医療と介護の連携の推進」がその中心として位置づけられている。医療と介護の連携に関しては、「訪問診療の主治医とケアマネジャーの連携強化」「リハビリテーションにおける医療介護連携の推進」「介護医療院・有床診地域包括ケアモデルへの対応」「国民の希望に応じた看取りの推進」の4項目が推進されている（図表6）。

　なお、診療報酬本体の改定率は、薬価等を除いて0.55％の引上げとなった。各科ごとにみると、医科が0.63％引上げ、歯科が0.69％引上げ、調剤が0.19％引上げである。一方、実勢価格にあわせて薬価は1.65％引下げ、材料価格は0.09％引下げとなった（図表7）。なお、前回2016年度改定においても、本体が引き上げられ、薬価等が引き下

図表6　医療と介護の連携の推進

訪問診療の主治医とケアマネジャーの連携強化
・訪問診療を提供する主治医から居宅介護支援事業者への情報提供を推進 ・末期のがん患者について、主治医の助言を得ることを前提に、ケアマネジメントプロセスを簡素化するとともに、主治医に対する患者の心身の状況等の情報提供を推進

リハビリテーションにおける医療介護連携の推進
・医療保険と介護保険の双方で使用可能な計画書の共通様式を新設し、当該様式を用いて医療機関から介護保険のリハビリテーション事業所に情報提供した場合を評価 ・医療保険の疾患別リハビリテーションを担う医療機関において、介護保険の維持期・生活期のリハビリテーションを一貫してできるよう、人員配置等に係る施設基準を緩和

介護医療院・有床診地域包括ケアモデルへの対応
・介護医療院について、在宅復帰・在宅移行に係る取組みの評価において「居住系介護施設等」と同様の取扱いとし、退院時の情報提供等に係る取組みの評価において「介護老人保健施設」と同様の取扱いとする ・有床診療所の地域包括ケアモデル（医療・介護併用モデル）での運用を支援

国民の希望に応じた看取りの推進
・ターミナルケアに関する報酬において、「人生の最終段階における医療・ケアの決定プロセスに関するガイドライン」等をふまえた対応を要件とするとともに、評価を充実 ・特別養護老人ホーム等の入所者に対する、ターミナルケアを含む訪問診療・訪問看護の提供等の評価を充実

（出所）　中央社会保険医療協議会総会資料（2019年7月17日）

図表7　2018年度の診療報酬・介護報酬の改定率

診療報酬本体	＋0.55%	薬価等	
各科改定率	医科＋0.63%	①薬価	▲1.65%
	歯科＋0.69%	②材料価格	▲0.09%
	調剤＋0.19%		
介護報酬	＋0.54%		

（注）　診療報酬の改定は、上記のほか、いわゆる大型門前薬局に対する評価の適正化措置が講じられる。
（出所）　厚生労働省資料からみずほ総合研究所作成

げられている。

介護報酬は、いわゆる団塊の世代がすべて75歳以上となる2025年に向けて、国民一人ひとりが心身の状態に応じた適切なサービスを受けられるよう、質が高く効率的な介護の提供体制の整備を推進するために、2018年度の改定は0.54%の引上げとなった。前回2015年度改定の2.27%引下げから一転し6年ぶりの引上げとなったが、これは安倍政権が掲げる「介護離職ゼロ」や介護人材確保の推進をふまえたものである。

医療・介護関連産業の行方

高齢者人口の増加に伴う医療・介護給付費の増加は避けられないものの、持続可能な医療保険制度、介護保険制度を構築するには、給付の効率化は不可欠である。たとえば、医療については、病床機能の分化や連携を進めるとともに、後発医薬品の普及などの取組みにより、医療費の適正化を行うこと等が計画されている。また、医療・介護ともに、負担能力のある高齢者にはより多くの自己負担を求めていく改革が行われていくことが予想される。保険料についても、さらなる引上げは

避けられないであろう。

2040年頃までは75歳以上の後期高齢者を中心に高齢者人口が増加することから、医療・介護に関連する産業では当面は景気動向に関係なく需要が増大する。

医療・介護分野における就業者数は、2018年度時点で643万人、就業者全体の9.8％を占める。前述の経済財政諮問会議資料（2018年5月21日）によると、2025年度には同就業者数は730万人となり全体の11％程度に、2040年度には830万人で全体の15％程度にまで拡大する見通しであり、医療・介護がわが国の一大産業になることが見込まれている。ただし、人材の確保は容易ではなく、将来に向けて十分な供給体制が整わない懸念もある。

厚生労働省は、総合的な介護人材確保対策として、①介護職員の処遇改善、②多様な人材の確保・育成、③離職防止・定着促進・生産性向上、④介護職の魅力向上、⑤外国人材の受入環境整備、等に取り組んでいる。このうち、①の介護職員の処遇改善については、2017年度までに月額平均5.7万円相当の改善が実施されているが、2019年10月の消費税率10％への引上げにあわせてさらなる処遇改善が実施される。

医療・介護分野の関連産業としては、**医療業、介護事業**や、**医薬品小売業**等が代表的な業種となるが、医療保険・介護保険外の需要拡大も見込まれる。たとえば、平均寿命と健康寿命（心身の状態が日常生活に制約のない期間）の差は、現在男性が約9年、女性が約12年であるが、この期間を短縮させるべく、疾病予防や健康増進、介護予防等に関して、保険制度の枠の外で提供される**健康関連サービス**等も需要が拡大することが見込まれる。

また介護保険では、**在宅サービス**については要介護度に応じた支給限度基準額（保険対象費用の上限）が設定されているが、基準額を超えた全額利用者負担となる**家事サービス**等に対する需要拡大も予想される。

さらに、現役世代人口の減少により労働力の制約が強まるなかで、将来必要となる医療・介護サービスの水準を確保するには、テクノロジーの活用等による生産性の向上が欠かせない。また、**オンライン（遠隔）診療**の拡充や、**介護用ロボッ**

トの普及等も見込まれることから、今後、**医療・介護関連機器**の製造業等の市場が拡大する可能性がある。

外国人労働力は日本経済を担う産業の一助となるか

中小企業診断士
長門　理恵

新たな在留資格の創設

　2018年12月8日の臨時国会において、外国人労働者の受入拡大に向けた新たな在留資格を設けるための、「出入国管理及び難民認定法及び法務省設置法の一部を改正する法律」が成立し、同月14日に公布された。この改正法で新たな在留資格「特定技能1号」「特定技能2号」の創設や、出入国在留管理庁の設置等が盛り込まれ、2019年4月から施行された。

　背景には、2012年以降の労働生産人口の減少のなか、中小企業を中心として、後継者や技能者といった人材がより求められている状況がある。

図表1　在留資格別外国人労働者数の推移（各年度10月末現在）

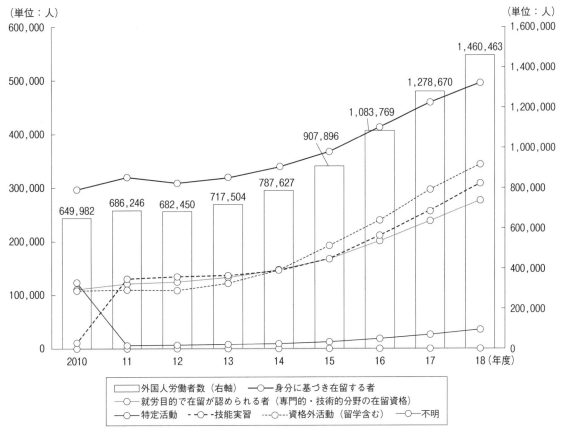

（出所）　厚生労働省「外国人雇用状況の届出状況表一覧」（ウェブサイト）各年度から筆者作成

そこで、国は、「骨太の方針2018」（注１）に基づき、継続的な人材採用や生産性向上の取組みを行って、人材確保が特にむずかしい産業14分野において（注２）、新たな在留資格の創設による外国人労働者の受入拡大に踏み切った。向こう５年間で、一定の専門性や技能をもつ最大34万5,150人の外国人を即戦力として受け入れ、経済力を維持したい考えである。

在留外国人労働者の現状

(1) 在留資格別外国人労働者の動向

2018年10月末時点の外国人労働者は、過去最高の146万463人にのぼった（図表１）。

特に、過去５年間の増加が著しく、2014年度に比べ約２倍伸びた。同時点の国内就業者数が6,725万人のため（注３）、外国人労働者は約２％を占めている。

特に、「資格外活動」や「技能実習」「専門的・技術的分野」での雇用が急増し、外国人留学生に

図表２　外国人労働者の在留資格カテゴリー

内訳	主な在留資格	特徴
身分に基づき在留する者	「特別永住者」「永住（主に日系人）」「日本人の配偶者」等	・在留中の活動に制限がないため、さまざまな分野で報酬を受ける活動が可能
就労目的で在留が認められる者（いわゆる「専門的・技術的分野」）	「教授」「高度専門職」「経営・管理」「法律・会計業務」「医療」「研究」「教育」「技術・人文知識・国際業務」「企業内転勤」「介護」「技能」	・範囲は「産業及び国民生活等に与える影響」を総合的に勘案して個々の職種ごとに決定 ・「高度な専門的な職業」「大卒ホワイトカラー、技術者」「外国人特有又は特殊な能力等を活かした職業」に大別 ・各在留資格に定められた範囲で報酬を受ける活動が可能
特定活動	「特定活動」	・EPAに基づく外国人看護師・介護福祉士候補者、ワーキングホリデー、外国人建設就労者、外国人造船就労者等 ・個々の許可の内容により報酬を受ける活動の可否が決定
就労を目的とした新たな在留資格	「特定技能」	・2019年４月から「特定技能１号」「特定技能２号」を創設 ・一定の専門性・技能を有し、即戦力となる外国人材を受け入れるもの ・14分野で受入対象としており、真に必要な分野に限定 ・在留期間の上限は、「特定技能１号」において通算５年
技能実習	「技能実習」	・技能移転を通じた開発途上国への国際協力が目的 ・2010年７月１日施行の改正入管法により、技能実習生は入国１年目から雇用関係のある「技能実習」の在留資格が付与されるようになった（同日以後に資格変更をした技能実習生も同様）
資格外活動（留学生のアルバイト等）	「留学」等	・本来の在留資格の活動を阻害しない範囲内（留学生：１週28時間以内、就学生：１日４時間以内）で、相当と認められる場合に報酬を受ける活動が許可

（出所）　厚生労働省ウェブサイトから筆者加筆作成

よるアルバイトの活用や、国際協力を目的とした外国人技能実習制度の普及等の促進がうかがえる（図表2）。

(2)　外国人労働者の国籍別傾向

中国人が占める割合が最も高いが、その増加率は鈍化している。かわってベトナム人が急増し、フィリピン人も増加傾向にある（図表3）。

日系人中心のブラジル人も一定数おり、2018年7月に、若年の日系四世に条件付きで「特定活動」の在留資格を付与し、労働力としての在留者を拡大させた（注4）。

(3)　地域別産業別分布状況

2018年10月末時点の都道府県別産業別外国人労働者数は、東京都に一極集中している。次いで、愛知県、大阪府、神奈川県の順に大都市圏で多く就労している（図表4）。

製造業分野は全国的に分布し、特に工業が盛んな愛知県で多い。宿泊業、飲食サービス業分野では大都市圏で活用が目立ち、東京都で顕著である。

空前の売り手市場

(1)　データでみる産業界の人材不足の現状

国は、シニアや女性の積極雇用、働き方改革による多様な働き方を推進しているが、新卒予定者の大企業への就職志向の高止まり等、労働市場や産業構造の変化に伴う特定産業分野の人材不足がきわめて深刻である。以下、いくつかの指標をもとに現状を確認する。

①　雇用人員DI値

2018年からの推移では、雇用人員DIは全産業で一貫してマイナスであり、改善していない（図表5）。

「建設」「宿泊・飲食サービス」は悪化傾向にあり、人材不足が深刻である。つまり、従前の採用方法や施策だけではもはや人材不足の解消がきわめて困難な状況にあるといえる。

②　産業別人材不足数と有効求人倍率

特定技能の主な産業のうち、「宿泊」「外食業」「建設」「介護」における人材不足が顕著である

図表3　国籍別外国人労働者数の推移（各年度10月末現在）

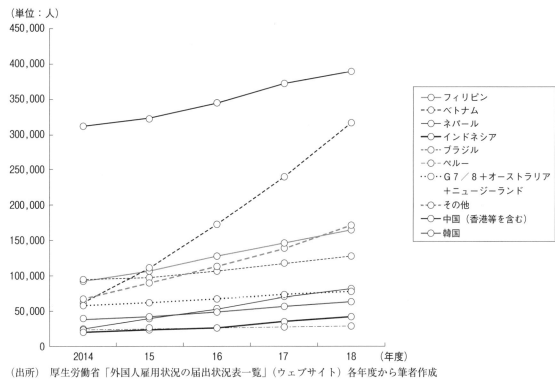

（出所）　厚生労働省「外国人雇用状況の届出状況表一覧」（ウェブサイト）各年度から筆者作成

図表4　地域別分野別外国人労働者数（2018年10月末現在）

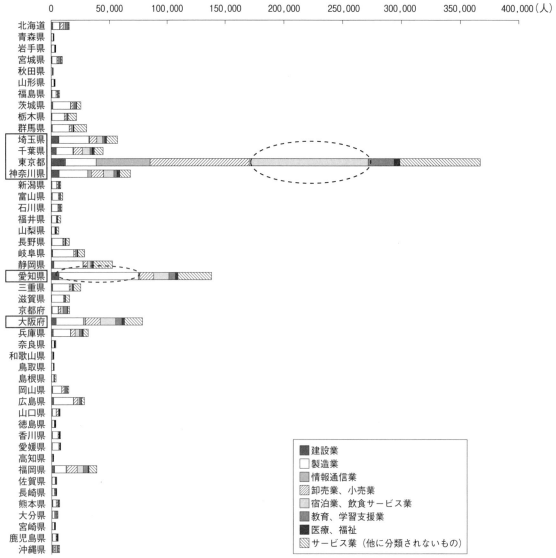

（出所）　厚生労働省「外国人雇用状況の届出状況表一覧」（2018年10月末現在、ウェブサイト）から筆者作成

（図表6）。
　このままでは経済の停滞が見込まれ、喫緊な対応が必須である。

⑵　外国人労働者の貢献分野

　対前年度における産業別就労者数と外国人労働者数の増減を、2017〜2018年（図表7）、および2016〜2017年で比較した（図表8）。「宿泊業・飲食業」に関しては、図表8では就労者数がマイナスだったのに対し、外国人労働者数がプラスのため、外国人労働者による貢献がみられる。一方、

図表7では、外国人労働数は図表8と同数のプラスだったのに対し、就労者数が大幅増に転じたことから、東京五輪に向けたインバウンド需要増に対応すべく、首都圏を中心に邦人労働者の雇用が進んだと考えられる。
　「建設業」「製造業」については、図表7と図表8を比べると図表7の就労者数は各々マイナスに陥っているが、外国人労働者はほぼ変動がなくプラスであり、外国人労働者が継続して雇用されたことがうかがえる。

図表5　主要職業別雇用人員DI（「過剰」－「不足」）

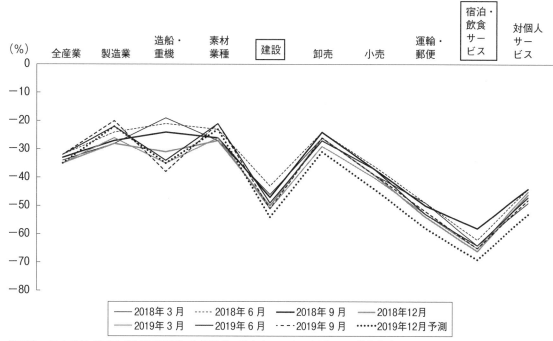

（出所）　日本銀行「短観（業種別計数）全規模計一覧」（ウェブサイト）から筆者作成

図表6　向こう5年間の特定技能対象産業別人材不足数と有効求人倍率（2017年）

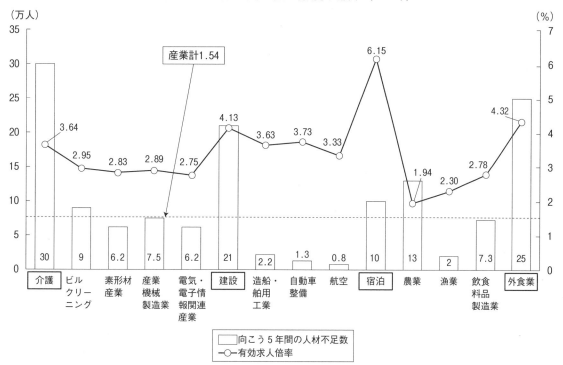

（注）　造船・舶用工業、航空、漁業は複数職種平均で記載。
（出所）　法務省各分野「特定技能の在留資格に係る制度の運用に関する方針」（ウェブサイト）で示されたデータを参照し筆者作成

4

外国人労働者の受入拡大

図表7 産業別就労者数および外国人労働者の増減比較（2017年10月〜2018年10月）

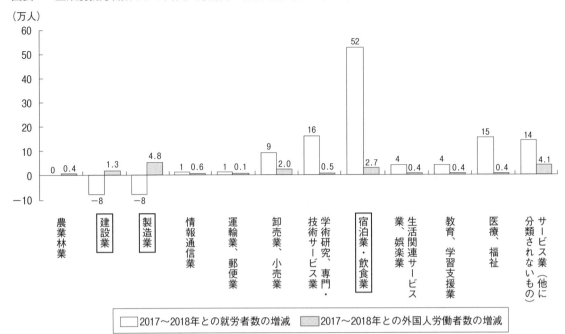

（出所）　総務省統計局「労働力調査（基本集計）」（2018年10月分、2017年10月分）、厚生労働省「外国人雇用状況の届出
状況表一覧（平成30年10月末現在、平成29年10月末現在）」（いずれもウェブサイト）から筆者作成

図表8 産業別就労者数および外国人労働者の増減比較（2016年10月〜2017年10月）

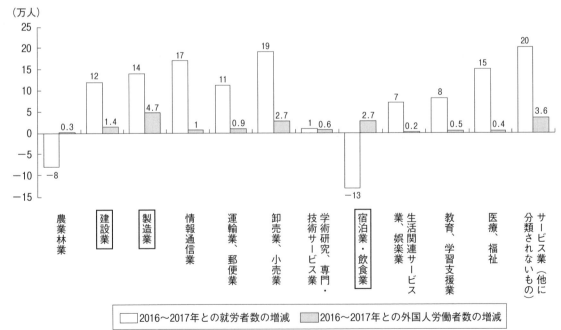

（出所）　総務省統計局「労働力調査（基本集計）」（2017年10月分、2016年10月分）、厚生労働省「外国人雇用状況の届出
状況表一覧（平成29年10月末現在、平成28年10月末現在）」（いずれもウェブサイト）から筆者作成

技能実習制度の現状

(1)　産業別動向

在留資格により外国人労働者が活動する分野が異なる（図表9）。

「宿泊業・飲食サービス業」は、「資格外活動」の留学生を多用し、「医療・福祉」は経済連携協定（以下、EPA（注5））の「特定活動」が中心である。

2018年10月時点の外国人労働者総数の21.7％は、技能実習生が占める（注6）。技能実習制度の活用割合が高い分野は「製造業」で、次いで「建設業」が続く。

(2)　分野別移行状況

2019年5月現在、「技能実習1号」から「技能実習2号」へ移行可能な職種は、「農業」「漁業」「建設業」「食品製造関係」「繊維・衣服関係」「機械・金属関係」「その他」分野、80職種144作業ある。

従来上位の「繊維・衣服関係」は移行者数が減る一方で、「食品製造関係」「建設業」「機械・金属関係」は急増した。「農業」は堅調（注7）だが「漁業」は横ばいで推移している（図表10）。

新たな在留資格「特定技能」とは

(1)　特定技能制度の概要

「特定技能1号」は、特定産業14分野において、「相当程度の知識又は経験を必要とする技能」を有する外国人労働者を、単純労働も含め就業可能とする在留資格である。2019年4月から施行され、これまでよりさらに広く外国人労働者に門戸が開かれた。

「特定技能2号」は、2019年4月スタート時点で「建設業」「造船・舶用工業」の2分野のみ「熟練した技能」を有す外国人労働者を対象とする。試験に合格し必要条件を満たせば、「特定技能1号」から移行が家族帯同で可能である。

2019年4月以降、「介護」「宿泊」「外食業」分野での受入れが開始され、徐々に拡大が図られて

いる。「特定技能」を「技能実習」と比較した特徴を図表11に示す（注8）。

(2)　特定技能労働者の受入方法（図表12）

①　「受入れ機関」（注9）で直接雇用する方法

候補者が国内外で技能・日本語試験に合格し、直接「受入れ機関」に申し込む方法である。「受入れ機関」は、特定技能労働者を受け入れるための基準の1つに支援体制を整備する必要があるが、その支援体制が不十分な場合、個人や団体の「登録支援機関」（注10）と委託契約を結び、支援の依頼ができる（図表13）。

「受入れ機関」は、技能実習制度の企業単独型における「実習実施者」、「登録支援機関」は同制度の「監理団体」の立場に似ている。

②　ハローワーク、民間職業紹介事業者や派遣事業者により求職あっせんを受ける方法

在留中の外国人労働者や留学生は、ハローワークを活用して求職の申込みができるが、新規入国者は活用できない。また、特定技能1号の「農業」「漁業」のみ「受入れ機関」による直接雇用に加え、派遣形態による雇用も認められており、民間の職業紹介事業者や、派遣事業者を通して求職あっせんを受けられる。

③　技能実習から特定技能へ移行する方法

「技能実習2号」在留経験者や、「技能実習2・3号」「特定活動（注11）」の在留中に要件を満たした者は「特定技能1号」に移行可能である。「技能実習2号」以上を良好に修了し、同一作業かつ「特定技能1号」と同一技能なら技能・日本語試験が免除され、移行できる。

つまり、逼迫する人材不足に迅速に対応すべく、既存の就労可能な在留資格から移行させ、即戦力として活用する手段としている。

ただし、「技能実習2号」の移行対象職種・作業の多くは移行可能だが、「建設業」「機械・金属関係」等でも、作業によっては移行できないものもある。「繊維・衣服関係」は全職種移行不可である。

(3)　特定産業分野の受入数

国は、特定産業分野の関連省庁が試算した2025年までの不足人材の見込み数に関し、今後5年で必要な外国人材の上限数を示した（図表14）。

図表9　在留資格別産業別外国人労働者の割合（2018年10月末現在）

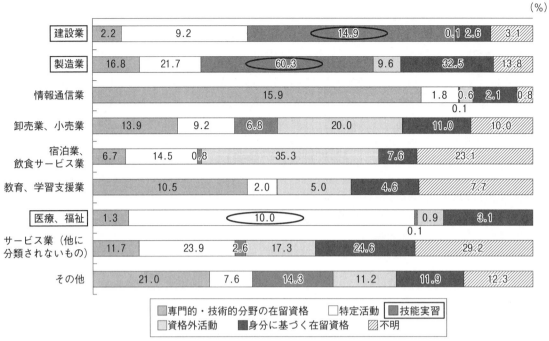

（注）　明記した分野に属さない分野を「その他」として加筆。
（出所）　厚生労働省「外国人雇用状況の届出状況表一覧」（2018年10月末、ウェブサイト）から筆者作成

図表10　業種別「技能実習2号」への移行者推移

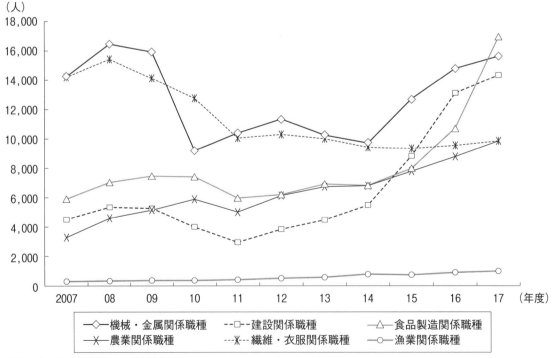

（注）　その他の職種については省略。
（出所）　法務省・厚生労働省「外国人技能実習制度について」（ウェブサイト）から筆者作成

図表11　技能実習と特定技能の制度比較（概要）

	技能実習	特定技能	
在留資格	団体監理型技能実習	特定技能（1号）	特定技能（2号）
制度目的	国際貢献のための人づくり	特定分野における人手不足を補完	
関係法令	外国人の技能実習の適正な実施及び技能実習生の保護に関する法律／出入国管理及び難民認定法	出入国管理及び難民認定法	
在留期間	技能実習1号：1年以内　技能実習2号：2年以内　技能実習3号：2年以内　合計で最長5年	通算5年	必要条件を満たせば「特定技能2号」に移行可能
主な受入国	二国間協定国：ベトナム、カンボジア、インド、フィリピン、ラオス、モンゴル、バングラデシュ、スリランカ、ミャンマー、ブータン、ウズベキスタン、パキスタン、タイ、インドネシア　二国間未協定：中国	二国間協定国：フィリピン、カンボジア、ベトナム、ネパール、ミャンマー、モンゴル、スリランカ、インドネシア、バングラデシュ	
外国人の技能水準	なし	・相当程度の知識または経験を必要とする技能　・「技能実習2号」を良好に修了した者は試験が免除	熟練した技能
入国時の日本語試験	なし（介護職種のみ入国時N4レベルの日本語要件あり）	・原則試験で確認　・「技能実習2号」を良好修了者は試験免除	試験等の確認不要
送出機関	外国政府の推薦または認定を受けた機関	なし	
監理団体	あり（主務大臣の許可を受けた非営利団体）	なし	
支援機関	なし	あり（個人または団体が受入れ機関からの委託を受けて特定技能外国人に住居の確保その他の支援を行う。出入国在留管理庁による登録制）	なし
受入れ機関の人数枠	常勤職員の総数に応じてあり	なし（除く介護・建設分野）	建設分野であり
転籍・転職	原則不可。ただし、実習実施者のやむをえない場合や、技能実習2号から3号へ移行時は可能	同一の業務区分内または試験により、技術水準の共通性がある業務区分間で転職可能	

（出所）　法務省入国管理局「新たな外国人材の受入れについて」（2019年3月）、法務省および外国人技能実習機構（いずれもウェブサイト）から筆者加筆作成

人材が首都圏に集中しないよう地域に配慮し、過不足状況に応じ見直される。

(4)　主な人材不足分野の受入策

①　介　護

　介護分野における2017年の有効求人倍率は3.64倍で、2020年までに必要な介護人材は約216万人

図表12　特定技能外国人の受入方法

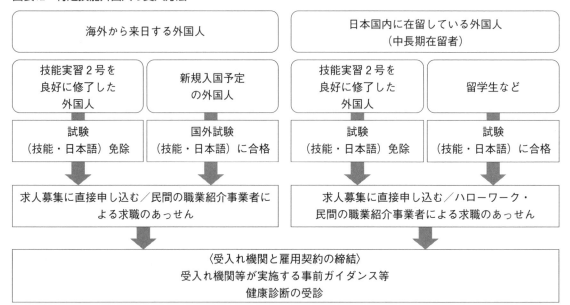

（出所）　法務省入国管理局「新たな外国人材の受入れについて」（2019年3月、ウェブサイト）から筆者作成

図表13　受入れ機関と登録支援機関の関係

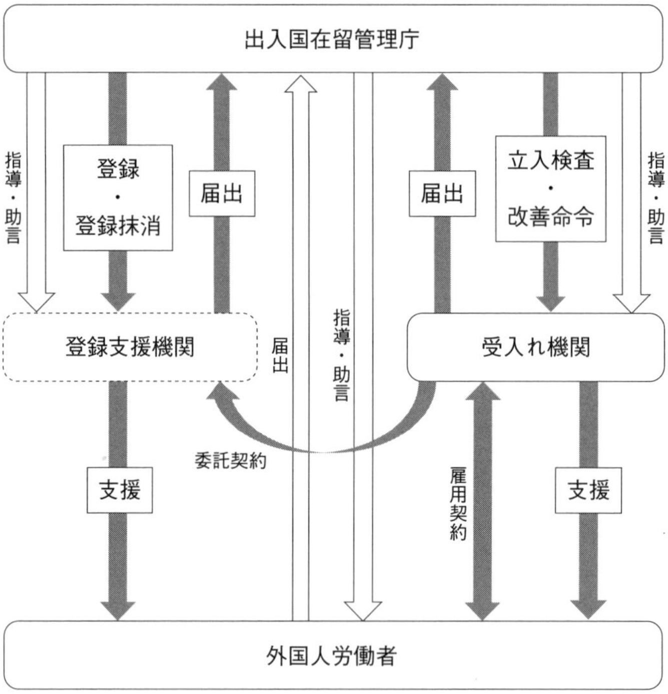

出入国在留管理庁

指導・助言

登録
・
登録抹消

届出

届出

立入検査
・
改善命令

指導・助言

登録支援機関

届出

指導・助言

受入れ機関

委託契約

支援

雇用契約

支援

外国人労働者

（出所）　出入国在留管理庁「新たな外国人材の受入れ及び共生社会実現
　　　　に向けた取組」（ウェブサイト）から筆者作成

の需要に対し約26万人とされる。2025年は約245万人の需要に対し、約55万人の不足が推計されている（図表15）（注12）。

従来、介護分野に携わる外国人材は、EPA（経済連携協定）、専門的・技術的分野の在留資格「介護」（注13）、「技能実習」の**介護職種**が多い。こ

図表14　分野別受入数

管轄省庁	分野	人手不足状況	人材基準		雇用形態
		受入見込数（5年間の最大値）	技能試験	日本語試験	
厚労省	介護	6万人	介護技能評価試験（仮）等	日本語能力判定テスト（仮）等（加えて）介護日本語評価試験（仮）等	直接
	ビルクリーニング	3万7,000人	ビルクリーニング分野特定技能1号評価試験	日本語能力判定テスト（仮）等	直接
経産省	素形材産業	2万1,500人	製造分野特定技能1号評価試験（仮）	日本語能力判定テスト（仮）等	直接
	産業機械製造業	5,250人	製造分野特定技能1号評価試験（仮）	日本語能力判定テスト（仮）等	直接
	電気・電子情報関連産業	4,700人	製造分野特定技能1号評価試験（仮）	日本語能力判定テスト（仮）等	直接
国交省	建設	4万人	建設分野特定技能1号評価試験（仮）等	日本語能力判定テスト（仮）等	直接
	造船・舶用工業	1万3,000人	造船・舶用工業分野特定技能1号試験（仮）等日本語能力判定テスト（仮）	造船・舶用工業分野特定技能1号試験（仮）等日本語能力判定テスト（仮）	直接
	自動車整備	7,000人	自動車整備特定技能評価試験（仮）等	日本語能力判定テスト（仮）等	直接
	航空	2,200人	航空分野技能評価試験（空港グランドハンドリングまたは航空機整備）（仮）	日本語能力判定テスト（仮）等	直接
	宿泊	2万2,000人	宿泊業技能測定試験（仮）	日本語能力判定テスト（仮）等	直接
農水省	農業	3万6,500人	農業技能測定試験（耕種農業全般または畜産農業全般）（仮）	日本語能力判定テスト（仮）等	直接／派遣
	漁業	9,000人	漁業技能測定試験（漁業または養殖業）（仮）	日本語能力判定テスト（仮）等	直接／派遣
	飲食料品製造業	3万4,000人	飲食料品製造業技能測定試験（仮）	日本語能力判定テスト（仮）等	直接
	外食業	5万3,000人	外食業技能測定試験（仮）	日本語能力判定テスト（仮）等	直接

（出所）　法務省入国管理局「新たな外国人材の受入れについて」（2019年3月、ウェブサイト）から筆者作成

のうち、EPAは3カ国から「特定活動」資格で外国人看護師と介護福祉士候補者を受入れており（注14）、資格取得後「介護」で引き続き就労できる。介護福祉士養成学校等で学ぶ留学生は、介護分野の資格外活動を経て資格取得後「介護」に移行でき、不合格でも卒業後5年間介護業務の実務経験を経れば、資格取得が可能である。

　外国人技能実習は、技能実習2号修了後「EPA」「介護」「特定技能1号」いずれにも移行できる。

②　建　　設

　2017年の有効求人倍率は4.13倍、2022年までに必要な約347万人に対し約21万人が不足とされる（注15）。国は、熟練者の大量退職を鑑み、先に導入した技能実習制度と外国人建設就労者受入事業の「キャリアアッププランシステム」を義務化し（注16）、「技能実習」「特定活動」から移行を目指す（図表16）。

　または、「技能実習2号」以降の修了者を「特定活動」建設就労者として2022年まで時限措置として移行させ、その後通算5年間「特定技能1号」に移行後、条件を満たせば「特定技能2号」へ移行でき、長期雇用が可能となる。

③　宿　　泊

　2017年の宿泊分野の有効求人倍率は6.15倍、5年後には約10万人が不足すると予測される（注17）。現在実施中の試験のほか、外国人技能実習の宿泊分野が移行対象職種作業追加予定のため、「技能実習2号」修了技能実習生の移行が期待される。

図表15　介護人材の必要数

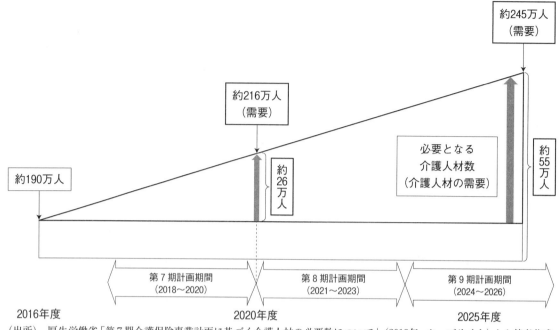

約245万人
（需要）

約216万人
（需要）

約26万人

必要となる
介護人材数
（介護人材の需要）

約55万人

約190万人

第7期計画期間
（2018〜2020）

第8期計画期間
（2021〜2023）

第9期計画期間
（2024〜2026）

2016年度　　　　　　　　　　　　　　　2020年度　　　　　　　　　　　　2025年度

（出所）　厚生労働省「第7期介護保険事業計画に基づく介護人材の必要数について」（2018年、ウェブサイト）から筆者作成

④　外食業

外食業の有効求人倍率は4.32倍で、不足数は約25万人である（注18）。2019年4月から試験が始まったが、留学生の資格外活動や、技能実習の製造業職種で学んだ「技能実習2号」修了技能実習生や「特定活動」労働者を見込む。

今後の展望

「特定技能」の創設により、「骨太の方針2018」や「国家戦略特区」「外国人技能実習制度」「EPA」等各々の制度趣旨や、分野により在留資格を横断して移行できる条件の違いがあっても、外国人労働者はわが国の労働生産人口減少のもとで国力を維持するため、必要不可欠な存在になるだろう。

ここで、外国人労働者を用いた、伸びる分野と沈む分野について考察する。

(1)　伸びる分野

超高齢化社会の進展により、今後「介護」分野で外国人材の重用が期待される。複数の在留資格を横断して移行ができ、「特定技能2号」に追加される可能性もあるため、長期的活動が可能となる。

特に、「国家戦略特区」内で2017年から外国人家事支援人材活用が始まった（注19）。女性の社会進出の促進や、高齢化社会に対応すべく、外出困難な高齢者世帯等を対象に、買い物等**家事代行業**を行うフィリピン人の活用が注目されている。技能を要すため、技能実習の作業に追加される可能性も否めない。「EPA」業務に訪問系サービスが追加されたため、業務範囲の拡大を技能実習「介護」にも求める可能性もある。

また、観光立国を目指し（注20）、東京五輪を機にインバウンド需要の促進で、近々技能実習制度の「宿泊」が移行対象職種に追加される。外国人材や観光客向け、アプリ開発業、**情報通信業**や**日本語学校**、**生活関連サービス**に加え、**人材派遣業**や**人材紹介サービス**も活発になるだろう。

共働き世帯や、ライフサイクルの変化に伴うフードデリバリーサービスのニーズの高まりも考えられる。

(2)　沈む分野

繊維衣服製造関係分野は、海外製品の輸入増に

図表16　建設外国人材キャリアパス（造船・舶用工業同じ）

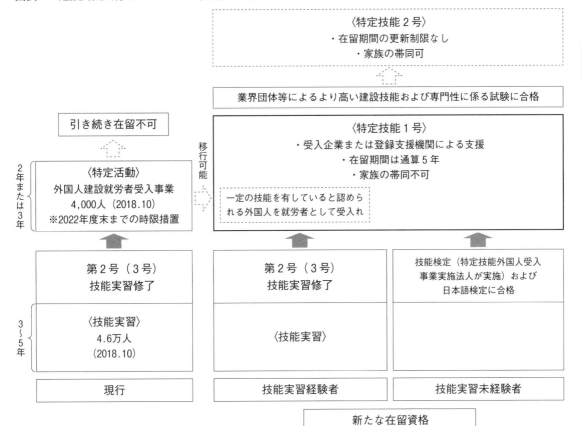

（出所）　国土交通省「建設分野における外国人材の受入れ」（ウェブサイト）から筆者作成

よる競争激化で国内生産需要が鈍化し、事業所数も減少している。外国人技能実習での受入数も年々減少しており、今後も減少傾向が続くであろう（注21）。

ダイバーシティの時代へ

外国人技能実習制度の実習実施者のなかには、制度趣旨を理解し国際貢献につなげている企業も多い。実習中に技能実習生と良好な関係性を築き、海外進出した企業が、帰国した技能実習生を通して協業を行うケースもある。

今後は、「特定技能」と「技能実習」という相反する制度趣旨を軸に、企業が外国人労働者を施策にうまく適応させ活用することで、グローバル化が推進される環境下にあって、外国人労働者がわが国の経済を中長期的に担う「架け橋」の人材として活躍することが期待される。

（注1）　正式名称を「経済財政運営と改革の基本方針2018〜少子高齢化の克服による持続的な成長経路の実現」という。内閣府ウェブサイト参照。
（注2）　14分野は、介護、ビルクリーニング、素形材産業、産業機械製造業、電気・電子情報関連産業、建設、造船・舶用工業、自動車整備、航空（空港グランドハンドリング業務、航空機整備業務）、宿泊、農業、漁業、飲食料品製造業、外食業が該当する。出入国在留管理庁「新たな外国人材の受入れ及び共生社会実現に向けた取組」参照。
（注3）　総務省統計局「労働力調査（基本集計）」（2018年11月30日）データ参照。
（注4）　従来、日系四世は、「定住者」の在留資格をもつ日系三世の親と同居の未婚、未成年の実子に限定されていた。今後、日本語能力や在留期間の制約のもと、家族不帯同の若年層を年間4,000人程度受入拡大を行う。「日系四世の更なる受入れについて」（2018年3月）法務省入国管理局ウェブサイト参照。

（注5）　EPA：Economic Partnership Agreementの略。2008年以降フィリピン、インドネシア、ベトナム３カ国からの要請に基づき、「経済活動の連携の強化」のため協定を締結し受入れ開始。

（注6）　2018年10月時点の技能実習生のうち、ベトナム人は45.1％を占めた。厚生労働省「外国人雇用状況の届出状況表一覧」参照。2018年12月末時点での技能実習生に占めるベトナム人の割合は、50％を超えた。従来１位を占めていた中国人は、23.7％に減少。法務省・厚生労働省「外国人技能実習制度について」参照。

（注7）　農業分野に占める外国人労働者数が増えており、５年間で1.9倍に成長した。そのうちの約90％が外国人技能実習生である。農林水産省「農業分野における新たな外国人材の受入れについて」参照。

（注8）　技能実習と同様、「特定技能」でも協定国と二国間取決めを締結している。求人や求職に係る情報共有等を行い、悪質仲介業者の介在を排除する。出入国在留管理庁「新たな外国人材の受入れ及び共生社会実現に向けた取組」参照。

（注9）　特定技能労働者を受け入れる企業を「受入れ機関」といい、企業は外国人労働者と直接雇用契約を結び、業務および日常・社会生活上に関する支援計画を作成し、支援を行う必要がある。「特定技能２号」に支援義務はない。出入国在留管理庁「新たな外国人材の受入れ及び共生社会実現に向けた取組」参照。

（注10）　現在、「登録支援機関」に登録する技能実習制度の監理団体が増えており、2019年８月末時点の登録支援機関数は、1,968件である。内訳は、会社によるものが54％、監理団体が27％、行政書士が９％と続く。出入国在留管理庁「新たな外国人材の受入れ及び共生社会実現に向けた取組」参照。

（注11）　外国人建設就労者・造船就労者として活動中の外国人労働者が対象である。

（注12）　厚生労働省「第７期介護保険事業計画に基づく介護人材の必要数について」（2018年）参照。

（注13）　2017年９月より介護福祉養成施設を卒業後、介護福祉士資格を取得した留学生は在留資格「介護」に移行できる。

（注14）　最近の合格率は、看護師資格が９割、介護福祉士資格が７割前後で推移。厚生労働省「インドネシア、フィリピン及びベトナムからの外国人看護師・介護福祉士候補者の受入れについて」参照。

（注15）　法務省「建設分野における特定技能の在留資格に係る制度の運用に関する方針」参照。

（注16）　「特定技能」の創設に伴い、2020年２月よりキャリアアップシステムの登録や受入れ可能な人数等必要な条件が求められることになった。国土交通省「建設分野の技能実習生に受入人数枠　建設キャリアアップシステム登録も義務化へ」（2019年７月）参照。

（注17）　法務省「宿泊分野における特定技能の在留資格に係る制度の運用に関する方針」参照。

（注18）　法務省「外食業分野における特定技能の在留資格に係る制度の運用に関する方針」参照。

（注19）　神奈川県を皮切りに、大都市を中心に外国人労働者によるサービスが解禁された。特定機関（職業紹介事業者）が、条件を満たした外国人労働者と雇用契約を結び、請負契約先の利用世帯に外国人家事支援人材労働者がサービスを提供する。官邸ウェブサイト参照。

（注20）　東京五輪の2020年までに4,000万人、2030年までに6,000万人のインバウンド観光客需要を見込む。観光庁ウェブサイト参照。

（注21）　法務省・厚生労働省「外国人技能実習制度について」によれば、当該分野の技能実習２号への移行者数は2008年の１万5,417人をピークに下降傾向がみられ、2017年には9,857人にまで落ち込んでいる。

メガFTAが発効したものの、懸念はトランプ通商政策

三菱UFJリサーチ&コンサルティング
調査部　主任研究員
中田　一良

トランプ大統領就任で一変した自由貿易・投資環境

2018年12月の環太平洋パートナーシップに関する包括的及び先進的な協定（Comprehensive and Progressive Agreement for Trans-Pacific Partnership、CPTPP）の発効に続いて、2019年2月には日本とEUとの経済連携協定（Economic Partnership Agreement、EPA）が発効した。さらに中国やオーストラリア、ASEAN10カ国等が参加する東アジア地域包括的経済連携（Regional Comprehensive Economic Partnership、RCEP）も妥結を目指して交渉が重ねられている。こうした規模の大きな自由貿易協定（Free Trade Agreement、FTA）は、メガFTAと呼ばれ、かつてない規模での関税の相互撤廃、貿易ルールの整備等により、グローバルな経済活動が活発化する可能性が高まっている。

その一方、米国で、通商政策において米国第一主義を掲げるトランプ大統領が2017年1月に就任すると、安全保障を理由に関税を引き上げるなどの保護主義的な政策をとり始めた。さらに米国が、中国に対して知的財産権の侵害、不公正な貿易慣行を理由とする制裁関税措置を発動すると、中国は報復関税措置をとって対抗しており、米中貿易摩擦は解決が見通しにくい状況である。

保護主義の高まりは、世界における自由貿易の恩恵を受けてきた日本にとって大きな懸念材料となっている。

[TPP11]
参加国のGDP合計は世界の13%

TPP11は、CPTPPの通称であり、アジア太平洋地域において、貿易、投資などの自由化を通じて、モノ、カネ、ヒト、情報の国境を越える円滑な移動を可能なものとし、参加各国の経済成長を促進することを目的とするEPAのことである。TPP11参加国のGDPの合計は10兆ドルを超え、世界のGDPの約13%を占める。

その母体はTPP（Trans-Pacific Partnership、環太平洋パートナーシップ）協定であり、シンガポール、ニュージーランド、チリ、ブルネイ、米国、オーストラリア、ベトナム、ペルー、マレーシア、メキシコ、カナダ、日本が参加して交渉が行われた。TPPには、経済発展段階が異なる国が参加しており、利害関係が複雑に絡み合っていたことから、交渉は難航したが、2015年10月に交渉が大筋合意に達し、2016年2月にニュージーランドで署名が行われた。

しかし、オバマ政権下でTPPを推進してきた米国は、2017年1月、米国第一主義を掲げるトランプ大統領が誕生すると方針を一変する。貿易協定については、多国間協定ではなく、二国間協定の締結を重視するトランプ大統領は、米国にとってTPPは利益をもたらさないとの判断から、TPPからの離脱を決定した。

米国のTPP離脱により2015年の合意に基づくTPPの発効が当面は見通せなくなった状況のなか、米国を除く11カ国は、TPPの戦略的・経済的意義を再確認し、早期に発効させるための方策に

ついて検討を行った。そして、米国を除く11カ国での発効を目指して、TPPの合意内容のうちルールに関して、各国が適用の停止（凍結）を希望する項目で、11カ国の合意が得られたものについては米国がTPPに復帰するまで凍結を行うこととした。これは、TPPで合意されたルールのなかには米国が主張して盛り込まれたものもあったからである。凍結項目が多くなると、交渉が複雑になり収拾がつかなくなる可能性があることから、凍結項目数を最小限にするという方針のもと、どの項目を凍結するかについての交渉が行われた。

その後、2017年11月に交渉は大筋合意に達して、2018年3月にTPP11として署名が行われた。TPP11は、署名国のうち6カ国が国内手続を完了すると、その60日後に発効することになっており、メキシコ、日本、シンガポール、ニュージーランド、カナダ、オーストラリアの6カ国が2018年10月31日までに国内手続を終え、同年12月30日に発効した。2019年8月現在、この6カ国（原締約国）にベトナムを加えた7カ国間で発効している。原締約国は2018年が1年目、2019年1月1日（日本は4月1日）から2年目として関税の削減が行われる。

タイなどTPP11への参加に関心を有する国があると報道されており、今後、TPP11参加国数が拡大する可能性がある。

ほぼすべての関税が撤廃へ

TPP11は、サービス、投資、知的財産、衛生植物検疫、政府調達など、WTOですでにルールが定められている分野にとどまらず、労働、環境のほか、電子商取引といった新しい分野に関してもルールを定めている（図表1）。市場アクセス（関税）については、TPPの合意内容に基づき、11カ国間で関税の削減・撤廃が実施されることになる。

(1) 市場アクセス（関税）

市場アクセスについては、ほとんどの参加国でほぼすべての品目の関税が最終的に撤廃されることとなっており、関税撤廃率（無税品目が全体に占める割合）は、日本は95%、他の国は99〜100%である。

日本は、農林水産物の重要5品目（米、麦類、牛肉・豚肉、甘味資源作物、牛乳乳製品）について関税の撤廃を認めないという国会の決議があったこともあり、他の国と比較すると関税撤廃率は低い。もっとも、日本がそれまでに締結したEPAでの関税撤廃率が90%（品目ベース）に満たなかったことを考慮すると、今回の撤廃率水準は高く、農林水産物も例外ではない（図表2）。

重要5品目の1つである米については、現在、国家貿易の枠組みの外で民間が輸入する場合には1kg当り341円の関税がかけられており、TPP11のもとでもこの制度は維持される。しかし、国家貿易の枠組みのもとでオーストラリアから輸入する場合、SBS方式（輸入業者と国内の需要者との実質的な直接取引を可能とする売買方式）での無税の輸入枠が設定されている。そして、その枠は発効

図表1　TPP11がカバーする主な分野

内国民待遇および物品市場アクセス	金融サービス	環境
原産地規則および原産地手続	ビジネス関係者の一時的な入国	協力および能力開発
繊維および繊維製品	電気通信	競争力およびビジネスの円滑化
税関当局および貿易円滑化	電子商取引	開発
貿易救済	政府調達	中小企業
衛生植物検疫（SPS）措置	競争政策	規制の整合性
貿易の技術的障害（TBT）	国有企業および指定独占企業	透明性および腐敗行為の防止
投資	知的財産	紛争解決
国境を越えるサービスの貿易	労働	

（出所）　内閣官房TPP政府対策本部「環太平洋パートナーシップ協定（TPP協定）の概要」から筆者作成

図表2　TPP11での日本の農林水産物の関税削減・撤廃の例

品目	基準税率	合意内容
牛肉	38.5%	段階的に削減し、2033年に9％に引下げ（セーフガードあり）
フレッシュチーズ	29.8%	モッツァレラ等は現状維持 クリームチーズのうち脂肪分45％未満のものは段階的に削減し、2033年に撤廃。脂肪分45％以上のものは即時に26.8％に引下げ
熟成チーズ	29.8%	ソフトチーズ（カマンベール等）は現状維持 ソフトチーズ以外（チェダー、ゴーダ等）は段階的に削減し、2033年に撤廃
アイスクリーム	21.0〜29.8%	6年で63〜67％削減
天然はちみつ	25.5%	段階的に削減し、2025年に撤廃
りんご	17%	段階的に削減し、2028年に撤廃
オレンジ（生果）	12〜5月　32% 6〜11月　16%	12〜3月　1年目に25.6％に引下げ、3年据置き、2021年から段階的に削減し、2025年に撤廃（セーフガードあり） 4〜11月　段階的に削減し、2023年に撤廃
オレンジ果汁	21.3%、25.5%、29.8%または23円／kgのうち高いほう	段階的に削減し、2023年または2028年に撤廃
ぶどう	3〜10月　17% 11〜2月　7.8%	即時撤廃
かぼちゃ、アスパラガス、にんじん	3%	即時撤廃
マーガリン	29.8%	段階的に削減し、2023年に撤廃
ビスケット、クッキー、クラッカー（無糖）	13%	段階的に削減し、2023年に撤廃
SPF製材（トウヒ属・マツ属・モミ属）	4.8%	カナダに対しては発効時に2.4％に引き下げて、2033年に撤廃（セーフガードあり）。ニュージーランドに対しては即時撤廃。その他の国に対しては2028年に撤廃

（出所）　農林水産省資料から筆者作成

時の0.6万トンから2030年には6万トンに拡大される。

　小麦、大麦については、現在の国家貿易制度は維持されるものの、国別の輸入枠が設定され、その枠が拡大される予定である。また、国が輸入して民間企業に売却する際に徴収しているマークアップは2026年までに45％削減されることになっている。牛乳乳製品のうち脱脂粉乳やバターは現在、国家貿易制度により管理されており、TPP11でもこの枠組みは維持されるものの、関税割当て

が新設され、低関税で輸入できるようになる。

　また、TPP11では、日本がすでにEPAを締結している国との間でも既存の協定の合意内容を上回って関税が引き下げられる品目がある。たとえば、農林水産物では、重要5品目の1つである牛肉の関税率は、TPP11では最終的には9％に引き下げられるが、これは、日オーストラリアEPAにおける牛肉の最終的な関税率（冷凍牛肉19.5％、冷蔵牛肉23.5％）よりも低い。

　なお、TPP11では、最終的にはほとんどの締約

図表3　TPP11における関税撤廃

（単位：%）

	工業製品		農林水産物	
	即時撤廃率	最終的な撤廃率	即時撤廃率	最終的な撤廃率
カナダ	96.9	100	86.2	94.1
ニュージーランド	93.9	100	97.7	100
オーストラリア	91.8	99.8	99.5	100
ブルネイ	90.6	100	98.6	100
チリ	94.7	100	96.3	99.5
マレーシア	78.8	100	96.7	99.6
メキシコ	77	99.6	74.1	96.4
ペルー	80.2	100	82.1	96
シンガポール	100	100	100	100
ベトナム	70.2	100	42.6	99.4
日本	95.3	100	51.3	81

（注）　品目数ベース。
（出所）　内閣官房TPP政府対策本部「TPPにおける関税交渉の結果」（2015年10月20日）から筆者作成

国でほぼすべての関税が撤廃されるとはいえ、発効時にすべて撤廃されるわけではなく、関税撤廃までに時間をかける品目もある。日本は、工業製品では皮革製品などを除き、発効時にほとんどの品目で関税を撤廃する一方、農林水産物では発効時に関税を撤廃する品目は51.3％であり、国によって関税を撤廃するペースが異なっている（図表3）。

(2)　凍結項目以外のルール

WTOでは、サービスや投資では各国が自由化する分野をリスト化するポジティブリスト方式がとられている。これに対して、TPP11では、自由化しない分野をリスト化するネガティブリスト方式がとられており、WTOでのルールを上回る自由化が行われるとともに、透明性が向上する。また、TPP11では原則として、海外企業がTPP11締約国内でサービス業を営む場合、その締約国内に拠点を設置することを求めてはいけないことになっている。これにより、TPP11締約国の企業が他のTPP11締約国内でサービス業を営む場合、新たに拠点を設置する必要がなく、海外事業展開を行うためのハードルが下がる。

貿易円滑化に関しては、TPP11締約国は、急送貨物のための迅速な税関手続を採用することとなっており、急送貨物が到着していることを条件として、税関書類の提出後6時間以内に急送貨物を引き取ることができるようになるなど、税関手続の効率化が期待される。

このほか、知的財産、ビジネス関係者の一時的な移動、政府調達、衛生植物検疫、労働、環境、電子商取引、国有企業および指定独占企業といったさまざまな分野に関して、ルールが定められている。たとえば、政府調達では、入札実施にあたり、海外企業が参入できる案件の基準額の引下げを実施する国がある。

電子商取引では、TPP11締約国は、自国で企業が事業を行うための条件として自国にコンピュータ関連設備を設置することを要求してはならないとなっているほか、ソフトウエアのソース・コードの移転やソース・コードへのアクセスが原則禁じられる。このようなルールは、企業が海外で電子商取引を行いやすくするためであろう。

労働では、労働者の基本的な権利（強制労働の撤廃、児童労働の廃止等）を自国の法律等において採用、維持することとなっており、貿易や投資で有利になることを目的として、それらの法律の効果的な執行を怠ってはいけないとされている。

国有企業および指定独占企業については、海外の企業が国有企業と対等な競争条件で事業を行える環境を整備することを目的に、国有企業に関する規律などが定められている（適用の例外あり）。

このように、ルールにおいては、自由化だけでなく、分野によっては規律の強化を求めるものも含まれているが、これらは、基本的には競争環境を公平なものにするためのものと考えられる。

(3)　米国のTPP復帰まで凍結される項目

凍結される項目は、知的財産や、投資家と政府の間の紛争解決（Investor-State Dispute Settlement、ISDS）に関するものが中心であり、これらは米国がTPPに復帰するまで凍結される。たとえば、知的財産では、医薬品のデータ保護に関する項目が凍結される。このほか、TPPでは著作権の保護期間は作者の死後70年とされていたが、これも凍結される。もっとも、日本の著作権の保護期間は50年であったが、日EU・EPAでは70年とすることになっており、TPP11での凍結にかかわらず、日本の著作権の保護期間は70年に延長されている。

ISDSは、海外企業が進出先の政府によって不当に資産を没収されるなどの紛争が生じた場合に、解決のために国際仲裁を利用できる制度である。TPP11では、ISDSの適用範囲に関する項目の凍結により、ISDSの適用範囲がTPPと比較すると狭くなっており、たとえば、進出先の政府が資源開発などにおいて約束を守らない場合、企業は国際仲裁を利用することはできない。

TPP11が日本経済にもたらす影響

(1)　実質GDPを1.5％引上げ

政府はTPP11による貿易自由化（関税の削減・撤廃、税関手続の効率化）が日本経済にもたらす影響について試算を行っている。それによると、日本の実質GDPは長期的に1.5％押し上げられる。貿易自由化が生産性上昇を通じて、実質賃金の上昇および労働供給の増加をもたらし、こうした家計の所得の増加が需要の増加へとつながるためである。もっとも、すでに述べたとおり、関税の撤廃は発効時にすべて行われるわけではなく、

品目によっては関税の段階的な削減が行われることから、貿易自由化の効果は経済全体としては、徐々に表れると考えられる。

TPP11がもたらす経済的な効果は、貿易自由化から生じるものだけではない。TPP11では、合意内容に基づき、各国がサービスや投資、政府調達などで自由化を図ることから、海外企業が参入しやすくなる。日本はWTOにおける協定に基づき、サービスや投資の自由化を行っているが、TPP11締約国のなかにはサービスや投資の自由化が十分に行われているとはいえない国もある。日本企業にとっては、TPP11においてサービスや投資に関するルールが設けられることで、TPP11締約国に進出しやすくなり、ビジネスチャンスが拡大すると期待される。

このほか、TPP11の発効により、締約国における知的財産保護が強化されることで日本企業にとっては海外ビジネス環境が改善することになる。特に、農林水産物や食品などで、品質等の特性と産地の結びつきを特定するものである地理的表示（Geographical Indication、GI）の保護は、日本のブランドの価値を高め、輸出競争力の強化につながると期待される。

なお、TPP11では、サービスや投資においてネガティブリスト方式が採用されているようにすべての分野で自由化が行われるわけではない。たとえば、日本は例外的な措置をとる分野として、建設業、教育、警備業、社会事業サービス（社会保障、社会保険等）、エネルギー産業、輸送業、上水道などをリストアップしており、これらの分野においては、引き続き、海外企業の参入や投資に関して規制を設けることができる。

(2)　TPP11で潤う業種、ダメージを受ける業種

TPP11では、日本は、農林水産物や加工食品などを中心に関税を削減・撤廃することから、これらを調達する業種にとってはメリットが生じる可能性がある一方、関税が削減・撤廃される品目を国内で販売している業種にとっては輸入品との競争が激しくなる。他方、TPP11ではサービス、投資などで自由化が行われることから、TPP11締約国に進出しやすくなる業種もある。以下では、TPP11による影響が大きいと思われる業種につ

いて取り上げる。

① 農林水産業

関税の削減・撤廃の影響が懸念される農林水産業については、政府がまとめた「総合的なTPP等関連政策大綱」に盛り込まれている、経営感覚に優れた担い手の育成をはじめとする農林水産業の体質強化対策、経営安定対策の充実などといった対策が講じられることから、政府の試算では生産量は減少しないとされている。しかしながら、輸入品の関税の削減・撤廃に伴って、輸入品の価格が低下することにより、需要が国産品から輸入品へとシフトして、政府の想定以上に国産品の生産額が減少する品目が出てくる可能性はある。

TPP11発効後の日本の輸入数量（2019年1月から7月までの累計）の動向をみると、豚肉はカナダ、メキシコからの輸入が増加しており、牛肉は主な輸入先であるオーストラリアからは減少している一方、カナダ、メキシコ、ニュージーランドからは規模そのものは大きくないものの、増加している。

また、ほかのTPP11締約国も農林水産物の関税の削減・撤廃を行うことから、品目によっては日本から海外に輸出する機会が増える可能性もある。

② 自動車製造業

自動車はすでに海外現地生産が進展しており、他のTPP11締約国の関税撤廃により日本からの輸出台数が大きく増加することは期待しにくい。もっとも、TPP11締約国のなかでは日本からの自動車の輸出台数が最も多いカナダは、乗用車に6.1％の関税をかけていたが、2022年に撤廃する。カナダ向けのシェアは日本の乗用車の輸出全体からみると大きくはないものの、関税の撤廃は自動車業界にとってメリットがあるといえる。

また、自動車部品は、カナダ、ニュージーランドなどが関税をかけているが、TPP11では最終的には関税が撤廃される。これに伴って、現地の日本企業が日本から自動車部品を調達する際に関税を支払う必要がなくなり、コスト削減につながると期待される。

③ 食品・菓子製造業

食品・菓子製造業は、関税の削減・撤廃により、小麦などの原材料を輸入によって安く調達できるメリットが生じると考えられる。他方、アイスクリーム、チョコレート菓子などの関税が撤廃されることから、国内において輸入品との競合が激しくなる可能性がある。また、ほかのTPP11締約国において、アイスクリームやチョコレート菓子の関税が削減・撤廃されることから、ビジネスチャンスが拡大する可能性がある。

④ 建設業

TPP11では、政府調達で市場開放が進むことから、日本の建設会社がTPP11締約国で公共事業の入札に参加できる機会が増加する可能性がある。マレーシア、ベトナムなどでは市場開放の対象となる政府関係機関が追加され、チリ、ペルーでは海外企業が参入できる案件の基準額が引き下げられることになっている。ただし、これらの国で、日本企業が参入して収益をあげることができる案件があるかどうか不明な点がある。また、TPP11では、投資受入国政府との紛争解決のための制度であるISDSの適用範囲がTPPよりも狭いことに留意する必要がある。

⑤ 小売業

ベトナムでコンビニエンスストアの出店などに関する規制が緩和されることから、日本企業は進出しやすくなると考えられる。ベトナムは人口が約9,500万人と規模が大きく、若年層が多いことから、将来、国内市場が拡大する可能性があり、日本の小売業にとってビジネスチャンスの拡大につながると考えられる。

⑥ 外食産業等

外食産業等は、関税の削減・撤廃により海外から食材を安く調達できるようになる可能性がある。牛肉は、オーストラリアからの輸入が日本の牛肉の輸入全体の過半を占めており、日オーストラリアEPAでも日本の関税の削減が行われているが、TPP11では関税率は最終的には9％に引き下げられ、日オーストラリアEPAの最終的な水準を下回ることになる。チーズについても一部の品目については、TPP11で関税が最終的には撤廃されるものがあることから、海外から安く調達できることになる。

⑦ 金融業

マレーシア、ベトナムで金融分野において規制緩和が行われるため、日本企業は事業を行いやすくなると考えられる。具体的には、マレーシアでは、外国銀行の支店数の上限が8から16に拡大さ

れるほか、外国銀行の新規ATMの設置制限が原則として撤廃される。ベトナムでは地場銀行への外資出資比率の上限が15%から20%に引き上げられる。

[日EU・EPA]
2019年に発効

　日本とEUの間の経済連携協定である日EU・EPAは、2013年4月に交渉が開始された。4年にわたる交渉を経て、2017年7月に大枠合意に至り、同年12月に交渉が妥結した。そして、2018年7月に署名が行われ、2019年2月に発効した。日本とEUのGDPの合計は、世界のGDPの約3割を占めており、日EU・EPAは世界最大クラスの自由貿易圏である。米国ではトランプ大統領が保護主義的な通商政策を行っているなか、日本とEUが互いに市場を開放して、貿易自由化を推進する姿勢を示そうとしたことが、交渉妥結につながったと考えられる。

　日本にとっては、EU・韓国FTAが2011年7月に暫定適用されて以降、EU向けの輸出では関税面で韓国よりも不利な状況にあったが、日EU・EPAの発効によりEUの関税の削減・撤廃が進むと、不利な状況が解消され、EU向けの輸出環境が改善することになる。なお、日EU・EPAは、関税の削減・撤廃だけでなく、衛生植物検疫、サービス貿易、投資、知的財産、政府調達、規制協力など、ルールに関する幅広い分野もカバーするかたちとなっている。

全工業製品と8割超の農林水産品の関税を撤廃へ

　関税の削減・撤廃について、日本の関税撤廃率（無税品目が全体に占める割合、品目ベース）は約94%（農林水産品は約82%、工業製品は100%）となっている。EUの関税撤廃率は約99%であり、日本、EUのほとんどの品目で関税が最終的に撤廃されることになる。

　品目ごとに関税の削減・撤廃内容をみると、日本は、農林水産品については、**米**が関税の削減・撤廃の対象外となっているほか、**麦類**についても現行の国家貿易制度が維持される。他方、**豚肉**に

ついては、現行の差額関税制度は維持されるものの、2027年4月には平均輸入価格が低い場合に課税されている従量税は50円／kgとなり、平均輸入価格が高い場合に課税される従価関税は撤廃される。このほか、ソフトチーズ（プロセスチーズ、モッツァレラ、カマンベール等）については22.4～40%の関税がかかっていたが、横断的な関税割当てが設定される。そして、枠内税率は段階的に削減され、2033年に撤廃される。関税割当枠は当初の2万トンから2033年には3.1万トンに拡大され、2034年以降については国内消費動向を考慮して設定されることになっている。**乳製品**の熟成ハードチーズ（チェダー、ゴーダ等）やクリームチーズ（乳脂肪45%未満）については、29.8%の関税がかかっていたが、関税は段階的に削減され、2033年に撤廃される（図表4）。

　めん類のマカロニ、スパゲッティについては2028年、**チョコレート菓子**については2028年、ビスケットは2023年または2028年に関税が撤廃される。トマト加工品のうちトマトソース、トマトケチャップ等については、17～29.8%の関税がかけられていたが、段階的に削減され、2023～2028年に撤廃される。また、**ワイン**の関税は即時撤廃された。

　工業製品では、皮革・履物については最高30%の関税がかけられていたが、2028年または2033年に撤廃される。

　EUでは、工業製品については、乗用車に10%の関税がかけられていたが、2026年に撤廃される（図表5）。また、自動車部品ではギヤボックスに3.0～4.5%、乗用車の**タイヤ**に4.5%の関税がかけられていたが、自動車部品の9割以上の品目で関税は即時撤廃された。このほか、機械類で関税が即時撤廃されたものがあるほか、14%の関税がかけられていた**カラーテレビ**は2024年に関税が撤廃される。

　農林水産物等では、日本の輸出重点品目である牛肉、水産品など、ほとんどすべての品目で関税が撤廃され、その多くは即時撤廃された。酒類についても関税が即時撤廃されている。

ルールに関する合意内容

　サービス、投資では、TPP11と同様にネガティ

図表4　日本の主な関税削減・撤廃品目

品目	基準税率	合意内容
プロセスチーズ	40%	・横断的な関税割当て ・枠数量2万トン（1年目）→3.1万トン（2033年） ・枠内税率は段階的に削減し、2033年に撤廃
クリームチーズ（乳脂肪45％以上）、モッツァレラ、ブルーチーズ、熟成ソフトチーズ（カマンベール等）	29.8%	
熟成ハードチーズ（チェダー、ゴーダ等）、クリームチーズ（乳脂肪45％未満）	29.8%	段階的に削減し、2033年に撤廃
豚肉	平均輸入価格が分岐点価格以下の場合、基準輸入価格との差額を従量税として課税（最大482円／kg）、分岐点価格よりも高い場合、4.3％の従価税	段階的に削減し、2027年に従量税は50円／kg、従価税は無税
チョコレート菓子	10%	段階的に削減し、2028年に撤廃
ビスケット	スイートビスケット：20.4%	段階的に削減し、2028年に撤廃
	ビスケット（加糖）：15%	段階的に削減し、2023年に撤廃
	ビスケット（無糖）：13%	
アイスクリーム	21.0〜29.8%	段階的に2023年までに63〜67％削減
マカロニ、スパゲッティ	30円／kg	段階的に削減し、2028年に撤廃
トマトピューレ・ペースト	枠内：無税、枠外：16%	段階的に削減し、2023年に撤廃
トマトケチャップ、トマトソース、トマトジュース等	17〜29.8%	段階的に削減し、2023〜2028年に撤廃
低脂肪調製食用脂	21.3%	・関税割当ての設定 ・枠数量：360トン→560トン（2028年） ・枠内税率：10.7%（2028年）
ワイン	15％か125円／ℓのどちらか安いほう	即時撤廃
皮革・履物	最高30%	段階的に削減し、2028年または2033年に撤廃

（注）　日本の関税引下げは毎年4月1日に実施される。
（出所）　外務省「日EU経済連携協定（EPA）に関するファクトシート」、農林水産省「日EU・EPA大枠合意における農林水産物の概要①（EUからの輸入）」等から筆者作成

ブリスト方式が採用されており、自由化しない分野がリスト化されている。これにより、参入規制について透明性が高まることになる。投資に関して、投資家と進出先の政府との間の紛争解決のために投資家が国際仲裁を利用することができる制度であるISDSの導入については、日本とEUの間で意見がまとまらず、盛り込まれていない。

政府調達については、日本、EUともすでにWTOの政府調達協定（Agreement on Government Procurement、GPA）に加盟しており、市場開放は進んでいる。日EU・EPAでは、GPAの内容に加えて、日本では、都道府県・政令指定都市が設

図表5　EUの主な関税削減・撤廃品目

	品目	基準税率	合意内容
工業製品	合成樹脂の一部	5～6.5%	即時撤廃
	鉄鋼製のねじ	3.7%	即時撤廃
	乗用車	10%	段階的に削減し、2026年に撤廃
	ガスタービン	4.1%	即時または段階的に削減し、2022年に撤廃
	リチウムイオン電池	2.7%	即時撤廃
	自動車部品	ギヤボックス：3.0～4.5%	9割以上の品目で即時撤廃
		乗用車タイヤ：4.5%	
		エンジン関連部品：2.7%	
	カラーテレビ	14%	段階的に削減し、2024年に撤廃
農林水産品等	醤油	7.7%	即時撤廃
	ほたて貝	8％（冷凍）	段階的に削減し、2026年に撤廃
	牛肉	12.8%＋141.4～304.1ユーロ／100kg	即時撤廃
	アルコール飲料	無税～32ユーロ／100ℓ	即時撤廃
	林産物	無税～10%	即時撤廃

（注）　EUの関税引下げは毎年2月1日に実施される。
（出所）　外務省「日EU経済連携協定（EPA）に関するファクトシート」、農林水産省「日EU・EPA大枠合意における農林水産物の概要②（EUへの輸出）」等から筆者作成

立する地方独立行政法人と、都道府県・政令指定都市が運営する公営電気事業を政府調達ルールの適用の対象に追加している。このほか、中核市の一般競争入札による一定基準額以上の調達（公共工事を除く）に限って、入札参加者の事業所の所在地を資格要件として設定することは引き続き可能であるものの、EU所在事業者も参加できるよう、特別なルールを適用することとしている。他方、EUでは、GPAが適用されていない国の機関や地方自治体が運営する大学や病院が政府調達の対象となる。また、鉄道分野の政府調達においては、日本、EUともに市場アクセス拡大のための措置をとることになっている。

約1％の実質GDP押上効果

　政府の試算によると、日EU・EPAの締結により、関税の削減・撤廃が行われることから、日本では輸出入が増加し、個人消費や設備投資も活発化して、実質GDPは約1％押し上げられると見込まれている。農林水産品の生産額への影響につ

いては、関税削減等の影響により販売価格は低下するものの、政府による国内対策が実施されることにより国内生産量は維持されるという前提のもと、減少額は約600億～1,100億円と試算されている。**豚肉、牛乳乳製品、構造用集成材**で大きな減少額が見込まれている。

日本企業は業種によって明暗が分かれる

①　農林水産業

　農林水産業で、EUからの輸入品との競合が激しくなると考えられるのがチーズである。EUからのチーズの輸入量は、日本のチーズの輸入全体の約2割を占めており、ハード系のチーズ（チェダー、ゴーダ等）は、関税は段階的に削減され、2033年には撤廃される。EUから輸入するチーズの価格が低下し、輸入品との競合により国産のチーズの価格も低下する可能性がある。日EU・EPA発効後の日本のチーズの輸入量（2019年2月から7月の累計）をみると、前年同期比＋17.6％と増加している。

このほか、日本の輸入に占めるEUの割合が高い豚肉の輸入量（2019年2月から7月の累計）は前年同期比＋11.5％と増加している。日EU・EPAによる輸入の増加の影響をみるためには、もうしばらくようすをみる必要があるが、増加率は鈍化していくと考えられる。

② 酒類製造業

日本、EUにおいて、酒類に課されている関税が発効時に撤廃され、日本、EUともに輸出環境が改善されると考えられる。また、これまでは日本から酒類をEUに輸出するにあたり、規制に直面していたが、そうした規制が緩和され、輸出を行いやすくなる。具体的には、単式蒸留焼酎の容器容量規制が緩和された。EUでは、700㎖や1,750㎖等の決められた容量以外の容器は流通不可であるが、日EU・EPA発効後は、焼酎の一升瓶などでの輸出が可能となった。さらに、EU域外からEUへワインを輸出しようとする場合、そのワインがEUのワイン醸造規則に適合している必要があり、公的機関による証明書を用意することが義務づけられている。しかし、日EU・EPA発効後は、EUは「日本ワイン」の醸造方法を容認することとなり、「日本ワイン」の自由な流通、販売が可能となった。

このほか、日本、EUにおいて、日本酒など酒類の地理的表示（GI）を相互に保護することになっている。EUにおいては「日本酒」ブランドが保護されることになり、模造品などの流通が防止され、ブランド価値が向上すると考えられる。

日EU・EPA発効後の日・EU間のワイン（ボトルワイン、スパークリングワインなど）の貿易量の動向（2019年2月から7月の累計）をみると、日本からの輸出は前年同期比＋23.7％、日本への輸入は同＋28.3％と増加している。日EU・EPA発効前から、日本のワインの輸入におけるEUのシェアは高かったが、日EU・EPA発効後の数カ月の動向をみると、さらに高まっている。

③ 自動車・自動車部品製造業

財務省「貿易統計」によると、日本からEUへの自動車の輸出台数は約70万台であり、米国に次いで規模が大きく、輸出台数全体の約12％を占めている。日EU・EPAの発効により、EUが乗用車にかけている10％の関税が2026年に撤廃されることから、日本から輸出する乗用車の価格競争力が

高まることが期待される。もっとも、EUでは日本企業の現地生産が進んでいることから、関税が撤廃されてもEU向けの輸出が伸びて、日本国内の生産台数が大きく増加することは見込みにくい。

自動車部品については、日EU・EPAの発効時にEUの関税が撤廃されたものが多い。このため、現地の日本企業が日本から自動車部品を輸入する際に支払っている関税を負担する必要がなくなる。

④ 外食産業等

日本は、トマトピューレ・ペースト、トマトケチャップ等のトマト加工品や、バター、スパゲティ・マカロニなどをEUから多く輸入している。これらの品目のなかには30％程度の関税がかけられているものもあり、撤廃までには時間がかかるものが多いものの、関税が段階的に削減されることから、外食産業などは安く調達できることになる。

⑤ 靴・履物小売業、鞄・袋物小売業

日本では、靴などの皮革製品には最高で30％の関税をかけているが、2028年または2033年に撤廃される。EUからの鞄類の輸入額は約2,000億円であり、金額そのものは大きくないが、日本の鞄類の輸入金額に占めるEUのシェアは、イタリア、フランスを中心に合計で3割超である。これらの品目にかけられている関税が最終的には撤廃されることから、EUから調達する際の関税負担が軽減されることになる。

中小企業に望まれる積極活用によるメリット享受

EPAにおいて、関税の削減・撤廃のメリットを享受しようとする場合、関税の減免対象となる品目は締約国内で生産されたとみなされるもの（原産地基準を満たすもの）に限られる。このため、輸入者は輸入しようとする品目がEPAにおける原産地基準を満たしていることを証明する書類を輸出者の協力を得て準備したうえで、税関において手続を行う必要がある。

つまり、関税の削減・撤廃から生じるメリットは、EPAの発効により自動的に享受できるわけではなく、メリットを得るためには企業が自ら行

動する必要がある。すでに日本が締結したEPAについて、企業の利用状況をみると、中小企業は大企業と比較すると利用割合が低い傾向にあり、中小企業ではEPAが十分に活用されていないとみられる。

したがって、同じ業種であっても、EPAを積極的に活用する企業とそうでない企業では、EPAを通じて享受できる恩恵が異なることになる。企業によるEPAの活用が広がらなければ、政府が試算するような経済効果は十分には表れないことになる。

[RCEP]
世界人口の約半分をカバーする経済圏

現在、日本、中国、韓国、ASEAN10カ国、インド、オーストラリア、ニュージーランドの16カ国が参加して、FTAの締結交渉を行っており、この自由貿易圏構想はRCEPと呼ばれる。インドを除く15カ国の交渉は終了しており、今後、インドとの交渉を継続し、2020年の署名を目指すことになっている。RCEPの特徴は、交渉参加国のGDPの合計が27兆ドルと、世界のGDPの約3割を占めることである。また、中国、インドといった世界の人口大国が参加していることから、RCEP交渉参加国の人口の合計は35億人を超えており、世界の人口の約半分をカバーしている（図表6）。

RCEPの交渉分野は、貿易自由化、税関手続・貿易円滑化、サービス貿易、投資、人の移動、知的財産、政府調達、中小企業、電子商取引、経済技術協力といった幅広い分野に及ぶ。インドやASEANのなかで経済発展が遅れているラオス、カンボジア、ミャンマーといった国が参加してい

図表6　RCEP交渉参加国の概要

	人口	GDP		1人当りGDP
	万人	億ドル	RCEPでのシェア（％）	ドル
オーストラリア	2,517	14,183	5.2	56,352
ブルネイ	43	141	0.1	32,414
カンボジア	1,625	245	0.1	1,509
中国	139,538	134,074	49.2	9,608
インド	133,422	27,167	10.0	2,036
インドネシア	26,416	10,225	3.8	3,871
日本	12,649	49,719	18.2	39,306
韓国	5,166	16,194	5.9	31,346
ラオス	678	184	0.1	2,720
マレーシア	3,239	3,543	1.3	10,942
ミャンマー	5,283	686	0.3	1,298
ニュージーランド	493	2,034	0.7	41,267
フィリピン	10,660	3,308	1.2	3,104
シンガポール	564	3,611	1.3	64,041
タイ	6,779	4,872	1.8	7,187
ベトナム	9,458	2,413	0.9	2,551
合計	358,531	272,600	100.0	―

（注）　2018年時点、IMFの推計を含む。
（出所）　IMF "World Economic Outlook Database"（2019年4月）から筆者作成

るため、参加国の経済発展の違いを考慮して交渉を進めることになっている。このため、アジア太平洋地域の国が参加し、すでに発効しているTPP11と比較すると、高い水準の貿易自由化の実現はむずかしいとみられている。

中国とEPA締結へ

RCEPが合意に至れば、日本としては、新たに中国、韓国とEPAを締結することになる。日本の貿易総額における中国のシェアは2割を超えており、中国は日本にとっては最大の貿易相手国である。工業製品について、日本から中国への輸出金額の約3分の2は有税品目である。中国は2018年7月に消費財について関税の引下げを実施したが、日本から中国への輸出は資本財や部品などの中間財が中心であることから、依然として日本から中国に輸出する多くの品目には関税がかかっていると考えられる。交渉が妥結し、中国での関税の削減・撤廃が進めば、日本の輸出品の価格競争力が向上するとともに、在中日系企業が、日本から輸入する製品にかかる関税の負担が軽減されることになる。

他方、日本が中国から輸入する場合、中国は2018年度までは特恵適用対象国であったことから、通常の関税よりも低い関税（特恵関税）が適用されていた品目があり、そのような品目の輸入金額の合計は、中国からの輸入全体の約2％を占めている（2018年度）。具体的には、化学製品、プラスチック製品、アルミ製品、合成繊維などである。ただし、2019年4月に中国は特恵適用対象国から除外されており、これらの製品を中国から輸入する場合には通常の関税率が適用され、日本の輸入企業にとっては関税負担が増す。RCEPでの交渉が妥結して発効に至れば、合意内容によっては、これらの品目に係る関税率が将来、引き下げられる可能性がある。

また、RCEPの交渉を主導するASEANは、日本、中国、韓国、インド、オーストラリア、ニュージーランドとすでにFTAを締結ずみであり、他の交渉参加国の間でもFTAがすでに締結されている（図表7）。ただし、各FTAにおいて関税の削減・撤廃の対象となるのは、各FTAにおける原産地規則によって、各国で生産されたとみなされる品目に限られる。たとえば、日本で生産された部品をもとに中国で加工・組立てを行った製品を中国からASEANに輸出する場合、中国ASEAN・FTAで中国の原産品とみなされない限り、中国ASEAN・FTAに基づく関税減免の対象とならない。しかし、RCEPが合意に達して、上述の製品がRCEPにおける原産地規則を満たしていれば、RCEPに基づく関税の減免の対象となる。つまり、RCEP参加国にまたがってサプライチェーンを構築している企業にとっては、従来よりもFTAを活用できる機会が増加し、貿易自由化のメリットを享受できる可能性が拡大することになる。

このように、RCEPが合意に至れば、複数の

図表7　RCEP交渉参加国・地域間のFTA締結状況

	ASEAN	中国	韓国	オーストラリア	ニュージーランド	日本	インド
ASEAN		○	○	○	○	○	○
中国	○		○	○	○		
韓国	○	○		○	○		○
オーストラリア	○	○	○		○	○	
ニュージーランド	○	○	○	○		○	
日本	○			○	○		○
インド	○		○			○	

（注）　FTA締結ずみは○と表記。
（出所）　WTO資料から筆者作成

FTAが存在するアジアが1つのFTAでカバーされることになり、域内では貿易がいっそう活発化する可能性がある。もっとも、RCEPが実際に企業によって利用されるためには、高い水準の貿易自由化を実現し、なおかつ使い勝手がよいものであることが必要である。RCEPは、既存のFTAを上回る貿易自由化を目指しているものの、その程度が大きくなければ、企業に活用されない可能性がある。

業種別の影響は未知数

　RCEPは現在、交渉中であり、最終的にどの品目で関税がどの程度削減されるのか、サービス貿易や投資に関する自由化がどのような分野で進展するのかが不明であるため、個別業種への影響を予測することはむずかしい。ただし、RCEPが合意に至って発効すれば、日本にとっては、貿易総額の規模が大きな中国、韓国とEPAを締結することになる。ここでは、日本と中国の貿易構造をもとに、RCEPが合意に達して、関税が削減・撤廃された場合に影響が表れると考えられる業種を取り上げよう。

　まず、中国の関税の削減・撤廃の影響に関して、中国は、すでに述べたように、日本の輸出の中心である資本財とその関連部品や、輸送用機器の多くの品目で関税をかけている。資本財のなかでは、工作機械であるマシニングセンタや、内燃機関および関連部品などは日本からの中国への輸出金額が大きく、有税品目となっている。中国がこれらの品目で、即時撤廃はむずかしいとしても、長期的にみて関税を削減することになれば、日本企業にとっては輸出環境が改善するほか、在中日系企業は、日本から輸入している品目に係る関税の負担が軽減されることになるだろう。

　次に、日本の関税の削減・撤廃に関しては、日本が輸入する消費財の多くは中国からのものであり、特に衣類および同付属品、履物などは中国のシェアが高い。日本は、TPP11ではこれらの品目については最終的には関税を撤廃することとしており、RCEPでも同様の措置がとられることとなれば、これらの製品について、長期的にみると、関税が削減されることになる。

トランプ保護主義の暗雲

(1)　鉄鋼・アルミニウム関税の引上げ

　米国のTPPからの脱退を決定したトランプ大統領は、米国の貿易赤字の削減を目指しており、保護主義的な政策を採用している。2018年3月には、鉄鋼とアルミニウムについて、輸入品の流入が国内産業の衰退を通じて安全保障の脅威となることを理由に、原則として鉄鋼に25％、アルミニウムに10％の追加関税を課す決定を行っており、米国が日本から輸入するこれらの製品も追加関税の対象とされた。

　米国の統計によると、米国が日本から輸入する追加関税対象製品の合計額（ドルベース）は、鉄鋼、アルミニウムとも2018年終わり頃から前年比で減少している。もっとも、鉄鋼、アルミニウムの追加関税対象製品の合計が、米国の対日輸入総額に占める割合は1.4％程度であることを考慮すると、追加関税が日本の米国向けの輸出全体に与える影響は大きくないといえる。

(2)　自　動　車

　米国政府は、トランプ大統領の指示を受け、鉄鋼やアルミニウムだけでなく、自動車についても安全保障上の問題を理由として追加関税を課すことについて検討している。日本の自動車メーカー全体でみると、米国での現地生産が中心ではあるものの、2018年時点で米国に約170万台の自動車を輸出している。米国で自動車に係る関税が引き上げられると、日本から輸出する自動車の価格競争力が損なわれ、販売台数が減少することは避けられないだろう。日本から米国向けの自動車の輸出金額は4.5兆円と、日本の自動車輸出全体の約4割を占めており、規模が大きいことから、自動車製造業にとっては大きなマイナスの影響を受けることになると考えられる。

　また、米国はトランプ大統領就任後に、1994年に発効した北米自由貿易協定（North American Free Trade Agreement、NAFTA）の見直し交渉を行い、自動車の関税が無税となる条件である域内の部品調達比率の基準を引き上げることなどについて、メキシコ、カナダと合意した。そして、

３カ国の批准を経て、米国・メキシコ・カナダ協定（United Nations-Mexico-Canada Agreement、USMCA）として発効する見込みである。USMCAでは、メキシコ、カナダで生産した自動車を米国が輸入する場合の関税が無税となる条件が厳しくなるため、北米で自動車を生産している企業は今後の生産体制を検討する必要が出てくる。

懸念される米中貿易摩擦の影響

　貿易赤字の削減を目指す米国にとって、最大の貿易赤字を計上している中国との赤字を削減することが大きな課題となる。こうしたなか、米国は、知的財産権の侵害を理由に2018年７月に、産業機械など中国からの輸入品340億ドル相当に対して25％の追加関税を課すと、中国も対抗して、大豆などの農産物や自動車など、米国からの輸入品340億ドル相当に対して25％の追加関税を課した。その後、米国が対象品目を追加して追加関税を課すと中国も対抗して追加関税を課すといったことが二度行われ、2019年７月時点で、米国は中国からの輸入の５割に相当する2,500億ドルに、中国は米国からの輸入の７割に相当する1,100億ドルに追加関税を課していた。

　米国は、第４弾の措置として、薄型テレビや半導体メモリなど1,100億ドル相当分について９月１日に追加関税を課しており、スマートフォン、ノートパソコン、玩具など1,600億ドル相当分については12月15日に追加関税を課す方針である。これにより、米国の中国からの輸入額のほぼすべてが追加関税の対象となる。中国が第４弾の措置として、750億ドル相当分について９月１日と12月15日に分けて、追加関税率を５％または10％上乗せする方針を示すと、米国は、これまでに実施してきた第１弾から第３弾までの追加関税率と、９月１日以降の第４弾の追加関税率を引き上げる方針を示した。米国と中国は引き続き交渉を行う方向であるが、これまでのところ、交渉再開と決裂、その後の追加関税措置の実施が繰り返されているのが現状である。

　このほか、米国は安全保障上の観点から国防権限法において、政府機関に対して、中国製の通信機器などを調達することを禁止し、2020年８月か

らはそのような製品を利用している企業との契約を禁止する。さらに、中国の大手通信機器メーカーである華為技術（ファーウェイ）への輸出規制措置をとっており、ファーウェイは通信機器などの生産に必要な電子部品を米国企業から調達できなくなることになる。こうした米国と中国の間の貿易摩擦の背景には、ハイテク分野での覇権をめぐる争いがあるとみられており、長期化することも考えられる。

　米中貿易摩擦はさまざまな点で日本企業に影響を及ぼすと考えられる。まず、中国から米国に輸出している企業は、米国向けの輸出拠点を引き続き中国に置くのか、アジアの他の国に移転するのか、検討する必要が出てくる。また、ファーウェイが米国から電子部品等を調達できないために生産規模を縮小する場合、ファーウェイに電子部品を供給している日本の企業は売上げが減少することになるだろう。また、米国の国防権限法に対応するため、在米日本企業のうち米国政府との取引がある企業は、中国製の通信機器の使用などについて見直しを行う必要がある。さらには、米中貿易摩擦の影響を受けて世界の貿易量が減少し、世界経済の成長率に下押し圧力がかかることによって、世界全体の需要が減少することも懸念されている。

日米物品貿易交渉が合意に至る

　貿易赤字の削減を目指す米国は、中国との貿易赤字だけでなく、日本との貿易赤字についても問題視している。安全保障上の問題を理由として、米国が検討している自動車への追加関税が課されることになれば、日本が受けるマイナスの影響は大きい。

　こうしたなか、2018年９月の日米首脳会談において、日米貿易協定の交渉を行うことが決定した。交渉の対象は、関税の削減だけでなく、サービスなどの重要分野で早期に結果が出るものも含まれる。交渉にあたり、日本は農林水産品の関税について、過去に締結したEPAの内容が限度であること、米国は自動車に関する市場アクセス交渉では、米国の**自動車産業**の製造および雇用の増加を目指すといった、両国の立場が尊重されることになった。日米物品貿易交渉が行われている間

は、日本の自動車に対して、米国が検討している追加関税は課されないことが確認されていた。

　交渉は、早い時期に成果を得ることを目指して、2019年4月に開始され、デジタル貿易の扱いについても議論が行われた。デジタル貿易に関しては、国際的なルールが整備されておらず、日本と米国が主導してルールを整備する狙いがあったと考えられる。

　交渉は2019年9月に最終合意に至り、日米貿易協定が締結されることとなった。今後、発効に向けた国内手続が行われ、両国の国内手続完了通知後、30日で発効することになっている。米国側は2020年1月の発効を見込んでいるようである。

　短期間で合意に至った背景として、以下のことがあげられる。まず、米国のTPP離脱後、TPP11が2018年12月30日に発効して、米国は農林水産品の日本への輸出において関税面で不利な状況となり、それを米国が早期に解消したいと考えていたことである。さらに、トランプ大統領が2020年の大統領選挙を控え、早期の成果を得ることを求めていたことである。そして、日本と米国はTPPにおいて関税引下げ交渉を行っており、今回の交渉の土台が存在していたことである。

　日米貿易協定で合意された日本の農林水産品の関税引下げ等の内容は、TPPでの合意内容をベースとしており、TPPの範囲内となっている。過去に締結したEPAで約束した農林水産品の関税引下げ等の内容が最大限であるといった日本の立場が尊重されたかたちである。たとえば、牛肉の関税率は、日米貿易協定発効時にTPP11参加国と同じ水準に引き下げ、最終的にはTPP11参加国と同水準である9％になる。豚肉やワインについても、TPPと同様の合意内容となっており、米国に対して他のTPP11参加国と同じ関税率が適用されることになる。なお、日本は、林産品（木材）や水産品、有税工業品については関税の引下げを行わないことになっている。

　他方、米国が**自動車**にかけている2.5％の関税は、TPPでは発効から25年目に撤廃されることになっていたが、今回の合意では「さらなる交渉による撤廃」とされており、撤廃時期が明記されていない。**自動車部品**については、TPPでは発効時に8割以上の品目で関税が撤廃されることになっていたが、今回の合意では自動車と同様に「さら

なる交渉による撤廃」とされている。これは、米国の自動車産業の製造および雇用の増加を目指すといった米国の立場が尊重されたものであると考えられる。なお、自動車・自動車部品以外では、米国は、**マシニングセンタ**、**蒸気タービン**、**燃料電池**などの関税を削減・撤廃することになっている。

　2019年9月の日米共同声明において、日米貿易協定と日米デジタル貿易協定が誠実に履行されている間は、両協定や日米共同声明の精神に反する行動はとらないことが確認されている。これにより、米国が検討している自動車への追加関税について、仮に米国が実施することを決定した場合でも、日本から輸出する自動車には追加関税が課されないことが安倍首相とトランプ大統領の間で確認されている。

　日米貿易協定と同時に合意された日米デジタル貿易協定では、自国における輸入・販売等の条件として、ソフトウエアのソースコードやアルゴリズムの移転などを企業に求めないといったことが盛り込まれている。このほか、情報の電子的手段による国境を越える移転が、事業の実施のために行われる場合には、公共政策の正当な目的のための措置を除いて、禁止または制限してはならないということなども規定されている。こうしたルールの整備を通じて、日米間でデータを基本的には自由に移転できる環境が確保されることになる。

長期金利、再びマイナス圏へ
蓄積する銀行収益への悪影響

ニッセイ基礎研究所
経済研究部　シニアエコノミスト
上野　剛志

道遠い物価目標 2 ％の達成

(1)　2019年に再びマイナス圏へ

　日本の10年国債利回り（以下、長期金利）は、2016年にマイナス圏に突入し、その後いったんゼロ％をわずかに上回る水準へと持ち直した。しかし、2019年に入ってからはマイナス圏に再突入し、欧米の景気後退懸念や金融緩和観測を受けた9月には2016年7月以来、約3年ぶりの低水準である一時−0.295％まで低下した（図表1）。

　そもそも、金利は「お金を貸借りする際に借り手側が貸し手側に支払う対価」であり、従来、これがゼロ％やマイナスになるということは、常識的には起こりえないと考えられていた。それにも

図表1　国債利回りの推移

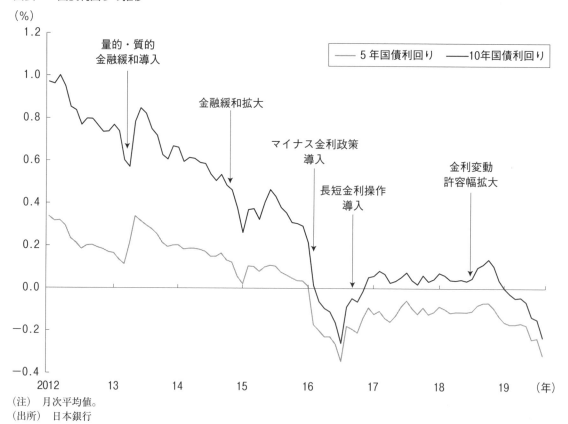

（注）　月次平均値。
（出所）　日本銀行

かかわらず、このような事態に陥った直接的な原因は日本銀行（以下、日銀）の大規模な金融緩和にある。

　平成バブルの崩壊後、デフレが続いていた日本の長期金利は世界的にみてきわめて低い水準にあったが、2012年の時点では、まだ１％弱のプラス圏にあった。しかしながら、同年12月の衆議院選挙の結果、大規模な金融緩和を公約に掲げる安倍政権が誕生し、翌2013年１月には、日銀に対して「物価安定の目標」（以下、物価目標）の導入と、「消費者物価の前年比上昇率で２％」という目標値の設定を促した。当時はまだ白川総裁体制であった日銀はそれまで、目指す物価水準を「中長期的な物価安定の目処」として「当面は１％」を掲げていただけに、物価目標の導入によって、目標が明確化したうえに、大きくハードルが引き上げられることになった。

　そして、３月には安倍政権の信認を受け黒田東彦氏が日銀総裁に就任したことで、大規模金融緩和政策が加速する。日銀は４月に保有する長期国債を、年間約50兆円増加させるペースで買い入れることを主軸とする「量的・質的金融緩和」を導入したのである。これは当時の国債の新規発行額の７割を日銀が買い上げるというきわめて大規模な金融緩和策であったが、日銀はこの政策を「２％の物価目標を安定的に持続するために必要な時点まで継続する」ことを方針として明示した。

　しかし、その後も消費者物価上昇率は２％にまったく届かない状況が続き（図表２）、てこ入れせざるをえなくなった日銀は、2014年10月に「量的・質的金融緩和」を拡大し、長期国債の買入規模を年間約80兆円増へと大幅に積み増した。こうした日銀の大規模な買入れによって国債の需給が引き締まったことで、長期金利は0.5％を割り込み、史上最低値を更新していくことになる。

(2)　マイナス金利付き量的・質的金融緩和の導入

　さらに、日銀は2016年１月になると、「マイナ

図表２　消費者物価上昇率の推移
（前年比、％）

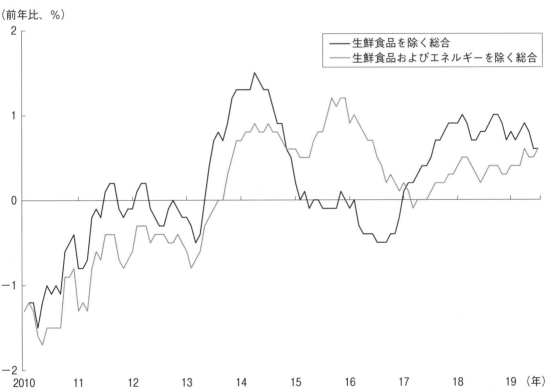

（注）　2015年までは消費税調整済指数（参考値）。
（出所）　総務省統計局「消費者物価指数」

ス金利付き量的・質的金融緩和」の導入を決定し、2月に開始した。これは、従来の「量的・質的金融緩和」の仕組みを継続したうえで、金融機関が資金を日銀に預ける日銀当座預金の一部に0.1%のマイナス金利を課すという「マイナス金利政策」を追加するものだ。同政策によって、金融機関は日銀に対する資金の貸し手であるにもかかわらず、日銀当座預金を一定のペース以上で増加させると、日銀に対して逆に金利を払わなければならない事態になった。金融機関は余裕資金を日銀当座預金に預け過ぎることを回避するためにマイナスの利回りでも国債を買うようになり、長期金利は同年2月にマイナス圏に突入、さらにマイナス金利の深掘り観測が高まったことで、7月には一時−0.3%まで低下することになった。

(3) 長短金利操作の導入

その2カ月後、日銀の金融政策は1つの転換点を迎えた。日銀は2016年9月に、2%の物価目標を早期に達成するために何が必要かという観点から、「量的・質的金融緩和」導入以降の経済・物価動向や政策効果について検証する「総括的な検証」を実施したうえで、検証結果をふまえて、「長短金利操作（イールドカーブ・コントロール）」を導入した。これは、日銀当座預金へのマイナス金利適用は存置したうえで、長期金利が誘導目標付近で推移するよう、長期国債の買入れを行うというものだ。長期金利を誘導目標化する政策は、海外でも長らく行われたことがない大胆な政策（注1）であり、この結果、日本の長期金利はほぼ完全に日銀のコントロール下に置かれることになった。

日銀は「総括的な検証」のなかで、「イールドカーブの過度な低下、フラット化は、広い意味での金融機能の持続性に対する不安感をもたらし、マインド面などを通じて経済活動に悪影響を及ぼす可能性がある」ことを指摘したうえで、当時マイナス圏にあった長期金利の誘導目標を実勢よりも高めと受け止められる「ゼロ%程度」に設定してコントロールを開始した。具体的には、長期金利が0.1%を上回ると指値オペ（注2）や国債買入増額で上昇を阻止、金利が0.0%に接近すると国債買入減額で低下を抑制する対応をとったため、長期金利はおおむね0.0%台で推移、マイナ

ス圏こそひとまず脱したものの、ほぼゼロ%の超低金利が常態化することになったのである。

その後、日銀は2018年の7月に「強力な金融緩和継続のための枠組み強化」と称し、国債市場の機能度改善を名目として、長期金利の変動許容幅を従来の倍（おおむね−0.2〜0.2%）へと拡大した。この結果、長期金利の水準は同年秋にかけて0.1%台に上昇した。だが、それもつかの間、世界的な金利低下の波及を受けて低下に転じ、2019年年初からは再びマイナス圏に落ち込んでしまった。ちなみに、短期国債や中期国債の利回りは、マイナス金利政策導入以降、長期にわたってマイナス圏での推移が続いている。

超低金利の打撃を受ける業界、恩恵を受ける業界

地銀の半数が連続赤字の異常事態

このように、日銀の大規模金融緩和によって引き起こされ、常態化した超低金利は、さまざまな業界に多大な影響を与え続けてきた。

特に深刻なのが金融機関だ。まず、幅広い年限の国債利回りがマイナスに落ち込むという異例の状況となったことでかつてない資金運用難に陥り、金融商品の供給に支障が生じた。生損保では一部の貯蓄型保険で販売停止や保険料の値上げに踏み切らざるをえなくなったほか、MMF（マネー・マネジメント・ファンド）運用会社では全社がMMFの新規受入れを停止し、その後償還を行う事態になった。

また、銀行や生保などの金融機関では、資産運用収益も圧迫されることになった。主たる投資対象である国債の利回りが大きく低下したうえ、国債利回りと連動性の高い貸出の利回りも大きく低下し、利息収入が減少したためだ。

銀行についてみると、業態を問わず、利益水準が低下基調をたどることになった。銀行の本業利益を示す業務純益（注3）について、量的・質的金融緩和導入前である2012年度と直近2018年度の水準を比べてみると、**都市銀行**（5行）（注4）が50%減、**地方銀行**ならびに**第二地方銀行**（104行）（以下、地銀）が34%減とそれぞれ大きく減少している（図表3）。これは金利低下に伴って、国内

図表3　銀行の業態別業務純益の推移

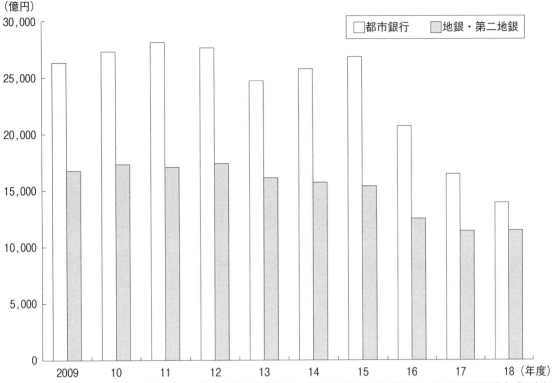

（出所）　2017年度までは全国銀行協会「全国銀行財務諸表分析」、2018年度は各行決算資料、全国地方銀行協会「地方銀行の決算の状況」、第二地方銀行協会「加盟地方銀行決算」から筆者作成

業務の貸出金利息が大きく減少したためであり、地銀の貸出金利息はこの間に15％減少している。国内における超低金利の影響を緩和するために国際業務を積極化した都市銀行も、影響を穴埋めすることができていない。なお、金融庁が2018年9月に公表した資料（注5）では、貸出と手数料ビジネスという本業のみでみた場合、2017年度決算時点で地銀全体（第二地銀を含む106行）のおよそ半分が2期連続以上の赤字に陥っているという衝撃的な分析結果が示されている。

このように、銀行の経営状況は厳しさを増しているが、問題は超低金利の悪影響は累積的であるという点だ。銀行は典型的なストック型ビジネスであるため、時間が経てば経つほど過去に実行した比較的高利回りの投融資が期限到来によって剥落し、新たに実行された超低利回りの投融資へと置き換わっていくことで、収益が累積的に圧迫されていく。実際、日銀が集計している国内銀行の平均貸出金利（ストックベース）は数年にわたって低下基調を続けており、いまだに下げ止まりが

確認できない（図表4）。

この間、銀行業界では利益を下支えするためにさまざまな取組みが行われた。

まず、収益力の強化に向けては、多くの銀行において貸出残高の増加が図られた。低金利が資金需要を喚起したこともあり、量的・質的金融緩和以降、貸出残高は緩やかな増加が続いている。銀行によっては貸出増加に向けた取組みの一環として、アパートローンやカードローンに積極展開する動きもみられた。ただし、これらの領域では過剰融資への懸念（具体的には、アパートでの空室発生や多重債務者増加に対する懸念）が高まって社会問題化したため、金融庁が監視・指導を強化することとなり、新規貸出の勢いが沈静化することになった。

また、証券投資においては、より高い利回りの獲得を求めて、多くの銀行が米国債を中心とする外債投資を積極化したが、その後に米国債利回りの上昇（すなわち債券価格の下落）に直面することになり、多額の損失を抱えることになった。

図表4　国内銀行の平均貸出金利（ストックベース）推移

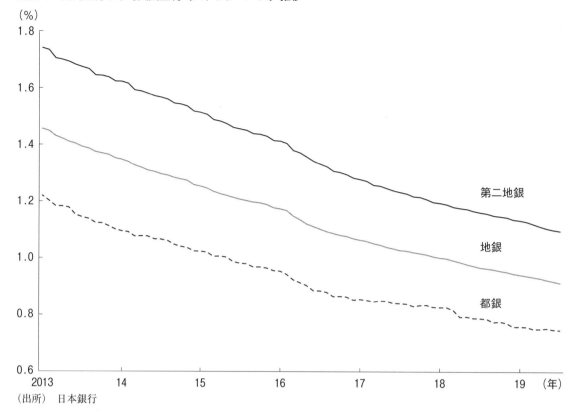

（出所）　日本銀行

ほかにも、一部の銀行では、手数料収入確保のために振込手数料やATM手数料などの引上げを実施したり、コスト削減のために店舗を削減したりする動きがみられた。

さらに、抜本的に経営基盤を強化するべく、いくつかの地銀は他行と経営統合するという決断に踏み切った。

このような取組みのなかには一定程度収益の下支えにつながったものもあるが、超低金利の影響を相殺することはかなわず、減益基調が続いている。

生保・証券への影響は限定的

生命保険会社については、「量的・質的金融緩和」導入後も利益水準が維持されている。生保の本業利益を示す基礎利益（注6）は2018年度で3.8兆円（業界計）となっており、2012年度の3.3兆円を上回っている（注7）。一部貯蓄性商品の販売停止や国債・貸出金利回りの低下は収益圧迫要因となったものの、企業収益改善に伴う株式配当

金の増加や、過去に締結された高予定利率保険契約の減少などが利益の支えになっている。

証券会社については、手数料収入が中心であり、銀行などのようなストック型ビジネスの色彩が薄いため、超低金利の影響を直接的には受けにくい。ただし、国債売買業務では利益を稼ぐことがむずかしくなった。日銀が大規模な金融緩和を開始してから市場に出回る国債が減り、売買が停滞するようになったうえ、長短金利操作開始後は国債価格（利回り）の変動が極端に小さくなったことが影響している。

金融機関以外では、資産運用収入を事業運営資金に充てる形態が多い財団法人等の運営環境も厳しさを増している。公益法人協会のアンケート調査（注8）によれば、多くの法人で2007年調査から2017年調査にかけて運用利回りの低下が進んだとの回答がみられた。そうしたなかで、予算に対して運用収益が不足した法人の多くが、資産の取崩しや管理費用の削減、さらには事業規模の縮小といった対応を余儀なくされている。

不動産をはじめ一般企業には金利低下が追い風に

　金融機関以外の多くの業態は超低金利による恩恵を受けている。非金融法人企業は一般的に預金よりも借入金のほうが多いうえ、預金金利は量的・質的金融緩和以前からすでにゼロ％近くにあって市場金利低下の影響よりも、借入金利低下による増益効果が上回ったためだ。実際、財務省の法人企業統計によれば、非金融法人企業の2018年度の支払利息等は、2012年度と比べて1.2兆円も減少している。

　なかでも、超低金利が特に追い風になったのが**不動産業**だ。同業種はもともと借入金の規模が大きいため、金利低下による増益効果が出やすい。実際、上記の支払利息等減少額1.2兆円のうち、約3割が不動産業に属する。また、住宅ローン金利が国債利回りと連動するかたちで大きく低下したことで、住宅需要が喚起されたことも業績にプ

ラスに働いた（図表5）。

　さらに、超低金利で運用難に陥った投資家や銀行が、より高い利回りを求めて不動産に資金を振り向けたことも不動産事業の追い風となった。**REIT**（不動産投資信託）の動向を示す代表的な指標である東証REIT指数は2012年末から2015年初にかけて約8割も上昇し、以降も高値を維持しているほか、商業用不動産の価格も上昇基調を続けるなど、不動産市場は活況を呈している。

出口開始は早くても2022年度か

　このように、「ゼロ金利の常態化」によってさまざまな業界において多大な影響が出ているが、今後、日本の長期金利はどうなっていくのだろうか。

　日本の場合、日銀が長期金利を誘導目標として調整しているため、長期金利の見通しを考えるということは、日銀の金融政策の行方を考えるとい

図表5　住宅着工戸数と住宅ローン金利

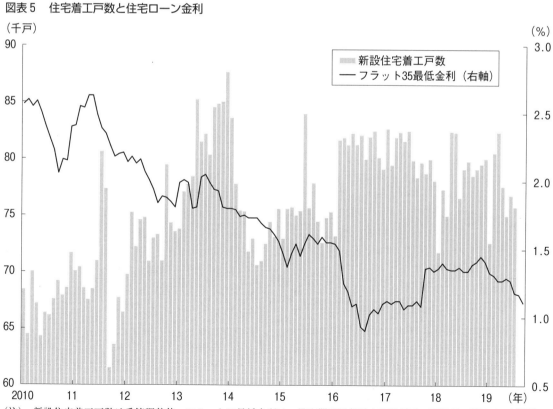

（注）　新設住宅着工戸数は季節調整値。フラット35最低金利は、借入期間21年以上35年以下、融資率9割以下、新機構団信付きの場合の値。
（出所）　国土交通省「建設着工統計調査」、住宅金融支援機構「【フラット35】借入金利の推移」

うこととほぼ同じ意味合いになる。そして、日銀の金融政策を考えるうえで最も重要になる要素は物価の動向だ。日銀は、「2％の物価目標の実現を目指し、これを安定的に持続するために必要な時点まで、現行の「長短金利操作付き量的・質的金融緩和」を継続する」としている（注9）ため、物価上昇率2％の達成が見通せない状況では、容易に出口戦略（金融政策の正常化）を開始することができない。

直近判明している2019年7月の消費者物価上昇率（生鮮食品を除く総合）の伸び率は前年同月比0.6％とプラスながら、依然として2％目標には程遠い状況にある。今後も人手不足に伴う賃上げ分の価格転嫁が一部業種で続くとみられるため、当面、消費者物価上昇率（生鮮食品を除く総合）はプラス圏を維持し、デフレへの逆戻りは回避されると見込まれる。ただし、その場合でも企業や家計のデフレマインドは根強く残ることから、2％の物価目標には遠く及ばない状況が続くとみられる。

また、物価目標を達成できなくても、金融緩和による著しい副作用が顕在化する場合は現行の金融緩和を続けることができなくなる。この点については、既述のとおり、超低金利の継続によって金融機関の収益は圧迫されており、日銀も「低金利環境が長期化すれば、金融仲介が停滞方向に向かうリスクや金融システムが不安定化するリスクがある」（2018年6月18日黒田総裁会見）などと副作用に対する警戒感をもっている。しかし、一方で現状については、「（地域金融機関は）かなり良い純利益をあげているし、資本や流動性も十分。（中略）金融機関としてしっかりした金融仲介機能を果たしているので、いまの時点で問題があるわけではない」（2019年4月26日黒田総裁会見）と日銀は判断しており、差し迫った状況にあるとはみていない。

今後、超低金利の副作用への警戒が一段と高まれば、日銀が出口戦略開始前に副作用緩和のために長期金利を高めに調整する可能性があるが、金利の先行きについては、「当分の間、少なくとも2020年春頃まで、現在のきわめて低い長短金利の水準を維持することを想定している」（2019年9月現在）とのフォワードガイダンスをすでに示しているため、少なくともその間に金利を現在のレ

ンジ上限である0.2％以上に押し上げることは考えにくい。また、仮にその後に0.2％以上の金利上昇を容認するとしても、大幅な金利上昇を認めることは金融緩和の後退と受け止められて円高要因となり、そのこと自体が物価上昇を抑制してしまうため、小幅な上昇の許容にとどまるだろう。したがって、日本の長期金利は今後も長期にわたって超低水準での推移が続くことになる可能性が高い。

出口戦略の開始時期については、最短でも2022年度になるとみる。今後の経済情勢を展望すると、2019年10月の消費税率引上げの悪影響は2020年春には緩和し、景気がいったん持ち直すと予想されるが、同年秋以降は五輪需要の反動減が発生することで景気が再び停滞色を強める可能性が高い。物価にも下押し圧力がかかるため、この間に出口戦略を開始することはむずかしい。

米中対立が世界的な金融正常化にも障害に

五輪需要の反動減解消が確認できるのは2022年度になるとみられ、このタイミングで海外経済が堅調であれば、景気回復基調が強まり、物価も持ち直すと予想される。成長期待やインフレ期待の低い日本において、2％の物価上昇率を安定的に達成することはむずかしいものの、一時的に1％台後半が視野に入ってくる可能性がある。また、金融機関収益等への副作用がさらに増大していることも、出口戦略の開始を後押ししよう。

出口戦略にあたっての日銀の政策変更としては、マイナス金利政策を終了する一方、長期金利誘導目標は残したまま緩やかに引き上げていく可能性が高い。これは、出口局面での長期金利の急上昇や不安定化を回避するためだ。長期金利はこの段階でゼロ％付近を脱し、緩やかな上昇トレンドをたどっていくことになる。

もっとも、この出口戦略の開始時期についてはあまりにも不確実性が大きい。上記のシナリオが実現するのは海外経済などの好条件がそろった場合に限られるためだ。米中通商摩擦や中国経済の減速、英国のEU離脱など、世界経済の先行きには下振れリスクが多く存在している。仮にこうしたリスクの顕在化などから世界経済が低迷すれ

ば、国内経済の逆風となり、出口戦略の開始が遅れるとともに超低金利が長期化することになる。また、金利が今後さらに低下するリスクもある。日銀はさらなる金利低下を積極的に望んでいるわけではないものの、世界経済の低迷時には海外金利低下を通じて金利低下圧力がかかる。また、海外中央銀行の金融緩和を受けて大幅な円高が進む場面において、日銀がやむをえず金利引下げに動くことで長期金利がマイナス幅を広げる可能性についても排除はできない。

　また、トランプ米大統領による米金融政策への影響にも注意が必要だ。トランプ大統領は景気下支えのために、FRB（米連邦準備理事会）に対して、再三にわたって大幅な利下げを要求している。独立性を重視するFRBが大統領の要求にそのまま従うとは思えないが、仮に2020年にトランプ大統領が再選した場合には、FRB議長の人事などを通じて影響力を強め、大幅な利下げを押し通す可能性もある。その場合は円高が進むと見込まれ、出口戦略開始の難易度が大きく高まることになる。

　少なくとも2022年度まで、場合によってはさらに長期にわたって超低金利が続くという前提に立つと、銀行などの金融機関の経営環境はなかなか好転が見込めないということになる。むしろ、過去に実行した比較的高利回りの投融資が今後も期限を迎えることで、ますます収益が圧迫されるようになる。また、金融機関には既存の事業基盤の縮小という問題もある。今後、FinTechの発展に伴って、決済サービスや融資ビジネスへの新規参入が相次ぎ、これらの収益源が侵食される可能性が高い。さらに、とりわけ地方での人口・企業数の減少が地銀等の顧客基盤縮小につながるだろう。金融機関は超低金利環境下での厳しい防衛戦を余儀なくされることになる。

　こうした厳しい状況への対応策として、金融機関ではコスト削減の加速や、事業基盤強化に向けた他社との合併などの合従連衡の動きが今後も続くことが予想される。金融機関自らによるFinTechへの取組みも進みそうだ。そうしたなかですでに経営体力が低下し、今後も有効な対応策を見出せない一部の金融機関はいずれ深刻な経営難に陥る可能性がある。

金利上昇による金融界、産業界へのリスク

　いずれ日銀の出口戦略開始によって金利が上昇トレンドに入ると、金融機関の経営環境は改善に向かうことになる。新規の貸出や国債購入時の利回りが上昇することで、投融資の平均利回り上昇を通じた収益改善効果が緩やかに発現してくる。また、生保などでは、金利の低下によって販売停止に陥った金融商品の販売を再開できるようになることも収益にプラスに働く。この際に市場金利の変動幅が十分に拡大すれば、証券会社等での国債売買業務にも再び収益機会が訪れることになる。

　財団法人等についても、金融機関同様、しばらくは超低金利下での厳しい資産運用環境が続くものの、金利上昇局面に入れば次第に改善するだろう。

　その一方で金融機関では、金利上昇局面において負の影響も発生するという点には留意が必要になる。金利の上昇に伴って保有する債券の価格が下落するためだ。また、この際にもし日銀が出口戦略の舵取りや市場との対話に失敗すれば、債券価格の急落に加えて、円高、株安が発生し、保有する株式の価格下落や景気悪化に伴う貸倒れの増加といった負の影響が加わることにもなりかねない。金融機関の事業環境が改善に向かうためには、日銀が「未曾有の大規模金融緩和からの脱却」を円滑に進めることが前提条件となる。

　金融機関などとは逆に、金利上昇が経営環境の逆風になりうるのが非金融法人だ。金利が上昇すれば、現在のようにほぼ無料で資金を調達することができなくなり、支払利息が利益を圧迫するようになる。特にこれまでの超低金利の恩恵を大きく受けてきた不動産関連業種では、その反動により、金利上昇の負の影響が出やすくなるだろう。

　わが国では、ゼロ％付近での超低金利が数年にわたって続いてきたが、今後もしばらく大きな変化は見込めない。したがって、特にその悪影響を強く受ける金融機関では、厳しい事業環境への有効な対応策をいかに見出すかが問われる。そして、その先で金利が上昇に転じるときには、環境変化に対してどのような戦略をもって臨むのかが

6 超金融緩和政策

重要になる。この間の各社の舵取りが、競争力の変化を通じて業界地図に大きな影響を与える可能性が高い。

（注1）　FRBは第二次世界大戦時に、BOEも大戦直後に長期金利に上限を設けたことがある（参考資料：日本銀行「イールドカーブ・コントロールの歴史と理論」（2017年1月11日））。

（注2）　日銀が指定する利回りで無制限に国債を買い入れるオペレーションのこと。

（注3）　業務粗利益から経費と一般貸倒引当金繰入額を控除したもの。

（注4）　3メガ銀行、りそな銀行、埼玉りそな銀行。

（注5）　「変革期における金融サービスの向上にむけて～金融行政のこれまでの実践と今後の方針～（平成30事務年度）」（2018年9月26日）。

（注6）　経常利益から有価証券売却益等のキャピタル損益と臨時損益を除いたもの。

（注7）　出所は生命保険協会「生命保険の動向（2018年版)」ならびに各社決算資料。

（注8）　公益法人協会「公益法人資産運用アンケート」結果報告書（2017年6月）。調査対象は601法人（財団法人463件、社団法人138件）、有効回収数220件。

（注9）　さらに、「消費者物価指数（除く生鮮食品）の前年比上昇率の実績値が安定的に2％を超えるまで、マネタリーベースの拡大方針を継続する」との方針も示している。

成長戦略に盛り込まれた
キャッシュレス化施策とその可能性

「月刊消費者信用」編集長
浅見　淳

成長戦略とキャッシュレス決済比率のKPI

　日本政府が成長戦略に、キャッシュレス化の推進を掲げたのは2014年6月の「日本再興戦略　改訂2014」からである。この時は、主に訪日外国人旅行者にとって便利な決済環境を整え、インバウンド消費を確実に取り込むことに主眼が置かれていたが、翌年の「日本再興戦略　改訂2015」から、カード決済情報をビッグデータとして利活用し、消費喚起を図ることが目的に加わり、政府がSociety5.0の実現を標榜するようになると、次第にデータの利活用に軸足が移り始めた。

　そして、2017年6月の「未来投資戦略　2017」で、「キャッシュレス決済比率を10年後（2027年）までに約4割に倍増させる」というKPI（重要業績評価指標）が初めて打ち出される。

　このKPIは2018年6月の「未来投資戦略2018」でも踏襲される。経済産業省が同年4月に独自に取りまとめた「キャッシュレス・ビジョン」では2025年に40％、将来的に80％というより「野心的な目標」（経済産業省）が掲げられていたが、この時点では現在も2027年に40％のままとされた。

　この目標を達成させるための方策を検討する組織として、経済産業省は2018年7月、「キャッシュレス推進協議会」を発足させる。**決済事業者**（**決済代行業、電子決済代行業**など）だけでなく、キャッシュレス化が期待される**医療機関**や**自動販売機**などの業界団体、銀行、加盟店、地方自治体などが参加し、キャッシュレス化を推進するための課題ごとにPTを組成し、解決策を検討する体制を整備した。

2019年度の成長戦略におけるキャッシュレス施策

(1)　キャッシュレス・消費者還元事業

　2019年6月には、2019年度版の成長戦略が策定されたが、この時、40％の目標達成時期が2025年6月と、2年前倒しされた。また、キャッシュレス化に関する新しい施策が数多く盛り込まれている。図表1は「成長戦略フォローアップ」に掲げられた施策である。

　最大の目玉は、2019年10月実施の「キャッシュレス・消費者還元事業」（図表2）であろう。消費増税による駆込み需要やその反動落ちが生じないよう、需要の平準化を目的に予算化されたもので、中小・小規模事業者の小売店等でキャッシュレス決済を行った場合は、購入金額の5％ないし2％に相当するポイント等を消費者に還元する（決済事業者を通じて国が負担）。また、中小・小規模事業者のキャッシュレス環境を整えるために、端末設置のための補助金を交付する（決済事業者を通じて国が3分の2、決済事業者が3分の1を負担する）。この事業に参加する決済事業者（アクワイアリング（加盟店業務）を行うB型決済事業者）は事業の期間中は、加盟店手数料を3.25％以下に引き下げなければならない。

　その予算規模は、2020年3月までの6カ月間で2,798億円にのぼる（図表3）。このうち、消費者還元に使われるのは1,786億円。5％の還元なので、逆算すると、3兆5,720億円のキャッシュレス決済が行われる計算になる。加盟店手数料を上限の3.25％とすると1,160億円の手数料収入が決

図表1　成長戦略フォローアップに掲げられたキャッシュレス施策

- ・決済分野の法制の横断化・柔構造化（12）
- ・キャッシュレス・消費者還元事業（12）
- ・統一QRコード決済の実用化（13）
- ・税・公金等のキャッシュレス化（14）
- ・資金移動業者の口座への賃金支払（14）
- ・クラウドやQRコードによる乗車確認などのキャッシュレス化（17）
- ・（フェリーなどの）料金収受のキャッシュレス化（21）
- ・行政サービスと民間サービスの共同利用型キャッシュレス決済基盤の構築（32）
- ・主要観光地の多言語化、無料Wi-Fi整備、キャッシュレス化（126）
- ・交通機関の多言語化、無料Wi-Fi、キャッシュレス対応等の整備（127）

（注）　カッコ内は掲載ページ数。
（出所）　「成長戦略フォローアップ」（2019年6月21日）

図表2　「キャッシュレス・消費者還元事業」の制度概要

- ●実施期間：2019年10月より9カ月間（2020年6月まで）
- ●支援内容：・一般の中小・小規模事業者については、
    - ①　消費者還元5％
    - ②　加盟店手数料率3.25％以下への引下げを条件とし、さらに国がその3分の1を補助
    - ③　中小企業の負担ゼロで端末導入（3分の1を決済事業者、残り3分の2を国が補助）
    - ・フランチャイズ等の場合は消費者還元2％（端末費用および加盟店手数料の補助はなし）

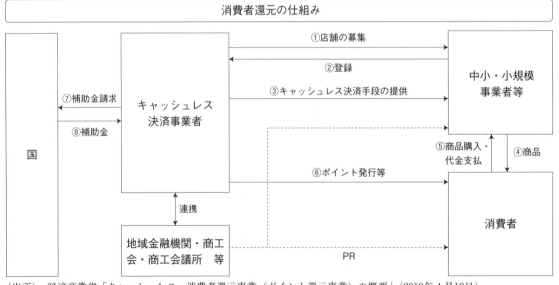

消費者還元の仕組み

（出所）　経済産業省「キャッシュレス・消費者還元事業（ポイント還元事業）の概要」（2019年4月12日）

済事業者にもたらされる計算だ。事業は9カ月行われるので、2020年度分の事業も含めれば、この約1.5倍の予算と経済効果が見込まれる。

もっとも、**フランチャイズチェーン**の場合は、中小・小規模企業者に該当しても2％還元になるため、当事業において5％還元と2％還元の比率がどうなるかによって、予算内で還元可能なキャッシュレス決済の額は異なる。仮に半々の割合だとすると、当事業の対象消費額は5兆1,028億円となる。

図表3　「キャッシュレス・消費者還元事業」の予算
　　　　内訳

(1) 消費者への還元	約1,786億円
(2) 中小・小規模事業者の 　　キャッシュレス対応支援	約329億円
決済端末等の導入補助	約134億円
決済手数料の補助	約196億円
(3) 支援策の広報・システム改修費	約683億円
合計	約2,798億円

（出所）　国会答弁などから筆者作成

　もっとも、この消費額のすべてが、現金からのシフトであるとは限らない。従来、クレジットカードや電子マネーで決済されていた消費が還元の対象になっただけで、キャッシュレスの市場規模を押し上げる効果のないものも含まれるだろう。では、押上効果のある純粋に新規のキャッシュレス決済がどれくらいを占めるかについては、決済事業者も読み切れていない。

　クレジットカード会社は、中小・小規模事業者の店舗は品揃えが乏しく、消費者のニーズを満たせないでいる現状を考えると、還元事業が行われるからといって、中小・小規模事業者で高額商品の売上げが伸びる可能性は少ないと予測する。還元事業の主戦場になるのは、**個人経営の飲食店**、あるいは**外食産業**や**コンビニエンスストア**などのフランチャイズチェーンなど、客単価の低い店ではないかとみるわけだが、そうであれば親和性の高い決済手段は電子マネーやQRコード決済であり、還元事業がクレジットカードにもたらす恩恵は少ない。会社によって温度差はあるが、キャッシュレス市場の主役であるクレジットカードの事業者は、参加表明はしたものの、消極的な姿勢が目立つ。

　逆に、**QRコード決済事業者**などは、加盟店網を拡大し、利用者を拡大する好機ととらえ、政府補助金の対象となる5％、2％還元に、自社独自の還元を上乗せするなどの特別キャンペーンを展開している。

(2)　決済法制の横断化・柔軟化

　成長戦略には、決済分野の法制の横断化・柔構造化が掲げられている。これについては、金融庁が金融審議会の金融制度スタディ・グループで検討を行い、2019年6月に報告書を取りまとめており、ある程度の方向性が示されている。

　それによると、銀行以外の事業者が行う送金サービスである**資金移動業**は、現在1件当りの送金額が100万円以下とされているが、100万円超の送金も行えるようにする。また、数万円程度の少額の送金を行う事業者の規制を緩和する余地も検討する。このため、資金移動業を①100万円超の送金可能な高額送金事業者、②100万円以下の送金を行う通常の送金事業者、③数万円程度の少額送金事業者、の3つのカテゴリーに分け、リスクに応じて規制に強弱をつける。高額送金事業者の場合は事業者の破綻時の利用者保護、システミックリスクの軽減といった観点から、高額の資金が長期間にわたり滞留しないように制限を設けるほか、マネー・ローンダリング対策についてもより厳格な態勢整備を求めることにする。

　逆に、少額送金業者については、資産保全義務を現行の未達債務額の全額から2分の1に緩和する。

　加えて、電子マネー等の前払式支払手段については、第三者発行型でIC型やサーバー型の場合は、残高が譲渡できる、あるいは番号等を第三者に伝えれば第三者が支払手段として使えることから、送金に類似した性質をもつとされ、資産保全義務を送金サービスと同等にする可能性が示唆された。ただし、小口送金業者については資産保全義務が2分の1に緩和される可能性があるので、小口の前払式支払手段については、IC型やサーバー型であっても資産保全義務は現行の2分の1のままとするものの、犯罪収益移転防止法の本人確認義務が課せられる可能性がある。

(3)　割賦・規制の緩和

　こうした規制緩和は、経済産業省でも検討されている。産業構造審議会の割賦販売小委員会が6月に、割賦販売法の見直しを提言する中間整理を取りまとめたが、それによると過剰与信の防止を目的とする与信審査に関する規制を性能規定化するとともに、リスクベース・アプローチの考え方を導入する。現在は年収や生活維持費、クレジット債務額等をもとに、支払可能見込額を調査することが義務づけられているが、これを性能規定化し、延滞率等の指標が一定水準を保っていること

7

キャッシュレス化

を行政等がチェックすることを前提に、支払可能
見込額調査にかわる与信審査手法を認める。支払
可能見込額調査では指定信用情報機関の信用情報
の使用が義務づけられているが、代替手段が認め
られる場合は、使用義務を課さない。また、リス
クベース・アプローチの考え方に基づき、少額・
低リスクの後払いについては、信用情報の登録義
務も適用除外とする。

(4)　規制緩和の効果

これらの審議会の結論をふまえ、金融庁は資金
決済法、経済産業省は割賦販売法の改正案を、
2020年の通常国会に提出することが成長戦略に盛
り込まれた。金融審議会の報告にしても割賦販売
小委員会の中間整理にしても、基本的な方向性は
示したが、両論併記のかたちで異論があることに
も言及しており、今後の検討によって異なる結論
が導かれる可能性もあるが、以下のような効果が
期待できる。

100万円超の送金が認められれば、銀行以外の
事業者のビジネスチャンスが広がるし、少額送金
業者の資産保全義務が緩和されれば、事業のコス
ト構造が改善するメリットがある。半面、ネット
上の決済で使用されるサーバー管理型のプリペイ
ドカード（汎用性のある第三者発行型）は、使用限
度額を下げるなどの措置をとれば保全義務が緩和
され、事業コストが改善される可能性はあるが、
本人確認義務が課されると利便性が低下し顧客が
離反したり、コストが増加したりするおそれがあ
る。

割賦販売法の見直しは、ECサイト等で普及し
つつある「後払いサービス」の後押しとなるだろ
う。現在は、割賦販売法の規制を回避するため、
購入から支払まで2カ月を超えないように商品性
に制約を課しているが、ECサイト等での購入履
歴等を与信審査に用いる手法が認められれば、支
払可能見込額調査を行わないでもより長期の分割
払いが可能になる。信用情報の使用義務が解除さ
れれば、24時間対応が可能になる。ただし、信用
情報の使用・登録義務緩和には慎重論も多く、ク
レジット業界も反対している。どのような制度に
なるかは流動的だが、成長戦略に明記された以
上、なんらかの規制緩和が行われると考えてよい
だろう。

(5)　資金移動業口座への賃金の支払

成長戦略でもう1つ注目されるのは、資金移動
業者の口座への賃金支払の解禁である。労働基準
法24条は賃金の支払についての5原則を定めてお
り、賃金は通貨で労働者に直接支払うことなどを
義務づけている。だが、同法の施行規則7条の2
の規定により、労働者の同意を得れば労働者の指
定する銀行等の預貯金や証券会社の口座に振り込
むこともできるようになっている。このほか、小
切手による支払なども認められているが、資金移
動業の口座への支払も、例外として認めようとい
うわけである。

成長戦略フォローアップは、「資金移動業者の
口座への賃金の支払を可能とすることについて、
労使団体と協議の上、2019 年度、できるだけ早
期に制度化を図る」とする。

これが実現すれば、たとえばNTTドコモの「ド
コモ口座」、ソフトバンクの「ソフトバンクカー
ド」、「LINE Pay」など、**前払式支払手段発行業
者**と**資金移動業**の両方の登録を行っている決済・
送金サービスの利便性が大きく向上する。現在
は、残高が少なくなると、コンビニでの収納代
行、銀行預金口座からの振替などを利用して、口
座に入金する必要があるが、いわゆる給振の受け
皿になることができれば、つど入金しなければな
らない煩わしさが解消される。

もっとも、銀行以外の決済・送金サービスの利
便性がさらに高まらなければ、資金移動業口座に
賃金の全額・一部を振り込むという人はさほど多
くはならないだろう。公共料金等の支払をすでに
銀行口座振替で行っている場合は、銀行預金口座
と資金移動業口座の両方の口座を給振口座として
指定する必要があり、資金移動業口座の残高が足
りなくなるたびに銀行預金口座から入金する手間
は、頻度は少なくなるかもしれないが、なくなら
ないだろう。

資金移動業口座への賃金の支払が支持されるよ
うになるには、たとえば収益力が低下している銀
行が口座維持手数料を徴収するようになり、個人
に預金離れが生じるといった大きな変化が必要か
もしれない。

ただし、仮に、銀行が口座維持手数料を徴収し
たとしても、資金移動業者が決済・送金サービス

を低コストで運用できるかという課題も残る。というのも、成長戦略フォローアップは、資金移動業口座への支払を認めるにしても、「資金移動業者が破綻した場合に十分な額が早期に労働者に支払われる保険等の制度の設計が具体化されることを前提に」するという条件を付している。「マネーロンダリング等についてリスクに応じたモニタリングを行う」必要性も指摘する。預金保険制度のようなセーフティネットを整備するためのコストを資金移動業が拠出しなければならない、あるいは資金移動業の口座に滞留している資金の残高に相当する額を供託等によって保全しなければならないとなれば、資金移動業のビジネスモデルが成り立たなくなるおそれもある。

このほか、成長戦略では**タクシー**の相乗りが解禁されるが、そのためにアプリでタクシーと乗客をマッチングし、乗車代金の決済はキャッシュレスで行う仕組みを導入することがうたわれているなど、地域の暮らしの足の確保（モビリティ）や観光の活性化といった文脈でもキャッシュレス化がうたわれている。

QRコード決済の成長可能性

キャッシュレス化といえば、QRコード決済に注目が集まっている。三大**通信キャリア**のNTTドコモ（d払い）、KDDI（au PAY）、ソフトバンク（ヤフーとの合弁によるPayPay）、**SNS大手**のLINE（LINE Pay）、**フリマアプリ**のメルカリ（メルペイ）、二大ECサイトの楽天（楽天ペイ（アプリ決済））、Amazon（Amazon Pay）など、デジタル社会が進展するなかで急成長を遂げてきた企業が続々と参入。一方、既存戦力である**銀行**も有力地銀がGMOペイメントゲートウェイと連携し銀行Pay（OKIPay（琉球銀行）、はまPay（横浜銀行）、ゆうちょPay（ゆうちょ銀行）、YOKA!Pay（福岡銀行））を展開、さらにJ-Debitを運営する日本電子決済推進機構がオールバンク体制で推進するBank Pay（2019年秋開始）など、新旧入り乱れて競争を展開している。もともとOrigami（Origami Pay）のような**FinTech企業**が市場を開拓しつつあったが、大手企業や銀行の参入によって一気に普及し始めた。

それぞれのQRコード決済がどれほどの事業規模になっているかは、各社から詳細な実績が公表されていないのでわからないが、たとえば2018年10月5日にサービスインしたPayPayは、2019年10月1日時点で累計登録者数が1,500万人を突破したという。d払いは2018年4月25日にアプリの提供を開始し、2019年7月14日に700万ダウンロードを突破。メルペイは2019年2月にサービスの提供を開始したが、9月時点で利用者数が400万人を突破したという。利用者基盤の拡大スピードという点では、やはりPayPayが群を抜いているようにみえるが、いずれの会社も本業において数千万人に及ぶ顧客基盤をもっているだけに、決済サービスにおいても順調にユーザーを拡大できているようだ。

ただし、QRコード決済が今後も成長を続けられるかというと、懐疑的な見方が多い。第一の理由は、ユーザーインターフェースが洗練されていないという点。まず、決済のたびにアプリを起動する必要があるため、面倒くさいと感じている人がいる。また、顧客がQRコードを提示する方式と加盟店がQRコードを提示する方式の2種類があり、加盟店によって方式が異なるため、利用者にわかりにくい。

前述のように、口座の残高管理や入金という煩わしさもある。電子マネーにも入金の手間があるが、電子マネーのUIはアプリを立ち上げる必要もなく、端末にカード等をかざすだけであり、QRコード決済は非接触決済の利便性にはかなわないという見方が根強い。クレジットカードでも非接触ICチップの搭載が進んでおり、コンタクトレス決済（NFC決済、非接触EMVなどともいう）がいずれ非接触決済が主流になる可能性が高い。

また、利用者に対してはポイント付与やキャッシュバックを行い、加盟店に対しては決済手数料を一定期間無料化することで利用者と加盟店の基盤を拡大しようとしている事業者が多いが、こうした利用促進策がかえって事業の持続可能性を損なわせる可能性も指摘されている。というのも、決済事業の収入がない状態で利用者に対するインセンティブをばらまいているわけで、資本を使い果たせば、後が続かないというのが実情だろう。しかも、QRコード決済は、口座に入金するためにクレジットカード決済、銀行口座振替、コンビニ収納代行にかかる手数料を既存の事業者に支

払っている。加えて、クレジットカードの情報処理センターや金融機関と収納企業の間で口座振替を仲介する**集金代行会社**に支払う手数料も負う。既存事業者の決済インフラを利用する対価を払いつつ、加盟店に対しては手数料の無料化、利用者に対してはキャッシュバック等を行っているわけだ。

競争の結果、残存者利益が享受できればよいが、そこまで至るには淘汰の過程を乗り越えなければならない。

QRコード決済事業者は決済から得られるデータの利活用でマネタイズが可能だというが、決済で得られる情報は利用者、加盟店、金額の３つの情報だけで、クレジットカード会社など既存の決済事業者と変わらない。クレジットカード会社は商品情報が含まれない決済データでは、利活用に限界があると感じているが、QRコード決済事業者も同じ道をたどる可能性がある。

2027年までの市場規模の予測

最後に、キャッシュレス市場の市場規模が今後どのように推移するかを、簡単にシミュレーショ

ンしてみた結果を図表４に示す。日本銀行が2019年４月から、「決済動向」にデビットカードの統計を掲載するようになったことから、クレジットカード、電子マネー、デビットカードの月次の取扱高が把握できるようになった（ただし、2017年度以前は年度ベースの取扱高しか集計されていない）。

過去４年間の年平均成長率が今後も維持されると仮定した簡単な試算ではあるが、2027年にキャッシュレス市場は162兆円に達し、民間最終消費支出の51.4％に達する。とはいえ、発行銀行が拡大しているデビットカードは高い成長率を維持できたとしても、電子マネーには伸び悩み傾向が出始めたとの指摘もある。クレジットカードについては、三菱UFJフィナンシャル・グループが2025年度まで年平均７％の成長を続けると試算しているように、過去４年間ほどの成長率は見込めないかもしれない。

2019年10月のキャッシュレス・消費者還元事業で、消費者・加盟店がキャッシュレスの効用をどう評価するかが、今後の成長力を左右することになるだろう。

図表４　キャシュレス市場の成長予測

(単位：億円、％)

暦年	2017	2018	2019	2020	2021	2022	2023	2024	2025	2026	2027
クレジットカード（年9.0％の増加）	583,711	666,877	726,896	792,317	863,625	941,351	1,026,073	1,118,419	1,219,077	1,328,794	1,448,386
電子マネー（年8.0％の増加）	51,994	54,790	59,173	63,907	69,020	74,541	80,504	86,945	93,900	101,412	109,525
デビット（年20.0％の成長）	11,327	13,387	16,064	19,277	23,133	27,759	33,311	39,973	47,968	57,562	69,074
キャッシュレス決済額	647,032	735,054	802,134	875,501	955,777	1,043,652	1,139,889	1,245,338	1,360,946	1,487,768	1,626,985
民間最終消費支出（年0.4％の成長）	3,024,916	3,051,199	3,063,404	3,075,657	3,087,960	3,100,312	3,112,713	3,125,164	3,137,665	3,150,215	3,162,816
キャッシュレス決済比率	21.4	24.1	26.2	28.5	31.0	33.7	36.6	39.8	43.4	47.2	51.4

（注）　2017、2018年の実績（デビットの2017は年度、2018は暦年ベース）は、クレジットカードは日本クレジット協会の「日本のクレジット統計」、電子マネー、デビットカードは日本銀行「決済動向」、民間最終消費支出（名目）は内閣府「国民経済計算」（2019年６月発表の速報値）に基づく。成長率は2014〜2018年の４年間の年平均成長率（CAGR：クレジットカード9.57％、電子マネー8.09％、デビットカード19.18％（統計上2017年度以前は年度ベースの数値しかないため、2014〜2018年度の実績に基づく））、民間最終消費支出0.42％をもとに、それぞれ年9.0％、8.0％、20.0％、0.4％の成長が続くと仮定した。
（出所）「月刊消費者信用」2019年９月号

Part 2

日本の構造問題

建替えかメンテ、それとも放置か

東京経営研究グループ　中小企業診断士

平林　裕治

笹子トンネル事故で老朽化問題が表面化

2016年11月28日にインフラメンテナンス国民会議が発足した。会議の目的は、①革新的技術の発掘と社会実装、②企業等の連携の促進、③地方自治体への支援、④インフラメンテナンスの理念の普及、⑤インフラメンテナンスへの市民参画の推進などである。会議の趣旨に賛同し活動に意欲のある企業、研究機関、インフラ管理者、市民団体等が連携するプラットフォームとして主体的に運営している。

インフラは豊かな国民生活、社会経済を支える基盤であり、急速にインフラ老朽化が進むなかで、地方自治体などのインフラ管理者は限られた予算のなかで対応しなければならない。インフラメンテナンスを効率的、効果的に行う技術開発と運用体制を確保することが課題となっている。

インフラメンテナンス国民会議発足のきっかけとされるのが、中央自動車道笹子トンネル天井板落下事故（2012年12月2日に発生した中央自動車道笹子トンネルの東京側坑口から約1,150m付近で、換気用の天井板などが約140mにわたって落下し、走行中の自動車数台が巻き込まれ9名が死亡した事故）である。この事故を機に、これまで社会の関心が低かったインフラの老朽化について注目されるようになった。国土交通省が実施したアンケート調査によると、インフラの老朽化問題を認知している人の割合は44％となり、インフラの今後について不安に思う人の割合は76％となり、人々のインフラの老朽化に対する問題意識は高まっている（図表1）。

高度成長期の建設から50年たち…

(1)　道路関連施設の状況

高度経済成長期を中心に整備してきた道路インフラのなかで、全国に約73万橋ある2m以上の道路橋は、建設から50年以上が経過した施設の割合が2018年3月現在で約25％となっている。この割合が、2023年には約39％に、20年後の2033年には約63％になる。トンネルや河川管理施設も同様に、インフラの老朽化が加速度的に進行していく（図表2）。1964年の東京オリンピックの頃に整備された首都高速1号線をはじめ、高度成長期以降に整備したインフラが急速に老朽化し、今後20年間で、建設後50年以上経過する施設の割合が急速に高まる。

(2)　地方自治体管理施設の状況

インフラの維持管理という社会的な課題に適切に対処していくために、地方自治体が管理している施設に着目しなければならない。国・地方が管理するインフラを施設別にみると、橋長2m以上の橋梁は9割以上が、河川管理施設では65％が、都道府県・政令指定都市・市区町村などの地方自治体がインフラ管理者となっている（図表3）。インフラの種類によりインフラ管理者の状況は異なる。地方自治体が維持管理・更新の重要な役割を担っており、地方自治体における体制強化や技術者の確保・育成が課題となっている。

図表1　インフラの老朽化をめぐる意識

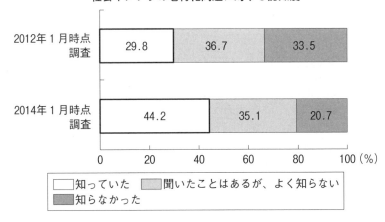

社会インフラの老朽化問題に対する認知度

老朽化が進行するなかで社会インフラの今後について不安に思う程度

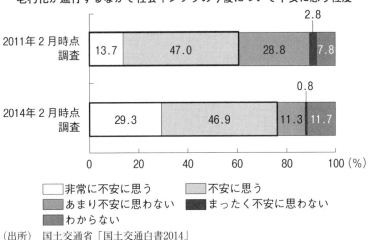

（出所）　国土交通省「国土交通白書2014」

インフラの維持補修・更新に必要な費用

　内閣府では2018年3月にインフラ維持補修・更新費の中長期展望として、事後更新型のインフラ維持補修・更新費の概要を示した。社会資本のうち主要な部門について実質投資額を用いた社会資本ストック額を推計している。この社会資本ストック推計を活用して、2014年時点でのストック量を維持したまま、公共建築物と土木インフラの単純事後更新を行った場合の維持補修・更新費を試算している。

　試算のために、社会資本ストックを公共建築物と土木インフラに分けて維持補修・更新費の伸び率を設定している。公共建築物の対象を、公共賃貸住宅、廃棄物処理、文教施設（学校施設、社会教育施設等）、庁舎とし、土木インフラの対象を、道路、港湾、航空、鉄道、下水道、水道、都市公園、治水、治山、海岸、農林漁業、国有林、工業用水道としている。

　2015～2020年度の維持補修・更新費の伸び率を、公共建築物では4.2％／年、土木インフラでは2.7％／年で、全体で3.1％／年と予測している。その後の維持補修・更新費の伸び率を、2025年度までを2.3％／年、2040年度までを1.5％／年、2054年度までを0.5％／年と予測している。これらの条件で社会資本ストック全体のインフラ維持補修・更新費を、2015年度時点での約9兆円から2054年度時点には約16兆円（2015年度比1.75倍）になると見込んでいる。

図表2　建設後50年以上経過する社会資本の割合

	2018年3月	2023年3月	2033年3月
道路橋［約73万橋^(注1)（橋長2m以上の橋）］	約25%	約39%	約63%
トンネル［約1万1,000本^(注2)］	約20%	約27%	約42%
河川管理施設（水門等）［約1万施設^(注3)］	約32%	約42%	約62%
下水道管きょ［総延長：約47万km^(注4)］	約4%	約8%	約21%
港湾岸壁［約5,000施設^(注5)（水深−4.5m以深）］	約17%	約32%	約58%

（注1）　道路橋73万本のうち、建設年度不明橋梁の約23万橋については、割合の算出にあたり除いている。
（注2）　トンネル約1万1,000本のうち、建設年度不明トンネルの約400本については、割合の算出にあたり除いている。
（注3）　国管理の施設のみ。建設年度が不明な約1,000施設を含む（50年以内に整備された施設についてはおおむね記録が存在していることから、建設年度が不明な施設は約50年以上経過した施設として整理している）。
（注4）　建設年度が不明な約2万kmを含む（30年以内に布設された管きょについてはおおむね記録が存在していることから、建設年度が不明な施設は約30年以上経過した施設として整理し、記録が確認できる経過年数ごとの整備延長割合により不明な施設の整備延長を按分し、計上している）。
（注5）　建設年度不明岸壁の約100施設については、割合の算出にあたり除いている。
（出所）　国土交通省「国土交通白書2019」

図表3　インフラ管理者別施設割合

	高速道路会社	空港会社	国	都道府県	市区町村（政令市含む）	港湾管理者
道路（2m以上の橋梁）	2%	―	4%	19%	75%	―
道路（トンネル）	15%	―	13%	46%	26%	―
道路（舗装）	3%	―	7%	21%	69%	―
河川	―	―	35%	65%		―
砂防（砂防堰堤、床固工）	―	―	―	100%	―	―
下水道（管きょ）	―	―	―	2%	98%	―
下水道（処理場）	―	―	―	9%	91%	―
港湾	―	―	9%	―	―	91%
公営住宅	―	―	―	43%	57%	―
公園	―	―	0.02%	1%	99%	―
海岸	―	―	100%			―
空港	―	3%	29%	68%		―
航路標識	―	―	100%	―	―	―
官庁施設	―	―	100%	―	―	―

（注）　港湾のみ所有者別施設割合。
（資料）　国土交通省　社会資本整備審議会・交通政策審議会「今後の社会資本の維持管理・更新のあり方について　答申」（2013年12月）
（出所）　国土交通省「国土交通白書2014」

主だったプレイヤー・業種

　維持管理といっても、実際の作業はインフラの種類や必要とされるノウハウ、管理の頻度や重点化の度合いなどのさまざまな点で態様が異なる。図表4は、身近なインフラを維持管理するために必要となる業務の全体像がわかるように、典型的

図表4　多岐にわたる維持管理業務

ある市において2013年度に発注された道路関係維持管理業務

○基礎情報の整備…………………………………	公共物管理システム保守業務
	市道の改修計画策定業務
	道路台帳図補正業務
○路面自体、それに付随する施設の維持管理	道路清掃業務
	道路維持工事
	歩道橋エレベーター警備業務
	歩道橋エレベーター保守管理業務
	ペデストリアンデッキ消防用設備保守管理業務
	用排水路維持工事
	集水桝等浚渫業務
○道路周辺の施設の維持管理…………………	防犯灯修理業務
	交通安全灯修理業務
	道路反射鏡修理業務
	公共樹木等管理業務
	公共花壇植付業務

（注）　ある市において2013年度に発注された道路関係維持管理業務を、国土交通省において性質別に分類したもの。
（出所）　国土交通省「国土交通白書2014」

な地方自治体での道路の維持管理に係る業務を整理したものである。図表4によると、道路の維持管理には舗装の点検や補修・修繕だけでなく、街灯やカーブミラーなどの道路施設の点検および補修・修繕、街路樹や植込みの除草・消毒・剪定、公衆トイレの清掃がある。歩道橋にエレベーターが設置されていればその管理などの業務が含まれる。また、巡回や清掃などの日常的に行う維持管理のほか、構造強度や耐震性に関する重点的な点検・診断、耐震補強などの大規模な改修など、その範囲はきわめて広い。インフラ老朽化を対象とする主な業種は、**建設・工事関連業種、環境整備関連業種、廃棄物処理・再生資源関連**などである。

インフラメンテナンス大賞

2018年5月に、国土交通省・総務省・文部科学省・厚生労働省・農林水産省・防衛省の6つの省庁から第2回インフラメンテナンス大賞が選出された。ベストプラクティスの水平展開に向けた取組みを目指している。

インフラメンテナンス大賞には3つの部門がある。まず、「技術開発部門」ではインフラメンテ

ナンスを効果的・効率的に改善する研究・技術開発を対象としている。従来メンテナンスは、地味でしかも予算規模が小さく、研究や技術開発への意欲も低かったが、潮目が変わってきている。

次に、メンテナンス実施現場における「工夫部門」では、企業、団体等が行うメンテナンス活動における工夫を対象としている。これまで不便を感じつつも、そのまま使用されてきたものに、改良を加えることで効率がよくなったというように、長い間悩んできた事柄を少しずつ変えていく工夫がある。当たり前だと思っているものをいま一度見直すことで、効率化のヒントが見つかる。

最後に、メンテナンスを支える「活動部門」では、市民活動や人材育成等のインフラ機能の維持に貢献するための活動を対象としている。解決すべき課題や地域のニーズを適切にとらえるとともに、登場人物それぞれが、できることから取り組む地道な活動である。

以下に、「技術開発部門」、「工夫部門」、「活動部門」の3部門の代表的な事例から、インフラメンテナンスの部門や分野の傾向や特長を俯瞰することにする。

8
インフラ老朽化

(1) 技術開発部門

人の経験や勘をデジタル化して、インフラメンテナンスの事業プロセスに埋め込むことで、生産性が抜本的に向上し、付加価値の創出を可能にしている。インフラメンテナンス分野には多様なアナログな世界が広がっており、デジタルで高度化する余地はきわめて大きい。デジタル化による「価値」を定量的に明らかにすることができれば、一気に横展開されることが期待できる。

① 総務省の情報通信分野

NTT東日本が保全管理方式によるメタルケーブル費用を抑制するために、メタルケーブル設備管理手法の確立と計画的な設備補修により保全業務を削減した。重要な社会インフラであるメタルケーブルについて、事後対処的な設備補修への対策として、過去の故障履歴データに基づいて優先順位づけを行った。これを標準化して社内でルール化して、社員の個人的なノウハウに依存しない安定的な保守管理体制を構築した。

② 厚生労働省の水道分野

松江市の水道事業は9市町村の合併ならびに上水道と簡易水道の事業統合により、水道施設を約250カ所運用して市民に給水をしている。多くの施設の稼働を集中監視するために、標準通信仕様を採用しIoTを活用した汎用システムによるオープン型遠隔監視システムを構築した。

市町村合併や水道事業の事業統合により、管理対象施設が膨大になっている自治体の水道局において、率先してIoTを活用した遠隔管理システムを構築して効率化を図っている。特に、独自のシステムを構築するのではなく、デファクトスタンダード化を視野に入れた汎用性の高いシステムを導入した。

③ 国土交通省の鉄道分野

軌道の維持管理に関する業務に関して、営業車に搭載可能な軌道検測装置により日々の軌道変位（レールの正規の位置からの変位量）の測定を可能とした。本装置による高頻度検測データから将来の軌道変位を高精度に予測できるツールで、業務の効率化と安全性の向上を図っている。

これまで専用の軌道検測車を用いて定期的に軌道変位の測定を行っていたが、通常の営業列車で日々の軌道の状態を把握し、軌道変位の将来予測

の精度を高め、効率的な保守作業が可能となった。

(2) 工夫部門

① 文部科学省の文教施設等分野（長寿命化による安心・安全・快適な学校づくりの事例）

名古屋市では、学校施設リフレッシュプランに基づく施設の長寿命化への取組みを行った。校舎の耐久年数に応じて適切な時期に適切な改修を行うことにより、経費の抑制と平準化を図りながら安心・安全・快適な施設環境を確保していく計画を策定した。原則として80年程度まで校舎を使用することとし、おおむね20年ごとをメドに保全改修（屋上防水や外壁改修など）とリニューアル改修（内外装、設備改修など）とを組み合わせて、劣化が激しく進む前に老朽化対策をしている。いままでの「事後保全」から「予防保全」への転換を図っている。

② 農林水産省の林野分野（林道開設当初から続くインフラメンテナンスの取組み）

石川県の林道白山線の白山郷ホワイトロードでは、冬季積雪期間、車両通行止となる。積雪前にガードレール等の道路付属施設を撤去することにより、融雪時に起こりうる道路付属施設の損傷を未然に防ぐ取組みを行い、メンテナンス費用の縮減を図っている。ガードレール、木製防護柵などの道路付属施設は取外し可能な使用で施工しており、冬季閉鎖期間中は、融雪時に起こる雪の移動等で損傷しないように直近のトンネル内で保管するなど、保管方法についても工夫している。

(3) 活動部門

① 国土交通省の道路分野（チェックシートと橋マップで地域の橋を予防保全する活動）

2014年告示の道路橋定期点検要領では、橋の定期点検だけでなく、日常点検の重要性も指摘されている。そこで、住民が地域の橋を日常点検できるチェックシートを作成し、「橋のセルフメンテナンスふくしまモデル」として、高校生の課外研究や、インハウスエンジニアの巡回点検にも活用されている。これらの点検結果をまとめた「橋マップ」は、地域の橋の清掃活動等のセルフメンテナンスに活用できるものとして各地に展開されている。

インフラメンテナンスの今後

(1)　ロボットの対象領域の拡大

　インフラの老朽化に対して建設業に関連する既存の業種だけでは解決できない課題が多くある。地方自治体などの技術者不足を補い、点検の効率化や管理の高度化するイノベーションが求められている。たとえば、道路橋の点検では、人が近づきがたい箇所を点検できる**ロボット**、センサーやICTやAIを活用し構造物の形状を見守るモニタリング技術が求められている。最も伝統的な**非破壊検査**である人による近接目視は、表面の劣化や損傷は確認できるが、内部までは確認ができない。インフラの長寿命化を図りコスト縮減を進めるためには、施設内部の劣化や損傷を早期に発見し対処することが重要である。劣化や損傷のメカニズムを早期に解明し、予測精度を向上する技術の洗練化が期待される。点検の合理化や品質向上を図るだけでなく、災害時の早期復旧などに役割が拡大する。

　太陽光パネル点検ソリューションは、**ドローン**にサーモカメラを積んで空撮することで**太陽光発電設備**の異常箇所を発見する。従来の人力による点検と比較した場合、4時間程度かかる点検のための画像撮影作業が20分程度に短縮される。

　また、同じ高さ同じ角度で空撮することにより均一な状態で撮影でき点検精度が向上する。従来の歩行による足場の悪いなかでの撮影に比べて、安全性が確保されるなどのメリットがある。

　画像処理は海外の人件費の安い人材を活用して全部の画像をくまなくチェックし、詳細の検討が必要な部分についてはベテランがチェックする体制を整えている。ベテランによる検査のノウハウを蓄積することにより、AIによる画像処理をシステム化することを模索している。

(2)　ライフサイクルマネジメントの考え方の導入

　従来インフラのメンテナンス関連業務は事後保全型で、対症療法的な維持管理であった。インフラ事故などが発生してから対応するこれまでの事後保全の取組を、損傷が少ない段階から、計画的にするために、適切な点検・診断による予防保全型に変えていかなければならない。予防保全の導入によって、施設の長寿命化が図れる。

　そのために、国や地方自治体はインフラの長寿命化計画を立案し、LCC（Life Cycle Cost）を考慮した点検や補修を進めている。予算措置や人材確保が必要なので、地方自治体内の予算配分の見直しや、現在のインフラありきで均等に進めるのではなく、重要度や利用頻度などを総合的に判断し、管理レベルを検討して、廃止・撤去・統合なども検討する必要がある。老朽化したインフラをいかに延命させ、効率よく補修するかという維持更新の合理化に向けた取組みは、技術開発やマネジメントシステムの整備など、ハードとソフトの両面から対応する必要がある。

(3)　官民／異業種連携の強化

　インフラの老朽化が深刻度を増す一方、国や地方自治体などのインフラ管理者側の財政状況は厳しい。税財源以外の資金を活用しなければ、インフラのサービスレベルの維持は困難になっている。さまざまなかたちで住民参加により、インフラをより身近なものとして市民の意識向上を図るなど、官民一体となってインフラマネジメントを進めていくことが求められている。

　インフラは国や地方自治体が整備するものと考えられてきた。しかし、昨今では、PPP（Public Private Partnership）、PFI（Private Finance Initiative）または、公共施設等運営権制度（コンセッション：Concession）などのさまざまな官民連携が進められている。PPPとは公共サービスの提供に民間が参加する手法を幅広くとらえた概念を指し、民間の資本やノウハウを生かして公共サービスの効率を高めたり、質を上げたりするねらいで用いる。国が特に期待を寄せているコンセッションでは、施設の所有権を移転しない状態で民間事業者にインフラの運営に関する権利を長期間にわたって付与する。経営の主体はあくまでも公共側に残る従来のPFIの手法と異なって、民間事業者が経営することで、サービスの向上や新たな価値創造がねらいとなる。

　官民連携と異業種の連携を効果的に推進するには、インフラ関係者のみでなく、ICT・不動産・金融・商社など多様な分野の専門家との連携も必

要になる。これらの連携を通して、新たな産業・ビジネスを育成していくとともに、インフラのマネジメントやメンテナンスができる人材を育成することも課題である。

(4) 国際競争力の強化

メンテナンス産業を新たな産業として国際競争力の強化につなげることが期待されている。インフラの新しい維持管理手法を確立し広く海外に示すことができれば、海外市場も視野に入れた投資ができ、**建設産業・土木工事業**を含むメンテナンス産業関連の技術開発がよりいっそう進むことになる。

インフラの老朽化対策が求められているのは、日本国内だけではない。すでにインフラの老朽化が進んでいる先進国や、今後、老朽化の問題が顕在化してくる途上国など、対象となる市場は大きい。国内のインフラ老朽化問題を解決するハードやソフトは、インフラを輸出するときに重視されるインフラ運用や管理の合理化を支えることになる。なお、政府全体の戦略である「インフラシステム輸出戦略」に基づいて、国土交通省が今後、インフラ海外展開をさらに強化していく際に重要となる点を明確化した「国土交通省インフラシステム海外展開行動計画」が策定されている。

インフラ更新ビジネスの行方

前述の環境変化により、インフラ老朽化に対応している既存企業も変化している。たとえば、補修を手がける会社を傘下にし、幅広い改修工事のニーズに対応する建設会社や、下水道路に補強材をらせん状に巻きつける更生工法を広めるために、海外の補修工事会社を買収した企業がある。

モニタリング技術の活用に関しては、温度や湿度、応力、傾きなどのデータを収集・分析する計測器を活用して構造物の状態を提供する企業がある。中小規模の橋などに振動計を設置して車両の通過経歴と橋の損傷状況などを確認する企業もある。さらに、コンクリートのひび割れを検知する樹脂系繊維複合材を商品化して橋梁への採用を推進している企業もある。

これらのインフラ老朽化に対応する業種には、**建設・道路工事業、コンクリート工事業**等だけではなく、**鉄骨・橋梁製造業、コンクリート製品製造業**、サービス関連業種には、**環境コンサルタント、補償コンサルタント、都市計画コンサルタント、建設コンサルタント、建築設計事務所、測量調査業、地質調査業、公害・環境関連調査・分析・計量業、非破壊検査業**などがある。

さらに前述したセンサーやロボットなどの先端技術の導入や、人手不足が顕在化している地方自治体の労務を肩代わりするサービスを展開する新規企業の参入も相次いでいる。インフラ老朽化という問題を解決するために、さまざまな企業が新規参入を目論んでいる。劣化したインフラの状態をリアルタイムで把握するモニタリングや、限られた人員で大量インフラの維持管理を実現するサービスを提供する企業がある。

建設業以外の事業者がインフラ老朽化に向き合って取り組めるのは、単純なビジネスの視点によるものだけではない。数多くの企業が地方自治体と協定を結んで道路の異常を知らせる活動を進める社会貢献の視点もある。たとえば、スマートフォンを利用して道路の異常を計測し、舗装の状態を簡易に評価する手法を実用化する企業や、市販のデジカメで撮影した写真に画像処理を駆使して、トンネルの詳細な3次元画像を提供する企業がある。ビッグデータ活用の切り口では、カーナビのデータと自動車のデータを融合し、急ブレーキ発生箇所のデータを抽出して、道路の安全対策を実施する企業や、マンホールの環境条件などのデータをもとにし、劣化の度合いを予測して点検範囲を決める手法を考案した企業がある。さらに、人材不足の支援という視点からは、道路トンネルで事故や火災が発生した際の通報を受け、初動対応を行うサービスを提供する企業がある。

新規参入の具体的な業種としては、情報通信関連業種では、**無線通信機器関連、移動電気通信業、データベース提供業、ビッグデータアナリティクス**などになる。これまでインフラ構築には参入していなかったプレイヤーがインフラ老朽化の背景に存在する巨大市場を見据え、新たな技術やサービスを展開しようとしている。多様なプレイヤーが持ち味を生かしてインフラの老朽化問題に主体的に取り組んでいけば、今後インフラの老朽化問題を市場形成や地域社会の再生といった価値に好転させる可能性がある。

迫りくる2025年問題、これからの高齢者の生活と社会環境

東京経営研究グループ　中小企業診断士

近藤　有希子

安心と住生活産業活性化の実現が政策目標に

日本は本格的な超高齢社会を迎えており、2025年には団塊の世代が75歳以上となることから、要介護・要支援の高齢者や高齢者単身および高齢者夫婦のみ世帯等の急増が見込まれている。

国土交通省は、「住生活基本法」（2006年公布・施行）に基づき、2016～2025年度の住宅政策を定める「住生活基本計画」を策定し、2016年3月に閣議決定された。少子高齢化・人口減少社会を正面から受け止めて、新たな住宅政策の方向性を提示するものであるが、その目標の1つに、「高齢者が自立して暮らすことができる住生活の実現」が掲げられており、具体的には下記2つがあげられている。

・高齢者が安全に安心して生涯を送ることができるための住宅の改善・供給。
・高齢者が望む地域で住宅を確保し、日常生活圏において、介護・医療サービスや生活支援サービスが利用できる居住環境を実現。

本稿では、超高齢社会における問題として、主に一人暮らしの高齢者の住まいに焦点を当てる。

2040年には65歳以上の一人暮らしが900万人

内閣府が公表した「令和元年版高齢社会白書」によると、65歳以上の一人暮らしの者の増加は男女ともに顕著であり、1980年には、男性が約19万人、女性が約69万人となっており、65歳以上人口に占める割合は男性4.3％、女性11.2％だった

が、2015年には、男性が約192万人、女性が約400万人となり、65歳以上人口に占める割合は男性13.3％、女性21.1％となっている。このように、一人暮らしの高齢者は600万人に迫ろうとしているが、さらに、2040年には約900万人に到達するとみられている（図表1）。

高齢者の増加に伴い、その住まい対策がクローズアップされている。

さまざまな高齢者向け住まい

高齢者のための住まいは、大きく「住宅」と「施設」に分けられる。以下に主なものを紹介する（東京都福祉保健局「あんしんなっとく高齢者住宅の選び方」（ウェブサイト）から筆者作成）。

(1) 住　宅

a　サービス付き高齢者向け住宅（サ高住）
・バリアフリー化され、安否確認サービス、緊急時対応サービス、生活相談サービス等のついた住宅として、「高齢者の居住の安定確保に関する法律」に基づき、都道府県等に登録された住宅
・収入に応じて家賃減額を受けられる住宅もある

b　高齢者向けの優良な賃貸住宅
・バリアフリー化された住宅として、「高齢者の居住の安定確保に関する法律」に基づき、国の補助等を受けて整備された住宅
・収入に応じて家賃減額を受けられる住宅もある
※東京都内の住宅は（独）都市再生機構（UR都市機構）が管理している

c　シルバーハウジング（シルバーピア）
・バリアフリー化され、安否確認サービス、緊急

図表 1　65歳以上の一人暮らしの者の動向

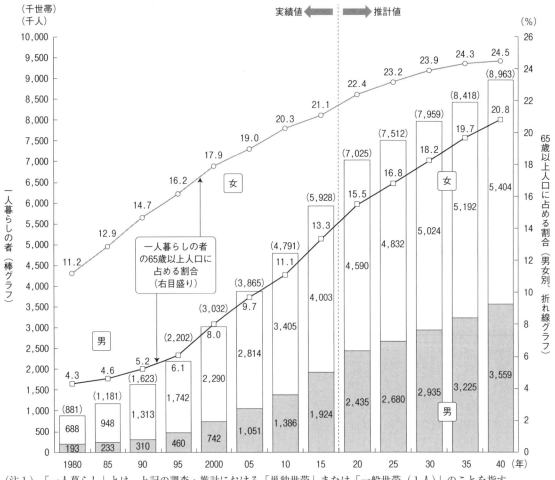

（注 1 ）　「一人暮らし」とは、上記の調査・推計における「単独世帯」または「一般世帯（ 1 人）」のことを指す。
（注 2 ）　棒グラフ上の（　）内は65歳以上の一人暮らしの者の男女計。
（注 3 ）　四捨五入のため合計は必ずしも一致しない。
（資料）　2015年までは総務省「国勢調査」による人数、2020年以降は国立社会保障・人口問題研究所「日本の世帯数の将来推計（全国推計）（2018（平成30）年推計）」による世帯数
（出所）　内閣府「令和元年版高齢社会白書」10頁（ウェブサイト）

時対応サービスのついた住宅として地方公共団体等に認定された住宅
・収入に応じて家賃減額を受けられる住宅もある
d　住宅確保要配慮者向け賃貸住宅（セーフティネット住宅）
・「住宅セーフティネット法」に基づく一定の基準を満たす高齢者など住宅確保要配慮者の入居を拒まない賃貸住宅として、都道府県等に登録された住宅

(2)　施　　設

　① 　介護保険施設
a 　**介護老人福祉施設（特別養護老人ホーム）**
・常時介護が必要で家庭での生活が困難な人が、介護や身の回りの世話を受けながら生活する施設
b 　**介護老人保健施設（老健）**
・病状が安定し、病院から退院した人などが、リハビリテーションを中心とする医療的ケアと介護を受ける施設
c 　**介護医療院**（2018年 4 月創設）

・「日常的な医学管理」や「看取り・ターミナルケア」等の機能と、「生活施設」としての機能とを兼ね備えた施設

d　介護療養型医療施設（2024年3月31日をもって廃止予定）

・比較的長期にわたって療養が必要な人が入院して、療養上の管理や介護を受ける施設

②　その他

a　養護老人ホーム

・環境上の理由と経済的理由により、居宅で生活することが困難な高齢者が市区町村の措置により入所し、社会復帰の促進および自立のために必要な指導および訓練その他の援助を受ける施設

b　軽費老人ホーム（ケアハウス）

・本人の収入に応じて低額な費用で日常生活上必要なサービスを受けながら、自立した生活を送ることができる住まい

c　都市型軽費老人ホーム

・居室面積要件等の施設基準を緩和した軽費老人ホーム

d　介護付有料老人ホーム

・特定施設入居者生活介護の指定を受けた有料老人ホーム

・元気な人も入居可能なものや、入居を介護が必要な人に限るものなど、さまざまなタイプがある

e　住宅型有料老人ホーム

・食事等の日常生活上のサービスはつくが、介護サービスは別契約で外部の事業所を利用する有料老人ホーム

f　健康型有料老人ホーム

・食事等の日常生活上のサービスがついた有料老人ホーム

・介護が必要になると原則として退居しなければならない

g　グループホーム（認知症対応型共同生活介護）

・認知症の高齢者が、5～9人の少人数で、家庭的な雰囲気のもとで介護や身の回りの世話を受けながら共同生活を送る住まい

在宅高齢者に向けたサービス

現在ではさまざまな高齢者住宅や高齢者施設が

用意されているが、最後まで自宅に住み続けたいと考えている高齢者も多い。そのため、在宅の高齢者に向けた各種サービスが行われている。

（1）見守りサービス

一般的な一戸建てや賃貸住宅に住む単身高齢者においては、社会とのつながりがなくなって孤立したり、最悪の場合には孤独死に至る場合もある。

一緒に住んでいない家族（特に高齢の親）の安否を確かめたり、異常があれば連絡してくれるのが見守りサービスである。下記の種類があり、それぞれの主な事業を紹介する。

①　センサー型

設置しているセンサーを使って安否確認するタイプ。

a　「みまもりホットライン」（象印マホービン）

無線通信機を内蔵した「電気ポット」を毎日使うことで、離れて暮らす一人暮らしの高齢家族の生活を見守ることができる「安否確認サービス」。「電気ポット」の使用状況を、見守る家族の携帯電話またはパソコンにメールで知らせるほか、ウェブサイトでも1週間のポット使用状況をグラフでみることができる。

b　「あんしんテレちゃん」（NTTテレコン）

高齢家族のガス使用量を生活状況として、遠隔地で暮らしている家族のパソコンや携帯電話にメールで通知するサービス。通知先として最大3カ所までメールアドレスを登録可能。

②　通報型

利用者が通報すると**ホームセキュリティサービス会社**から警備員が来てくれるタイプ。

a　「HOME ALSOKみまもりサポート」（ALSOK）

ボタン付きのコントローラーを操作することで、もしものときの「駆けつけ」から、ちょっとした体調に関する「相談」までできる。異常を感知して自動通報できる、さまざまなオプションサービスもある。インターネット回線等は不要で、固定電話回線と電源があれば利用できる。ペンダント型もある。

b　「救急通報サービス」（セコム）

首からかけるペンダント型機器で、急病やケガなどの際は「握るだけ」で救急通報ボタンを押せるようになっており、セコムに救急信号を送るこ

とができる。生活防水型のため、浴室などでも使える。

③ コミュニケーション型
電話や訪問で健康状態などを確認してくれるタイプ。

a 「つながりプラス」（こころみ）
一人暮らしの高齢者に担当コミュニケーターが毎週定期的に電話し、電話の内容をそのつど、家族にメールでレポートする会話サービス。会話内容をそのままレポートすることで、高齢者の暮らしぶりなど、家族が気になる情報が伝わる。

b 「郵便局のみまもりサービス」（日本郵政）
月1回、高齢家族宅の近くの郵便局社員が会いにいって話をし、そのようすを家族などにメールまたは郵送で連絡するサービス。

④ 複合型
センサーと緊急通報などを複合的に取り入れたタイプ。

a 「あんしん見守りサービス」（長谷工コミュニティ）
高齢者の自宅に「人感センサー」や「ボタン通報器」などの機器を置いて、その家族が日々のようすをパソコンやスマートフォン等から確認できるサービス。緊急時に「ボタン通報器」のボタンが押されると、その高齢者と家族に連絡がいく。状況に応じて救急車の出動要請を行う。

b 「高齢者安否見守りサービス」（東亜警備保障）
以下の4つのサービスを提供している。

・巡回訪問サービス……専門スタッフが高齢者宅を訪問し、目でみて健康状態や防犯の確認をするとともに、防犯のチェック・アドバイス、日常生活の相談（医療・福祉・防犯など）を受ける。

・24時間安否確認センサー……高齢者宅の冷蔵庫に取り付けた安否センサー（冷蔵庫の開閉を感知できる無線式の小型スイッチ）により、毎日家族へメールで安否を知らせる。

・電話確認サービス……専門オペレーターが電話で体調などについて尋ね、健康状態の確認をする。

・ご近所みまもり隊……近隣住民が、一人暮らしを支援するご近所ネットワークづくりをし、専属の見守り者を選任する。

(2) 食事の宅配サービス
食事づくりが困難だったり、食事制限をする必要があったりする高齢者等に弁当・食材を宅配するサービスである。各事業者が、独自のこだわりをもって、健康に配慮したメニューを提供している。

① 食事制限食の提供（ウェルネスダイニング）
カロリー制限食、塩分制限食、たんぱく質＆塩分調整食、糖質制限食など食事制限をする必要がある人を対象としたメニューを取り揃えている。

② 国産素材100％の食事の提供（ファミリーネットワークシステムズ）
国産素材のみを使い、合成保存料・合成着色料無添加、しかも簡単に調理できる旬の手づくりおかずを提供している。

(3) 住宅改修等サービス
介護保険の要支援・要介護認定を受けている人が、生活している住宅を改修する場合、申請により改修費が支給される。地方自治体によっては、介護保険外でも費用補助を行っているところがある。業者への依頼は地方自治体を通して行われることが多い。

① 住宅改修
手すりの取付け、床段差の解消、滑止めの設置、和式便器の洋式化等。

② 住宅設備改修
浴槽の取換え、流し・洗面台の取換え（車いす対応）等。

今後予想される環境変化

(1) 高齢者の社会参加
「高齢社会対策基本法」（1995年12月施行）に基づき、5年ごとに見直されている「高齢社会対策大綱」が見直され、新しい大綱が2018年2月16日に閣議決定された（図表2）。

大綱策定の目的として、65歳以上を一律に「高齢者」とみる一般的な傾向はもはや現実的なものではなくなりつつあり、70歳やそれ以降でも、意欲・能力に応じた力を発揮できる時代が到来したこと、高齢化に伴う社会的課題に対応し、すべて

の世代が満ち足りた人生を送ることのできる環境をつくることなどが掲げられている。

基本的考え方において、年齢による画一化を見直し、すべての年代の人々が希望に応じて意欲・能力をいかして活躍できるエイジレス社会を目指すこととしている。

今後は、単身高齢者も住宅内や施設内で守られるだけの存在ではなく、積極的に社会への参加の道を探ることが求められる。

(2)　さらなる「アクティブシニア」の増加

「高齢社会対策大綱」には、「就業・所得」「健康・福祉」「学習・社会参加」「生活環境」「研究開発・国際社会への貢献等」「全ての世代の活躍推進」の各分野への対策が盛り込まれており、高齢者への支援体制の充実が図られることになる。

以前より、自分なりの価値観をもち、仕事や趣味、さまざまな活動に意欲的で元気な高齢者層は「アクティブシニア」と呼ばれていたが、今後は国の施策の後押しもあり、単身高齢者も含め元気な高齢者がますます増えていくと考えられる。

環境変化によって影響を受ける業種例

高齢者の住まいから始まって、今後の高齢者のあり方について述べてきたが、高齢者の増加は住まいのみならず、あらゆる業種に波及することになり、多くの業種において、プラスの影響を与えるものと思われる。以下、影響を受けると予測される主な業種を例示する。

図表2　新たな高齢社会対策大綱の概要

新たな高齢社会対策大綱の概要（2018年２月16日閣議決定）

○高齢社会対策大綱

【法的根拠】
・政府が推進すべき基本的かつ総合的な高齢社会対策の指針
（高齢社会対策基本法（平成７年法律第129号）第６条）

【改定の経緯】
・旧大綱の規定（５年後に見直し）に基づき、高齢社会対策会議（会長：総理）で見直しを決定
・2017年６月～10月に有識者会議を開催［座長：清家篤（慶應義塾大学商学部教授（前塾長））］

目的および基本的考え方

1　大綱策定の目的
・65歳以上を一律に「高齢者」とみる一般的な傾向はもはや現実的なものではなくなりつつあり、70歳やそれ以降でも、意欲・能力に応じた力を発揮できる時代が到来。
・高齢化に伴う社会的課題に対応し、すべての世代が満ち足りた人生を送ることのできる環境をつくる。

2　基本的考え方
(1)　年齢による画一化を見直し、すべての年代の人々が希望に応じて意欲・能力をいかして活躍できるエイジレス社会を目指す。
○年齢区分でライフステージを画一化することの見直し
○誰もが安心できる「全世代型の社会保障」も見据える
(2)　地域における生活基盤を整備し、人生のどの段階でも高齢期の暮らしを具体的に描ける地域コミュニティをつくる。
○多世代間の協力拡大や社会的孤立を防止
○高齢者が安全・安心かつ豊かに暮らせるコミュニティづくり
(3)　技術革新の成果（注）が可能にする新しい高齢社会対策を志向する。
○高齢期の能力発揮に向けて、新技術が新たな視点で、支障となる問題（身体・認知能力等）への解決策をもたらす可能性に留意

（注）　政府では、“Society 5.0”、すなわち、「サイバー空間の積極的な利活用を中心とした取組を通して、新しい価値やサービスが次々と創出され、人々に豊かさをもたらす、狩猟社会、農耕社会、工業社会、情報社会に続く人類史上５番目の社会」の実現に取り組むこととしている（「経済財政運営と改革の基本方針2017」（2017年６月９日））。
（出所）　内閣府「高齢社会対策大綱　概要版」１頁（ウェブサイト）

カテゴリー	業種	理由
①住生活関連	・ハウスクリーニング業 ・家事代行業 ・宅配業 ・整理収納アドバイザー	住生活における掃除、家事、食事等の各種ニーズに対応するため
②健康関連	・健康グッズ製造・販売業 ・リラクゼーション業 ・ヨガスタジオ ・フィットネスクラブ	健康づくりに対応するため
③福祉・介護関連	・軽費老人ホーム ・グループホーム ・介護付有料老人ホーム ・住宅型有料老人ホーム ・サービス付き高齢者向け住宅 ・訪問介護事業所 ・地域密着型サービス（介護） ・訪問看護ステーション ・福祉用具レンタル業 ・ホームセキュリティサービス	福祉の充実に対応するため
④学習・趣味・スポーツ関連	・資格取得教育訓練産業 ・カルチャーセンター ・パソコン教室 ・e-ラーニング事業 ・通信教育業 ・料理教室 ・語学教室 ・洋裁学校 ・ピアノ教室 ・バイオリン教室 ・ギター教室 ・琴・三味線教室 ・書道教室 ・茶道教室 ・華道教室 ・テニススクール ・ゴルフスクール ・複合スポーツ教室 ・着付教室 ・ダンス教室 ・そば打ち教室 ・陶芸教室 ・フラワーアレンジメント教室 ・自動車教習所 ・小型船舶教習所	アクティブシニアの生涯学習・趣味・スポーツへのニーズに対応
⑤旅行関連	・旅行業 ・ホテル・旅館業 ・温泉 ・リゾートマンション ・会員制リゾートクラブ ・民泊業	アクティブシニアの旅行などへのニーズに対応
⑥終活関連	・遺品整理業 ・終活関連サービス ・身元保証サービス	周囲に迷惑をかけず、人生を終える準備をするために

（注）　カテゴリー区分、業種名は、金融財政事情研究会編「業種別審査事典」（金融財政事情研究会）に準じた。

増える休廃業、
事業承継の準備は万全か

みずほ総合研究所
政策調査部　主任研究員
伊藤　秀樹

4年間に25万を超える企業が姿を消す

(1) 建設業、診療所、食堂等の廃業が顕著

　わが国において、企業数の99.7%を占め、また雇用の7割を吸収している中小企業は、経済活動の基盤ともいえる存在である。この中小企業が長期的に減少傾向にある。1999～2016年の17年間で企業数は全体で約126万減っており、2012～2016年の4年間でみても約27万の減少となっている。

その多くは中小企業で、なかでも小規模企業（製造業等で従業員数20人以下、商業・サービス業で従業員数5人以下）の減少が著しい（図表1）。

　この企業数の推移について、企業の開廃業の観点から確認すると、2012～2016年に開業した企業は46万社、廃業した企業は83万社である。ここでいう廃業とは、「企業の存在が確認できなくなった」という広い意味でとらえられている。

　こうした広義の廃業をさらに細かく分類した別のデータをみてみると、休廃業・解散件数は緩やかな増加傾向にあり、他方で倒産件数は2008年を

図表1　規模別にみた企業数の推移

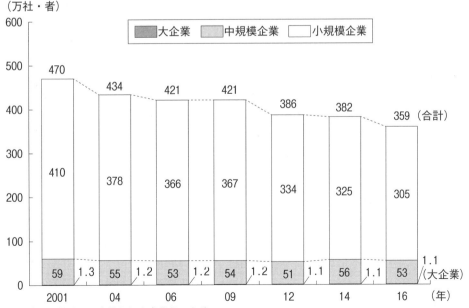

（注1）　企業数は、会社と個人事業者の合計。
（注2）　原データは、総務省「経済センサス」等による。
（出所）　中小企業庁「2019年版中小企業白書」から筆者作成

図表2　休廃業・解散、倒産件数の推移

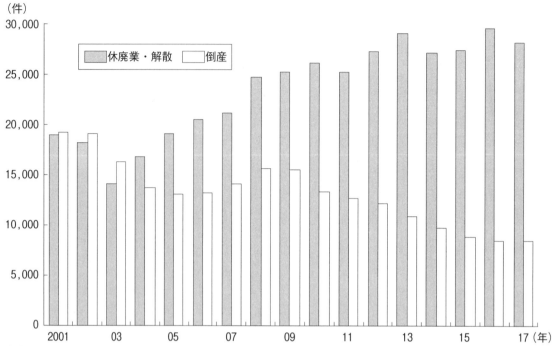

（注）　原データは、東京商工リサーチ「2017年「休廃業・解散企業」動向調査」による。
　　　本調査における休廃業、解散、倒産の定義は以下のとおり。
　　　・休廃業とは、特段の手続をとらず、資産が負債を上回る資産超過状態で事業を停止すること。
　　　・解散とは、事業を停止し、企業の法人格を消滅させるために必要な清算手続に入った状態になること。基本的には、
　　　　資産超過状態だが、解散後に債務超過状態であることが判明し、倒産として再集計されることもある。
　　　・倒産とは、企業が債務の支払不能に陥ったり、経済活動を続けることが困難になった状態となること。私的整理（取
　　　　引停止処分、内整理）も倒産に含まれる。
（出所）　中小企業庁「2018年版中小企業白書」から筆者作成

ピークに減少が続いている（図表2）。業種別には、2007〜2016年で休廃業・解散件数が最も多かったのは**建設業**である。また、「サービス業ほか」の同件数の増加ぶりが目立っており、その内訳をより細かくみると、**一般診療所、食堂・レストラン、土木建築サービス業、経営コンサルタント、歯科診療所**などで休廃業・解散の増加が目立つ（図表3）。

(2)　後継者難の深刻化と経営者の高齢化

　このように広い意味での廃業が増えている背景には、もちろん経営の悪化もあるだろうが、適当な後継者が見当たらないという問題（後継者難）も大きく横たわっている。

　日本政策金融公庫総合研究所が2015年に実施したアンケート調査によると、60歳以上の経営者の半数が廃業を予定している。廃業の理由として多かったのは、「当初から自分の代でやめようと思っていた」（38.2%）、「事業に将来性がない」（27.9%）という回答であったが、後継者難を理由にあげる企業も3割近くを占めている（「子どもに継ぐ意思がない」「子どもがいない」「適当な後継者が見つからない」の合計で28.6%）。その一方で、廃業を予定している経営者の4割以上が、今後10年間の事業の将来性について、少なくとも現状維持は可能と回答している。つまり、多くの中小企業において、事業は継続できるにもかかわらず、後継者を確保できずに廃業を選択せざるをえない状況に陥っている実態が浮かび上がってくる。

　こうした事態への対応は待ったなしである。なぜなら、経営者の高齢化が進んでいるからだ。中小企業の経営者年齢の分布をみると、1995年に50歳代前半であったボリュームゾーンが2015年には

図表3　業種別にみた休廃業・解散件数の推移

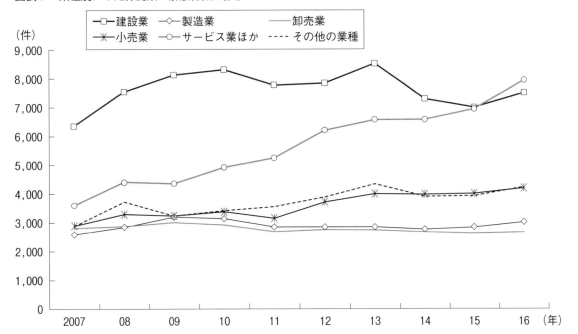

※「サービス業ほか」のうち、増加幅の大きな業種（上位10業種）　　　　　　　　　　（単位：件）

中分類	小分類	2007年	2016年	増加件数
医療、福祉事業	一般診療所	38	373	+335
飲食業	食堂、レストラン	172	443	+271
学術研究、専門・技術サービス業	土木建築サービス業	297	507	+210
他のサービス業	他に分類されない事業サービス業	174	371	+197
学術研究、専門・技術サービス業	経営コンサルタント業、純粋持株会社	213	399	+186
医療、福祉事業	歯科診療所	4	173	+169
学術研究、専門・技術サービス業	その他の専門サービス業	182	347	+165
医療、福祉事業	老人福祉・介護事業	38	194	+156
電気・ガス・熱供給・水道業	電気業	2	145	+143
他のサービス業	自動車整備業	156	265	+109

（注）　その他の業種は、「農林漁鉱業」「金融保険業」「不動産業」「運輸業」「情報通信業」の合計。
　　　　原データは、東京商工リサーチ「2016年「休廃業・解散企業」動向調査」による。
（出所）　中小企業庁「2017年版中小企業白書」から筆者作成

60歳代後半へシフトしている（図表4）。中小企業経営者の引退年齢は、企業規模や本人の健康状態などにもよるが、平均的には70歳前後といわれており、今後経営者の大量引退が予想される。

　中小企業庁の推計によると、2025年頃には約245万人の中小企業経営者（小規模事業者を含む）が70歳を超え、このうち約半数に当たる127万人（日本企業全体の約3割）が後継者未定の状況に置かれるという。そのため、このまま手をこまねいていると、中小企業・小規模事業者の廃業が急増し、10年間で約650万人の雇用、約22兆円のGDPが失われる可能性があると同庁は警鐘を鳴らしている。

　経営者の引退に伴う廃業が急増すれば、これま

図表4　中小企業の経営者年齢の分布

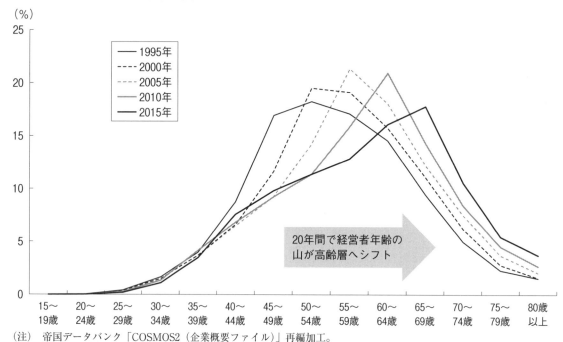

（注）　帝国データバンク「COSMOS2（企業概要ファイル）」再編加工。
（出所）　中小企業庁「2016年版中小企業白書」等からみずほ総合研究所作成

で蓄積されてきた技術やノウハウといった事業価値が失われ、わが国経済・社会の衰退に結びつくことになる。引退する経営者が次世代の経営者へと円滑に事業を承継できるような環境整備を進め、中小企業および経済・社会の成長につなげていかなくてはならない。

事業承継はステップ・バイ・ステップで

　企業の長期的な存続・発展のためには、経営を円滑にバトンタッチすることがきわめて重要であるものの、実際には事業承継に向けた取組みが着実に行われているとは言いがたい。事業承継の準備に着手している経営者は、70歳代や80歳代であっても半数に満たないというデータもある（図表5）。後継者の選定や育成も含めれば事業承継の準備には5年から10年程度かかるといわれており、経営者の平均引退年齢が70歳前後であることもふまえると、60歳頃から準備を始めるのが望ましいとされる。

　それでは、事業承継には具体的にどのような準備が必要となるのであろうか。2016年に中小企業庁が策定した「事業承継ガイドライン」による

と、事業承継に向けたプロセスは大きく5つのステップに分けられる。

　まずステップ1は、「準備の必要性の認識」である。計画的な事業承継への取組みは、一義的には経営者本人の自覚に委ねられるが、日常の多忙さなどにより対応が後手に回りがちなため、国や自治体、支援機関などが60歳を超えた経営者に対して承継準備に取り組むきっかけを提供することも重要とされている。

　ステップ2は、「経営状況・経営課題の把握（見える化）」だ。円滑な事業承継への道のりは正確な現状認識から始まるということである。具体的には、自社株の保有状況、事業に利用している経営者資産の状況、自社の強みと弱み、後継者候補の有無などが確認すべき事項としてあげられる。

　続いてステップ3は、「事業承継に向けた経営の改善（磨き上げ）」である。後継者候補が後を継ぎたくなるような経営状態にしておくことが重要で、業績改善や経費削減のみならず、商品力やブランドイメージの向上、顧客・従業員・取引金融機関・株主といったステークホルダー（利害関係者）との良好な関係の維持、優秀な人材の確保・育成、承継後をにらんだ経営体制の整備な

図表5　経営者の年齢別にみた事業承継の準備状況

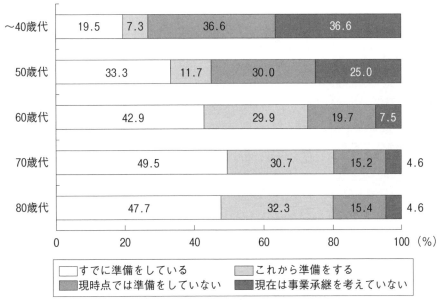

（注）　原データは、帝国データバンク「中小企業における事業承継アンケート・ヒアリング調査」
　　　　による。
（出所）　中小企業庁「事業承継ガイドライン」（2016年）から筆者作成

ど、「磨き上げ」を図るべき対象は多岐にわたる。

ステップ4は、「事業承継計画の策定」である。自社株をはじめとする資産や経営権の承継を進めていくにあたっては、会社自身や会社を取り巻く状況を整理したうえで、会社の10年後を見据え、いつ、どのように、何を、だれに承継するのかといった点について、具体的な計画を立案する必要がある。事業承継計画は、さまざまなステークホルダーとの関係を念頭に置きつつ、後継者や親族と共同で策定し、策定後はこれらの関係者と計画を共有しておくことが望まれる。こうすることで、関係者の協力を得やすくなり、また後継者や従業員が事業承継に向けて必要なノウハウの習得や組織体制の整備などの準備を進めることもできる。

なお、後継者不在などのため、親族や従業員ではなく第三者に事業を引き継ごうとする場合には、事業承継計画を策定するのではなく、M&A（合併・買収）の実行に向けて、仲介機関の選定や売却条件の検討などを行うこととなる。事業承継の形態は近年多様化しており、約30～40年前には子どもや兄弟姉妹など親族への承継が9割程度を占めていたが、最近では親族内承継の割合が低下

し、従業員への承継や、社外の第三者への売却の割合が高まっている（図表6）。中小企業にとっても、M&Aは事業承継の選択肢として一般的になりつつあるといってよいだろう。

最後のステップ5は、「事業承継の実行」である。引き続き経営の改善・磨き上げに取り組みつつ、事業承継計画やM&A手続などに沿って資産の移転や経営権の移譲を進めていくこととなる。

以上のように、事業承継に向けた段階的な取組みの重要性を指摘したうえで、「事業承継ガイドライン」は、事業承継を実施した後（ポスト事業承継）には後継者が新たな視点をもって事業の見直しなどを進め、自社を新たな成長・発展のステージに導いていくことが期待されるというメッセージを投げかけている。また、各種支援機関に対しては、10分程度の短時間で回答できる「事業承継診断」などを通じて、60歳以上の経営者の潜在的な事業承継ニーズを丹念に拾い上げるといった取組みを求めている。

図表6　経営者の在任期間別にみた現経営者と先代経営者との関係

（経営者の在任期間）

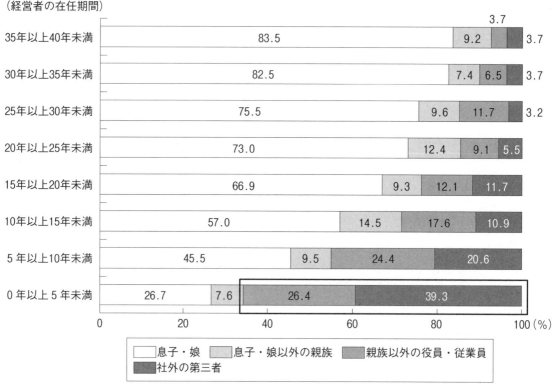

（注）　原データは、中小企業庁委託「中小企業の資金調達に関する調査」（2015年12月、みずほ総合研究所）による。
（出所）　中小企業庁「事業承継ガイドライン」（2016年）から筆者作成

政府が事業承継支援を積極化

(1)　「事業承継5ヶ年計画」

　中小企業における円滑な事業承継が求められる状況下で、政府は、ガイドラインの作成により企業や支援機関がとるべき対応を整理したほか、2017年7月には事業承継支援策のあり方を体系化した「事業承継5ヶ年計画」を公表した（図表7）。

　この計画では、今後5年程度を事業承継支援の「集中実施期間」に設定し、支援体制や関連施策を抜本的に強化するとしている（その後、2017年12月に閣議決定された「新しい経済政策パッケージ」において、事業承継支援の集中実施期間が「今後10年程度」とされた）。

　具体的には、①経営者への「気づき」の提供、②後継者が後を継ぎたくなるような環境の整備、③後継者マッチング支援の強化、④事業からの退出や事業統合などをしやすい環境の整備、⑤経営

人材の活用、の5つを施策の方向性として打ち出している。

　詳しくみていくと、まず、商工会・商工会議所、金融機関、いわゆる士業（税理士、弁護士、中小企業診断士など）といった専門家によって構成される「事業承継ネットワーク」を都道府県ごとに構築することを目指すとともに、事業承継診断を通じて経営者への積極的な働きかけを行う「プッシュ型」支援を年間約5万社に対して実施する方針を掲げている（前記①）。2018年度時点で47都道府県において事業承継診断を展開しており、2018年4～11月の間に9万8,360件（独自に取り組む3自治体を含む）の診断を実施した。

　次に、後継者が後を継ぎたくなるような環境を整備すべく、税制や補助金による支援が講じられている（前記②）。たとえば、非上場株式に係る相続税・贈与税の一定部分について、後継者が事業を続けている限り納税を猶予する事業承継税制が2009年度に導入され、2018年度にはその抜本的な拡充策が講じられた（詳細は後述）。また、2017年

図表 7　事業承継 5 ヶ年計画の概要

現状認識
①中小企業経営者の高齢化（66歳の経営者が最も多い） 　→今後 5 年間で30万人を超える経営者が70歳以上になるにもかかわらず、 　　6 割が後継者未定 ②高齢化が進むと企業の業績が停滞（売上増は70歳代で14％、30歳代で51％） ③70歳代以上の経営者でも承継準備を行っている経営者は半数未満

目指すべき姿
地域の事業を次世代にしっかりと引き継ぐとともに、事業承継を契機に後継者がベンチャー型事業承継などの経営革新等に積極的にチャレンジしやすい環境を整備

施策の方向性

〜今後、5 年程度を事業承継支援の集中実施期間とし、支援体制、支援施策を抜本的に強化〜

経営者への「気づき」の提供

○事業承継プレ支援のプラットフォームの構築
→ 5 年間で25万〜30万社を対象にプッシュ型の事業承継診断を実施
→事業承継支援を行う専門人材の育成・活用

後継者マッチング支援の強化

○小規模M&Aマーケットの形成
→事業引継ぎ支援センターの強化
→民間データベースとの相互乗り入れ（2017年度M&A等成約目標1,000件、5 年後目標2,000件）

経営者が後を継ぎたくなるような環境を整備

○早期承継のインセンティブの強化
→後継者による新機軸・業態転換等の経営革新を支援
→小規模事業者が強みを発見するための事業計画作成支援
→資金繰り・採算管理等の早期段階からの経営改善の取組支援
→再生施策との連携強化
→事業承継のさらなる活用を図る

事業からの退出や事業統合等をしやすい環境の整備

○サプライチェーン・地域における事業統合等の支援
→下請振興法の自主行動計画に事業承継に関する取組みを明記。自主行動計画のフォローアップを行い、業界への浸透を図る
→中小企業の事業再編・統合・共同化を促進する制度的枠組みの検討

経営人材の活用

○経営スキルの高い人材を事業承継支援へ活用
→後継者不在企業への経営人材の参画を促進するための人材紹介会社と事業引継ぎ支援センターとの連携
→経営人材の活用を促進するためのインセンティブ策等の検討

（出所）　中小企業庁「中小企業の事業承継に関する集中実施期間について（事業承継 5 ヶ年計画）」から筆者作成

度には、事業を承継した後継者による設備投資などを支援する事業承継補助金が新設されている。

　このほか、近年増加している第三者への事業売却に関する政策対応として、全国展開されている事業引継ぎ支援センターが、後継者不在の中小企業を対象にM&A支援を実施している（前記③）。同センターは、相談を受け付けた案件をいったん民間の金融機関やM&A仲介業者に紹介し、それで売却先が見つからない場合に限って自らがマッチングに取り組んでいる。2018年度の同センターにおける相談受付は 1 万1,000件を超え、事業引継ぎの成約は923件である。譲渡企業の約70％は従業員数10名以下となっており、特に小規模事業者のマッチングで多くの実績を重ねているという。

　さらに、事業承継 5 ヶ年計画で注目されるのは、サプライチェーンの維持、地域の主要産業の発展といった観点から事業承継や事業再編を促す

方針を打ち出している点である（前記④）。サプライチェーンに組み込まれている中小企業が事業を承継できずに廃業するようなケースが増えると、地域経済の衰退にもつながりかねない。そうした問題意識から、2016年には親事業者と下請事業者の望ましい取引慣行を示した下請中小企業振興法「振興基準」が改正され、親事業者が必要に応じて下請事業者の事業承継をサポートする旨などが書き込まれた。中小企業庁としては、今後も引き続き、税制優遇や補助金の活用などを通じて、地域の特性に応じた事業承継・事業再編を支援する方針だという。

最後にあげられるのが、経営スキルの高い外部人材の活用である（前記⑤）。後継者不足に悩む中小企業のなかには、経営に関する十分な知識や経験を有している適任者が社内にいなかったり、あるいは社内にそのような者がいても、後継者となることに二の足を踏んだりするケースが少なくない。そこで中小企業庁は、2017年度から、事業引継ぎ支援センターが保有する企業データベースを**人材紹介会社**に段階的に開示するなど各種の取組みを通じて、中小企業が次期経営者候補や社外アドバイザーを積極的に活用できる環境を整備する方針を示している。

(2) 事業承継税制の抜本拡充

先述したように、中小企業の事業承継を税制面で後押しする仕組みとして、事業承継税制が2009年に創設され、2018年度には抜本的な制度改正が行われた。この点について詳しくみておきたい。

中小企業の経営者が後継者に株式を相続・贈与して事業承継する場合、基本的には株式の価値に応じて相続税・贈与税が課税される。その際、納税のための資金が確保できずに、事業の継続が困難になるといった事態も起こりうる。事業承継税制は、こうした問題に対応するため、非上場株式の相続・贈与に係る相続税・贈与税の一定部分について、後継者が事業を続けている限り納税猶予を認める制度である。後継者がさらに次の代に相続・贈与を通じて自社株を引き継げば、それまで猶予されていた相続税・贈与税は免除される。こうした仕組みにより、自社株を承継する際の納税負担が緩和され、より円滑な事業承継が可能になるものと期待された。

事業承継税制はこれまでに幾度か見直しが行われてきた。たとえば、2013年度には、承継後5年間にわたって承継前の雇用の8割を毎年維持するという要件について、5年間平均で8割を満たせばよいと改められたほか、親族外への承継も対象に加えられた。こうしたなかで、事業承継税制の利用は徐々に増えてきたが、直近の利用実績は年間500件程度にとどまり、必ずしも十分に活用されているとはいえなかった。その大きな理由として、要件の緩和が漸進的なかたちで行われてきたため、以前から指摘されてきた「使い勝手の悪さ」が完全には払拭されなかった点があげられる。具体的には、納税猶予されるのは総株式の3分の2までとされ、かつ税額の猶予割合は80%であった。そのため、100%の株式を承継する場合、その約53%（＝80%×2／3）に当たる税額しか猶予されず、制度を利用しても一定の納税資金の確保が必要となる。また、人手不足で人材の確保がむずかしくなっているなかで、雇用を5年間の平均でも8割維持するのは厳しいとの指摘もあった。

そこで、2018年度税制改正では、以下のとおり、事業承継税制が抜本的に拡充された（図表8）。

第一の改正点として、納税猶予を受けられる株式の制限が撤廃され、全株式を対象に100%の税額が猶予されることとなった。これにより、相続・贈与時には税負担が発生しないため、後継者の納税資金に係る不安は大幅に軽減される。

第二に、雇用に係る要件が弾力化され、承継後5年間の平均で雇用の8割を維持できなかった場合でも、直ちに納税猶予が打ち切られない扱いとなった。ただし、要件を満たせなかった理由を都道府県に報告する必要があるほか、経営悪化が原因である場合には、税理士・金融機関など認定支援機関から指導・助言を受けなくてはならない。

第三に、対象となる承継パターンが拡大された。これまでは、1人の経営者から1人の後継者への相続・贈与のみが制度の適用を受けられた。それが今回、親族外を含む複数の株主から、代表者である後継者（最大3人）への承継も制度の対象となった。これにより、分散していた株式を代替わりにあたって集中させるケースや、兄弟姉妹など複数の後継者に協力して事業に取り組ませた

図表8　事業承継税制の抜本拡充（2018年度税制改正）

	〈従来の制度〉	〈改正後〉
対象株式の制限撤廃	納税猶予の対象になる株式数には**3分の2の上限**があり、相続税の**猶予割合は80%**	対象株式数の**上限を撤廃**し全株式を適用可能に。また、**納税猶予割合も100%に拡大**
雇用要件の弾力化	税制の適用後、**5年間で平均8割以上の雇**用を維持できなければ猶予打切り	5年間で平均8割以上の雇用要件を**未達成**の場合でも、**猶予を継続可能**に（経営悪化等が理由の場合、認定支援機関の指導・助言が必要）
承継パターンの拡大	税制の対象となるのは、**1人の先代経営者から1人の後継者**へ相続・贈与される場合のみ	親族外を含む**複数の株主**から、**代表者である後継者（最大3人）**への承継も対象に
経営環境変化に対応した減免制度	後継者が自主廃業や売却を行う際、経営環境の変化により株価が下落した場合でも、**承継時の株価をもとに相続税・贈与税を課税**	**売却額や廃業時の評価額をもとに納税額を再計算**し、承継時の株価をもとに計算された納税額との差額を減免

（出所）　財務省「平成30年度税制改正の解説」等から筆者作成

いケースなど、さまざまなパターンの事業承継に対する税制支援が可能となる。

　第四に、経営環境の変化に対応した税額の減免制度が創設された。従来の仕組みでは、後継者が事業を続けている限り納税猶予は継続されるが、後継者が自主廃業や株式の売却を行った場合には猶予が打ち切られ、相続税・贈与税を納めなくてはならなかった。その際、経営環境の変化によって株式価値が下落していても、承継時の株価をもとに計算された税額を納付する必要があったため、制度利用をためらう一因とされてきた。そこで、今回の改正では、経営環境の変化を示す一定の要件（直近3年間のうち2年以上赤字など）を満たせば、株式の売却額や廃業時の株式評価額をもとに税額を再計算し、当初の猶予税額との差額を免除する制度が導入された。

　これらの見直しによって、将来の納税不安は大幅に軽減されるため、制度の利用が活発化するものと考えられる。ただし、この制度が時限措置である点には留意しなくてはならない。今回拡充された事業承継税制の対象となるのは、2018年1月〜2027年12月の10年間における相続・贈与であり、また実際に適用を受けるためには、2023年3月までに後継者や経営見通しなどが記載された承継計画を都道府県に提出する必要がある。そのため、経営者としては、専門家のアドバイスを受け

ながら、早期にかつ計画的に承継準備に取り組むことが求められる。

　なお、2018年度税制改正では、M&Aによって第三者に会社を売却するかたちでの事業承継を支援するために、一定の要件を前提として、売却先企業の不動産取得に係る登録免許税や不動産取得税を軽減する措置も別途設けられた。

民間支援サービスへのニーズ高まる

　ここまで政府による事業承継支援について詳しくみてきたが、中小企業の経営者が事業承継に関する相談などを持ち掛けるのは、むしろ日頃から付合いの深い税理士や取引金融機関であるのかもしれない。「2017年版中小企業白書」によると、事業承継について過去に相談した相手は「顧問の**公認会計士・税理士**」が最も多く、「親族、友人・知人」「**取引金融機関**」が続いている（図表9）。

　このうち金融機関についてみると、近年は取引先企業に対する新たなサービスとして、自社株の承継に関する個別提案、事業承継に係るセミナーや相談会の開催、関連する資金の融資、さらには事業の売却を見据えて適当な相手先企業を探し出すマッチングなど、さまざまな事業承継支援に注力している。たとえば、**地方銀行64行**による事業

10

企業経営者の高齢化問題

図表9　事業の承継に関する過去の相談相手

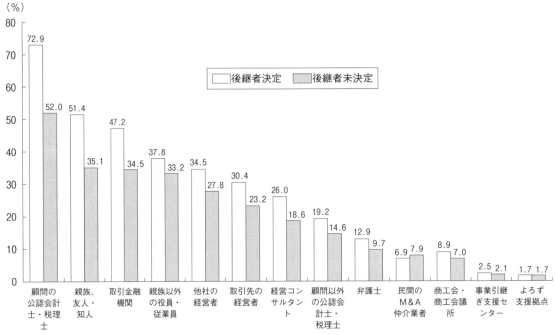

(注1)　複数回答のため、合計は必ずしも100%にはならない。
(注2)　ここでいう「経営コンサルタント」とは、中小企業診断士、司法書士、行政書士を含む。
(注3)　それぞれの項目について、「相談して参考になった」「相談したが参考にならなかった」と回答した者を集計している。
(注4)　原データは、東京商工リサーチ「企業経営の継続に関するアンケート調査」による。
(出所)　中小企業庁「2017年版中小企業白書」から筆者作成

承継の相談受付件数は年々増加しており、2012年度の1万823件から2016年度には2万8,179件と2.6倍になっている。また、全国264信用金庫で実施された事業承継関連のM&A支援は、2012年度には27件であったのに対し、2016年度には156件まで増えている。

　「2018年版中小企業白書」で紹介されているアンケート調査（NTTデータ経営研究所が2016年に実施した調査）によると、中小企業が金融機関に期待する経営支援サービスとして、「事業承継・M&A支援」（回答者数構成比25.0%）は、「ビジネスマッチング」（同45.7%）、「補助金や制度融資の活用支援」（同43.4%）に次いで3番目に多い回答割合（複数回答）となっている。金融機関をはじめとする支援機関にとっては、企業が寄せるこうした期待に十分応えうるサービスを提供することで、事業承継を側面から支援し、中小企業の振興や地域経済の発展に貢献することが求められよう。

1億総活躍社会の実現で労働力不足解消と生産性向上の両立めざす

ニッセイ基礎研究所
生活研究部　准主任研究員
金　明中

2019年施行開始　「働き方改革法」の内容

2018年6月29日に働き方改革関連法が参議院本会議で成立、2019年4月1日から順次施行されている。その主な内容は以下のとおりである。

①　残業時間の上限規制（罰則付き）

残業時間の上限は、原則として月45時間・年360時間とし、臨時的な特別の事情がなければこれを超えることはできなくなった。臨時的かつ特別の事情があって労使が合意する場合でも、年720時間以内、複数月平均80時間以内（休日労働を含む）、月100時間（休日労働を含む）という上限が設けられた。これを超えると刑事罰の適用もある。［施行時期］大企業2019年4月から、中小企業2020年4月から。

②　年次有給休暇の年5日取得の義務化

使用者は、法定の年次有給休暇付与日数が10日以上のすべての労働者に対し、必ず5日の有給休暇を取得させなければならない義務を負う。［施行時期］2019年4月から。

③　勤務間インターバル制度の努力義務

仕事を終えてから次に働き始めるまで一定の休息時間を設ける勤務間インターバル制度の導入が事業主の努力義務となった。同制度の先駆けであるEU（欧州連合）では、11時間以上の休息時間を設けることが法律で義務づけられている。［施行時期］2019年4月から。

④　中小企業に対する割増賃金率の猶予措置を廃止

労働基準法には、1カ月60時間を超える法定時間外労働に対して、使用者は50％以上の率で計算した割増賃金を払う必要があるが、中小企業の場合は適用が猶予されている。しかし、働き方改革関連法の成立により、2023年4月からはこの猶予が廃止され、中小企業でも月60時間を超える時間外労働についての割増賃金率が50％以上と法定された。［施行時期］2023年4月から。

⑤　産業医の機能強化

働き方改革関連法の施行により産業医の役割が拡充された。事業主は従業員の健康管理に必要な適切な情報を伝え、産業医からの勧告を衛生委員会に報告する必要がある。［施行時期］2019年4月から。

⑥　長時間労働者の医師面接指導の見直し

長時間労働者の医師面接指導の時間外労働を月100時間から月80時間に引き下げた。［施行時期］2019年4月から。

⑦　同一労働・同一賃金の原則の適用

今回の働き方改革関連法の核心の1つである同一労働同一賃金の実施による影響にも注目する必要がある。同一労働同一賃金は、正規労働者と非正規労働者の不合理な待遇格差の解消を目指しており、非正規労働者の待遇を正規労働者と「均等」か「均衡」にすることを法律で義務づけた。［施行時期］大企業2020年4月から、中小企業2021年4月から。

⑧　高度プロフェッショナル制度の創設

高度プロフェッショナル制度は、働いた時間ではなく成果で仕事を評価する脱時間給で、高度の専門的知識等を有し、職務の範囲が明確で一定の年収要件（現在は1,075万円以上）を満たす労働者を対象に導入された。［施行時期］2019年4月か

ら。

⑨ フレックスタイム制の見直し

最大で1カ月単位でしか適用できなかったフレックスタイム制が、2カ月単位や3カ月単位でも適用することができるようになった。［施行時期］2019年4月から。

なぜ、いま働き方改革なのか──働き手を増やし労働力不足を緩和する

政府が音頭をとって働き方改革を進めている背景にあるのが、人口減少、とりわけ15〜64歳の生産年齢人口が減り続けていることである。

2018年2月1日現在の日本の総人口は1億2,660万人で、ピーク時の2008年12月の1億2,810万人から150万人も減少、このペースでいけば、2065年には8,808万人にまで落ち込む。特に15〜64歳の生産年齢人口が全人口に占める割合は、ピークの1993年69.8％から2016年には60.3％（7,656万2,000人）と、以降、一貫して低下し続け、今後もさらに低下することが予想されている

（図表1）。

生産年齢人口の減少は経済成長の源泉である労働力が不足していくことを意味する。出生率を高め、生産年齢人口を増やすことが望ましいが時間がかかる。まずは介護や育児等の事情により働きたくても離職を余儀なくされている人たち等が、就業しやすい環境をつくること、すなわち働き手を増やすことによって、「1億総活躍社会」を目指すのが第一の目的である。

世界で見劣りする労働生産性

労働力不足対策としては、働き手を増やす一方で、労働生産性を高めることが有効である。図表2はOECD加盟国の労働者1人当り平均年間労働時間と時間当り労働生産性の関係を示したものである。このグラフからは、労働時間と労働生産性が負の相関にあることが読み取れる。たとえば2017年における日本の時間当り労働生産性は、47.5ドル（購買力評価換算）で、OECD平均53.5ドルより低く、OECD加盟国のなかでも20位にと

図表1　15〜64歳人口の対前年比増減数と総人口比推移

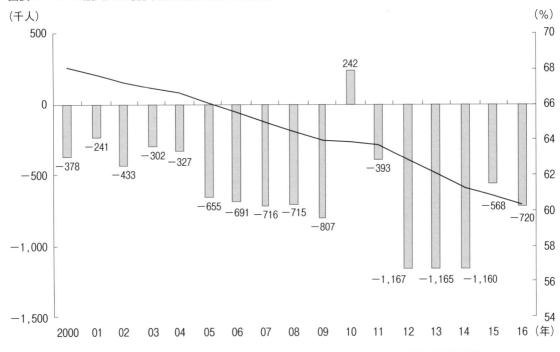

（出所）　e-stat「人口推計：長期時系列データ」から筆者作成

図表 2　OECD加盟国の労働者 1 人当り平均年間労働時間と時間当り労働生産性の関係（2017年基準）

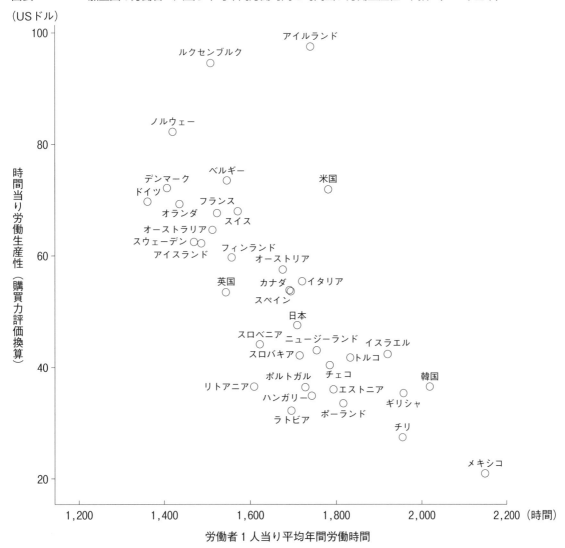

（出所）（公財）日本生産性本部「日本の生産性の動向2018年版」（2018年）とOECD.Stat から筆者作成

どまっている。

　一方、日本のパートタイム労働者を含めた労働者 1 人当りの平均総実労働時間は1993年の1,920時間から2017年には1,721時間に大きく減少した（図表 3 ）。ところが、パートタイム労働者を除いた一般労働者（フルタイム労働者）だけの平均総実労働時間をみると、1993年と2017年では大して変わっていない。つまり、近年の労働時間の減少は非正規職の増加（ちなみにパートタイム労働者の割合は1993年の14.4％から2017年には30.8％まで増加）に影響を受けた可能性が高く、正規職の労働時間はあまり減少していないのである。

　政府はこれまでも長時間労働に対する対策として年次有給休暇の取得を奨励してきたものの、あまり改善がみられない。図表 4 をみると、2017年の労働者 1 人当りの年次有給休暇の取得率は51.1％で、2004年の46.6％から若干上昇はしているものの依然として低水準にある。また、2017年の年次有給休暇の平均取得日数も9.3日で、2004年の8.4日と大きく変わっていない。このように日本の有給休暇取得率や平均取得日数が改善されない理由としては、日本の祝日数が昔に比べて増えたことや、完全週休 2 日制が少しずつ定着することにより、労働者の休日数が平均的に増加した

図表3　日本の総実労働時間の推移

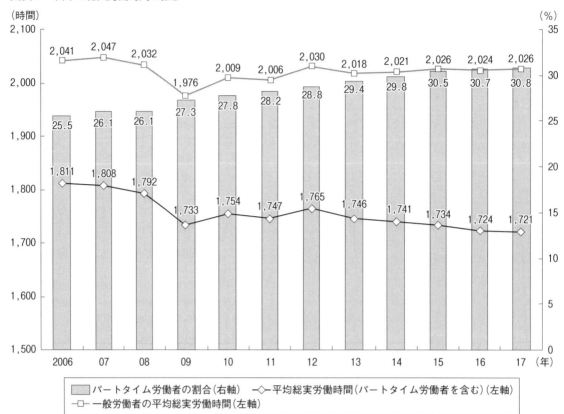

（注）　事業所規模5人以上。
（出所）　厚生労働省「毎月勤労統計調査」

ことが考えられるが、より根本的な理由は職場環境にある。厚生労働省が2014年に実施した調査によると、回答者の68.3%が有給休暇の取得に対して「ためらいを感じる」と答えており、その最も大きな理由（複数回答）として、「みんなに迷惑がかかると感じるから」をあげた。また、「職場の雰囲気で取得しづらいから」（30.7%）や「上司がいい顔をしないから」（15.3%）を理由としてあげるなど、多くの労働者が職場の雰囲気や上司・仲間の視線を意識して有給休暇を使用していないことがわかる。

こうした残業や有給未消化が当たり前という日本の企業風土を半ば強制的に改善させるのが、冒頭にあげた、残業時間の上限規制や年5日間の有給休暇取得義務化などを内容とする働き方改革法である。

ダイバーシティ（多様性）マネジメントの推進

しかし、実際に生産年齢人口が減少し続けるなか、現在の就労者の労働時間を短縮するだけでは日本の生産量は縮小していくことになる。これを避け、経済成長につなげていくためには、働き方改革を、やはり政府が奨励しているダイバーシティ（多様性）マネジメントや生産性向上と連動させて進めていくことが重要である。

ダイバーシティマネジメントとは、個人の性別や人種、国籍などの違いにこだわらずに優秀な人材を活用する企業経営方式である。少子高齢化が進行し、生産年齢人口が減少しているなかで、企業は労働力を確保するために、既存の男性正規職労働者を中心とする採用戦略から、女性、高齢者、外国人などより多様な人材に目を向けはじめ

図表 4　労働者 1 人当り年次有給休暇取得率等の推移

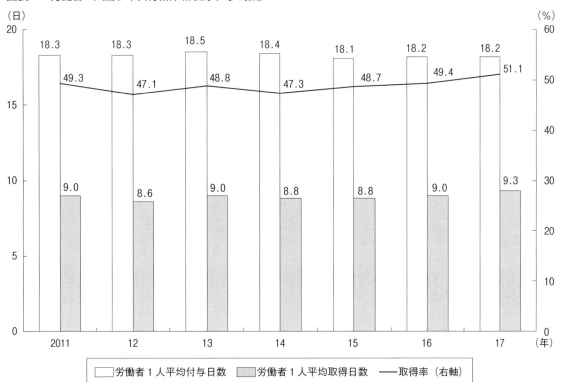

（注 1）　長期的な推移をみるために、「複合サービス事業」を含めていないデータを使用。
（注 2）　「付与日数」は、繰越日数を除く。
（注 3）　「取得日数」は、前年（または前々会計年度）1 年間に実際に取得した日数である。
（注 4）　「取得率」は、取得日数計／付与日数計×100（%）である。
（出所）　厚生労働省「就労条件総合調査：結果の概要」（各年度）から筆者作成

ている。

　しかし、これまでの日本企業で一般的だった働き方、すなわち急な配置転換や転勤は労働者が甘受すべきもので、サービス残業や仕事が終わってからの上司や同僚との飲み会等もまた、男性正規職がつくりあげてきた "職場環境" である。ところが、企業がこれから積極的に採用し活用していきたいと考える、育児や家事を主に分担している女性や、フルタイム仕事よりはパートタイム仕事を希望する高齢者、日本の企業文化に不慣れで長時間勤務に抵抗感がある外国人労働者に、こうした環境が受け入れられるのは容易ではない。そこで、将来の労働力を確保し、成長戦略を実施するためには、同じ場所ですべての社員が一緒に長時間働くこれまでの働き方を全面的に修正し、社員一人ひとりの状況にあわせたより多様な働き方の実現が企業にとって、そして日本の産業界全体にとって要求されているのである。

　たとえば、2019年の 5 月、改正女性活躍推進法が成立し、一般事業主行動計画の策定義務の対象が常時雇用する労働者が301人以上から101人以上の事業主に拡大された。また、女性活躍に関する情報公表が強化され、女性の活躍推進に関する状況等が優良な事業主の方への認定（えるぼし認定）よりも水準の高い「プラチナえるぼし（仮称）」認定の創設が決まった。

　高年齢者の雇用拡大に関しては、同年 5 月15日に開催された未来投資会議で、就業を希望する高齢者に対し70歳までの雇用確保を企業に求める高年齢者雇用安定法の改正案の骨格が示された。これに先立つ同年 4 月には、改正出入国管理法が施行され、人材不足が深刻な14業種を対象に、一定の技能がある外国人に日本での就労を認める新たな在留資格がつくられた。今後外国人労働者の受入れが拡大するとみられる。

今後伸びる働き方とビジネス

(1) フリーランス

ランサーズ株式会社の「フリーランス実態調査2018年版」によると日本における広義のフリーランス人口は1,119万人（労働力人口の約17％）と、2015年の913万人（労働力人口の約14％）に比べ22.6％も増加。フリーランスの経済規模は対前年比15％増の20.1兆円と推計されている。

同調査ではフリーランスの働き方を、常時雇用がベースだが副業でフリーランスの仕事をこなす「①副業系すきまワーカー」、雇用形態に関係なく、複数の企業の仕事をこなす「②複業系パラレルワーカー」、特定の勤務先はないが、独立したプロフェッショナルである「③自由業系フリーワーカー」、個人事業主または法人経営者で経営しているオーナーである「④自営業系独立オーナー」という4つのタイプに区分している。このなかで特に増えることが予想されているのが「①副業系すきまワーカー」である。

政府の働き方改革実現会議が2017年3月に決定した「働き方改革実行計画」が決定され、柔軟な働き方をしやすい環境整備の1つとして、副業の普及促進を図ると発表（図表5）。この方針を受けて、2018の1月、厚生労働省の「柔軟な働き方に関する検討会」は、「副業・兼業の促進に関するガイドライン」を公表した。

ガイドラインは、副業による労働者のメリットとして、①離職せずとも別の仕事に就くことが可能となり、スキルや経験を得ることで、労働者が主体的にキャリアを形成することができること、②本業の所得を生かして、自分がやりたいことに挑戦でき、自己実現を追求することができること、③所得が増加すること、④本業を続けつつ、よりリスクの小さいかたちで将来の起業・転職に向けた準備・試行ができることをあげている。半面、留意点としては、①就業時間が長くなる可能性があるため、労働者自身による就業時間や健康の管理も一定程度必要であること、②職務専念義務、秘密保持義務、競業避止義務を意識することが必要であること、③1週間の所定労働時間が短い業務を複数行う場合には、雇用保険等の適用がない場合があることに留意が必要であることがあげられた。

図表5　政府の副業推進に向けた計画表

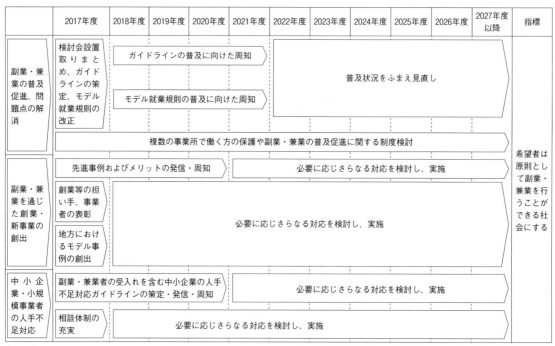

（出所）　首相官邸「働き方改革実行計画工程表」働き方改革実現会議決定（2017年3月）

一方、企業にとって副業を認めるメリットとしては、①労働者が社内では得られない知識・スキルを獲得することができること、②労働者の自律性・自主性を促すことができること、③優秀な人材の獲得・流出の防止ができ、競争力が向上すること、④労働者が社外から新たな知識・情報や人脈を入れることで、事業機会の拡大につながることをあげている。また、留意点としては、必要な就業時間の把握・管理や健康管理への対応、職務専念義務、秘密保持義務、競業避止義務をどう確保するかという懸念への対応が必要であるという。

副業は現在、日本では法律で禁止されてはいないものの、厚生労働省の「モデル就業規則」に基づき、多くの企業の「就業規則」が、副業を禁止している。今後、政府はモデル就業規則に「本業に影響を与えないこと」「副業が労働者と副業をする会社に利益を発生させる一方、本業をする会社に損害を発生させないこと」等の条件を追加することで、副業と兼業禁止規定を変更し、副業を原則として許可していく方針だ。今後政府はモデル就業規則改定などの環境整備を行い、2027年度を目標に希望者全員が原則として副業を行うことができる社会の構築を目指している。

(2)　クラウドワーカー

フリーランスのなかでも、インターネットのプラットフォームを通じて単発の仕事を依頼したり請け負う人を指して、「クラウドワーカー」と呼ぶこともある。一般労働者や、(1)でみた本業を別にもつ副業系すきまワーカーとは違って定期的に仕事をする義務がないクラウドワーカーには、公的社会保険制度や法定外福利厚生制度が適用されず、収入などが安定していないケースが多い。ある意味では不安定労働（precarious work）だともいえる。

仕事を依頼したい企業と仕事を受けたい個人はインターネット上の**職業紹介事業者**であるクラウドソーシング会社に登録し、その会社が提供しているプラットフォームに、スマートフォンやタブレットPCでアクセスし、既存の市場のように需要と供給をつなげる役割を果たしている。その代表的な例としてウーバー（配車サービス）、エアビーアンドビー（世界最大級の宿泊予約サイト）、

タスクラビット（お手伝いのマーケットプレイス）、デリバルー（出前サービス）などがあげられる。

現在、日本でクラウドソーシングを提供している主要事業者への「登録企業数」は数十万社にのぼるという。中小企業庁（2014年）によると、常用従業員5人以下の企業のなかで、クラウドソーシングサイトに発注した経験がある企業の割合は約7割に達している。

矢野経済研究所の「BPO市場・クラウドソーシング市場に関する調査結果（2016年、プレスリリース）」によると、2011年の44億円から急速に成長した日本におけるクラウドソーシングの市場規模は、2017年度には1,350億円を超え、2020年には2,950億円に増加すると推計されている。それにつれて、クラウドワーカーも増加することになるだろう。

日本経済新聞では、2016年11月の時点で330万人に達しているクラウドワーカーは、今後IT技術の発達とともにさらに増加し、2020年には1,000万人に達すると予想している（2016年11月5日付日本経済新聞電子版）。クラウドワーカーの仕事の内容はデータの入力といった単純作業にとどまらず、**AI（人工知能）研究・開発業**など、多様な分野まで広がりつつある。

(3)　テレワークとシェアオフィス

テレワークとは、ギリシャ語で遠いという意味の「tele」と仕事の「work」を組み合わせた造語で、会社以外の遠く離れた場所等で働くという意味をもつ。最近は情報通信技術（ICT）を活用して、場所や時間にとらわれない柔軟な働き方が容易になった。

テレワーカーは、働く場所により、在宅型テレワーカー（自宅でテレワークを行うテレワーカー）、サテライト型テレワーカー（自社の他事業所、または複数の企業や個人で利用する共同利用型オフィスやコワーキングスペース等でテレワークを行うテレワーカー）、モバイル型テレワーカー（顧客先・訪問先・外回り先、喫茶店・図書館・出張先のホテル等、または移動中にテレワークを行うテレワーカー）に分類される。

国土交通省の「平成28年度テレワーク人口実態調査」によると、自宅以外でテレワークをする理由としては、「仕事に集中でき、業務効率が高ま

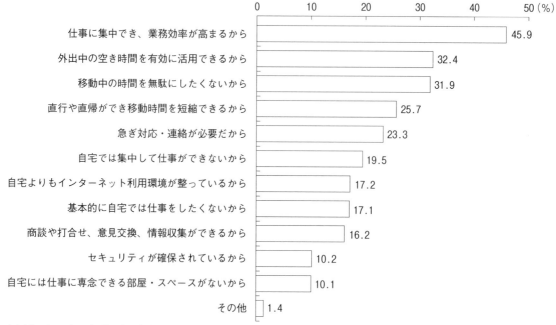

図表 6　自宅以外でテレワークを実施する理由

理由	(%)
仕事に集中でき、業務効率が高まるから	45.9
外出中の空き時間を有効に活用できるから	32.4
移動中の時間を無駄にしたくないから	31.9
直行や直帰ができ移動時間を短縮できるから	25.7
急ぎ対応・連絡が必要だから	23.3
自宅では集中して仕事ができないから	19.5
自宅よりもインターネット利用環境が整っているから	17.2
基本的に自宅では仕事をしたくないから	17.1
商談や打合せ、意見交換、情報収集ができるから	16.2
セキュリティが確保されているから	10.2
自宅には仕事に専念できる部屋・スペースがないから	10.1
その他	1.4

（出所）　国土交通省「平成28年度テレワーク人口実態調査」（2016年）

るから」が45.9％で最も高く、次いで、「外出中の空き時間を有効に活用できるから」（32.4％）、「移動中の時間を無駄にしたくないから」（31.9％）が上位 3 位を占めていた（図表 6 ）。

総務省の「平成30年通信利用動向調査」によると、企業において、テレワークを導入している、または予定があるのは、26.3％（導入している19.1％、導入予定がある7.2％）で、1 年前の18.2％（導入している13.9％、導入予定がある4.3％）より8.1ポイントも上昇した。導入しているテレワークの形態は、「モバイルワーク」が63.5％で最も高く、次いで、「在宅勤務」（37.6％）、「サテライトオフィス勤務」（11.1％）の順である。

企業がテレワークを導入した目的としては、「定型的業務の効率性（生産性）の向上」（56.1％）、「勤務者の移動時間の短縮」（48.5％）、「通勤困難者（身障者、高齢者、介護・育児中の社員等）への対応」（26.0％）等があげられる。他方、企業がテレワークを導入していない理由としては、「テレワークに適した仕事がないから」（73.1％）、「業務の進行がむずかしいから」（22.8％）、「情報漏えいが心配だから」（20.5％）が高い割合を占めている。

こうしたなかで、不動産業界も**シェアオフィス**事業を強化する動きが活発化している。三井不動産は2017年から10分300円から利用でき、スマートフォンの専用アプリで社員の勤怠管理ができるシェアオフィス「ワークスタイリング」を2018年7 月現在、全国31カ所で運営している。積和不動産は2017年に「BIZ SMART（ビズスマート）」というブランドでシェアオフィス事業を立ち上げ、現在は都内 5 カ所でシェアオフィスを運営。同社はさらに、2017年には世界各国でコワーキングスペースビジネスを実施しているソフトバンク系のWeWorkとともに、WeWork Japanという合同会社を設立した。

政府は、2017年に東京オリンピック・パラリンピックの開会式に当たる 7 月24日を「テレワーク・デイ」と定め、働き方改革の国民運動を実施、2017年には約950団体、6.3万人、2018年には1,682団体、延べ30万人以上が参加、2019年には「テレワーク・デイズ」を 9 月 6 日までの 1 カ月間に拡大、2,884団体の参加を得てより大々的なイベントを展開した。これは、2012年ロンドン五輪にならったもので、ロンドンではテレワーク・デイを実施したことにより、五輪期間中の交通混雑を回避できたことに加え、テレワークを導入し

た企業では、事業継続体制の確立、生産性や従業員満足の向上、ワーク・ライフ・バランスの改善等の成果が得られたという。今後、政府がテレワークの利用を奨励し、テレワークがより普及するようになると、シェアオフィス、特にWeWorkのようにデータやAIを活用したコミュニティー型ワークスペースの増加も予想される。

(4)　アフター5教室

働き方改革によって増える勤労者の余暇は、アフター5教室など、新たな市場を生み出すことが期待されている。

アサヒグループのウェブサイト「青山ハッピー研究所」が2018年3月14日〜20日の間に全国の20歳以上の男女637人を対象としたインターネット調査によると、全体の11.9%が「習い事やお稽古をしている」と答えており、男性（9.0%）よりは女性（15.1%）のほうがより習い事をしていることがわかった。最も人気がある習い事としては「スポーツジム・水泳」（32.0%）があげられ、次いで「ヨガ・ピラティス」（16.0%）、「英語」（9.3%）、「パソコン・インターネット関連」（8.0%）、「茶道・お茶」（6.7%）、「ダンス・バレエ」（6.7%）の順であった。特に、最近、働く女性のアフター5を充実させる習い事としてホットヨガが注目されている。一方、男性の場合は「英語」を勉強する人が女性に比べて多かった。ビジネスのグローバル化が進むなか、語学の必要性が高まっているのが原因とみられる。

労働時間の減少で人手不足が加速する業界

現在、タクシー・ハイヤー業、バス事業、トラック運送業など**自動車運転業**や**建設業**、新技術・新商品等の研究開発の業務、季節的要因等により事業活動もしくは業務量の変動が著しい事業や、**医師**など公益上の必要により集中的な作業を必要とするといった理由で厚生労働省労働基準局長が指定する業務には残業時間の上限が適用されていない。しかしながら、今後は「働き方改革」による改正労働基準法の施行から5年間の猶予期間を置いたうえで、建設業、自動車運転業、医師に対しても他産業と同様に残業時間の上限規制が適用されることになる。もっとも、建設業の場合、災害時の復旧・復興事業には「単月100時間未満」「2〜6カ月平均80時間未満」は適用されない。また、自動車運転業の上限時間は年間960時間が適用され、医師の場合は具体的な時間数は医療界も参加する場で検討して省令で定めることになっている。

実際、建設業や**運輸業・宅配便業**の年間総実労働時間（2016年基準）はそれぞれ2,056時間と2,054時間で全産業平均1,724時間を大きく上回っている。また、月末1週間の就業時間が60時間以上の雇用者の割合は、運輸業・郵便業が18.1%と、他の業種との間には大きな差がある。このため、残業時間の上限規制が建設業や運輸業・郵便業等に適用されるまでの間に、技術革新によって、人手不足対策が加速化すると予想される。

IT技術を活用する動きはすでに運輸業・宅配便業で進められている。宅配便最大手のヤマト運輸とディー・エヌ・エー（DeNA）は2018年の4月、運転席にドライバーが乗らない自動運転状態で宅配便を配送する実験を神奈川県藤沢市で実施した。今後、自動運転自動車の技術が発展する等、AI等による技術革新が行われると、労働力不足の問題は解決できると考えられる。

真の働き方改革の実現を

働き方改革は、非正規労働者の処遇改善、長時間労働の是正、ワーク・ライフ・バランスの実現、多様な人材が労働市場で活躍できることを目指しているものの、企業の立場からは大きな負担にもなりうる。裏返せば、労働の柔軟性や生産性を高める政策が同時に実施されることにより既存の正規労働者の雇用安定性は弱まる一方、労働強度はむしろ高まるかもしれない。すなわち、働き方改革が生産性向上や経済成長だけを優先にすると、労働者の生活の質はこれまでよりも悪化するおそれもある。働き方改革がマクロ的な数字を引き上げることよりも、労働者の健康や生活の満足度を優先的に考慮して実施されることが望ましい。それこそが働き方改革による弊害を最小化し、より住みやすい社会の構築につながる「真の働き方改革」となろう。

混迷化する世界情勢のなか、電力自由化が最終コーナーへ

みずほ総合研究所
政策調査部長

内藤　啓介

東日本大震災で一変した電力供給事情

エネルギーは、一国の経済、多くの産業活動、そして国民生活を支える基盤である。資源が乏しい日本にとって、石油、電力、ガスなどの安定的な供給は常に重要な課題であり、エネルギーにかかわる諸産業はこのことに注力してきた。

そのエネルギー供給は、2010年代に入って大きな変化を体験し、現在もその変化のただ中にあるといってよい。2011年3月に発生した東日本大震災は、強い地震と大津波により東北地方から関東地方にかけての太平洋岸を中心に甚大な人的・物的被害を引き起こしたが、津波の直撃により発生した福島第一原子力発電所の事故もまた、周辺地域のみならず日本の経済・社会に大きな影響を与えた。そして、とりわけ電力事業に対して、短期・中期・長期の大きなインパクトをもたらした。

短期では、電力の供給力不足により、震災後の数週間、関東地方などで計画停電の実施を余儀なくされた。中期では、福島の事故を受けた全国の原子力発電所（原発）の稼働停止によって、国内における重要な電源の1つとなっていた原子力がほぼその機能を止めることとなり、不足分を火力発電で補わざるをえなくなった。火力発電の燃料となる石油、石炭、天然ガスは海外への依存度が大きく、これらの輸入増は一時期貿易赤字を生じさせる要因ともなり、電力料金の上昇などエネルギー負担の増大を招いた。

長期では、こうした事態を背景としたエネルギーの効率的かつ安定的な供給確保の要請の高ま

りから、さまざまな制度改革へと踏み出す機運が広がり、そこから電力システム改革、ガス市場の改革、再生可能エネルギーの利用拡大、原発の安全性強化、省エネルギーといった取組みが精力的に手がけられるようになった。とりわけ電力については、2000年代以降に大口から小口へと順次進められてきた小売の改革が、全面自由化という完成形に到達したことが象徴的といえよう（図表1）。

上記のうちの再生可能エネルギーについては、国際的にも2010年代に普及促進の流れが加速した。地球温暖化への懸念が強まるなか、各国で太陽光や風力の活用が政策的にも後押しされ、これらの稼働が勢いづくことにより設置コストも低下して、利用拡大の好循環が形成された。以前より環境保全への意識が高かった欧州諸国に加えて、近年は中国なども再生可能エネルギーの導入に積極的である。こうしたなかでわが国も、固定価格買取制度（FIT）が2012年7月に導入され、太陽光発電投資のブームともいえる現象が生じた。2015年12月に地球温暖化対策の国際的枠組みである「パリ協定」が採択されたこともあり、再生可能エネルギー拡大の潮流は内外ともに継続している。

このようなエネルギーをめぐる大きな環境変化のなかで関連する産業は対応を迫られる一方、新たなビジネスチャンスも生まれている。電力やガスにおける自由化、市場化の動きは、既存のプレイヤーにとっては厳しい一面をもつが、ビジネスモデル転換への契機ともなる。新たに参入するプレイヤーは市場の獲得を目指し、そのことが新商品・新サービスの開発やイノベーションの創出、

図表1　総電力量に対する小売自由化の割合

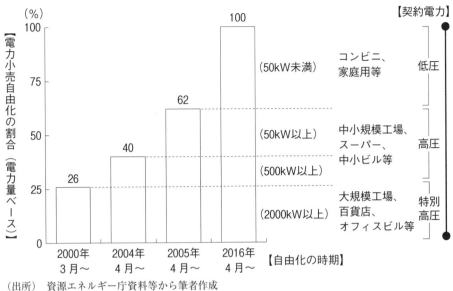

（出所）　資源エネルギー庁資料等から筆者作成

市場の活性化と価格の柔軟化に貢献していくことになる。

停止原発の大半がいまだ再稼働のメド立たず

2011年に発生した東日本大震災に伴う原発事故は、原子力発電の安全性に対する信頼を揺るがす結果となり、震災の直接的な影響を受けた東北地方以外に立地する原発も次々と稼働を停止する事態となった。

このことは、わが国の電源構成にも大きな変容をもたらした。震災前の2010年度にわが国の発電電力量の25.1％を占め、石炭火力、天然ガス火力とともに発電の三本柱の1つとなっていた原子力は、原発の稼働停止により2011年度以降シェアを低下させ、2014年度にはゼロとなった（図表2）。これを補うために発電電力量が増加したのが石炭火力と天然ガス火力で、震災前と比べたシェアは、前者が5％ポイント程度、後者が10％ポイント程度それぞれ拡大した。なお、節電・省エネルギーの取組みもあり、わが国の総発電量はおおむね減少傾向で推移してきている。

このような状況下で上述のように燃料輸入が増大し電力コストが高まったことを受け、政府は火力以外の電源のシェアを高めつつ企業や家庭の負担を引き下げる方向でのエネルギー政策の展開を図ってきた。政府の対応の第一は、原発の安全性を強化して再稼働を可能にする枠組みの整備であり、その基軸を担う機関として2012年9月に原子力規制委員会が設置された。同委員会は、2013年6月に原発の安全性を厳しくチェックする新しい規制基準を定め、その基準に基づいて電力会社から再稼働が申請された原発の審査を行っている。その審査に合格し再稼働にこぎ着けた原発もあるが、現在までのところその数は限られる（7月31日現在で、再稼働は9基、許可済未稼働は6基）。一方で、老朽化した原発の廃炉に向けた環境整備も進められた。

太陽光発電は「卒FIT」段階へ

政府の対応の第二は、再生可能エネルギーの導入促進である。太陽光、風力、地熱、バイオマスなどの再生可能エネルギーは、資源制約への対応、温暖化対策、安全なエネルギー生産といった面から有望であり、その普及促進策として2012年7月にFITが導入された。その効果もあって太陽光発電設備などの設置が加速し、わが国の電源構成における構成比も上昇しつつある（図表2）。

たとえば**太陽光発電**は、FIT導入前の2011年度は0.4％であったが、2017年度には5.2％にまで高

図表2　電源別にみた発電電力量の推移

		2011年度	2012年度	2013年度	2014年度	2015年度	2016年度	2017年度
発電電力量計	電力量（億kWh）	10,902	10,778	10,848	10,587	10,408	10,526	10,602
	前年比（％）	▲5.2	▲1.1	0.6	▲2.4	▲1.7	1.1	0.7
石　炭	電力量（億kWh）	3,058	3,340	3,566	3,537	3,551	3,452	3,464
	構成比（％）	28.0	31.0	32.9	33.4	34.1	32.8	32.7
石油等	電力量（億kWh）	1,583	1,885	1,578	1,175	1,023	1,020	919
	構成比（％）	14.5	17.5	14.5	11.1	9.8	9.7	8.7
天然ガス	電力量（億kWh）	4,113	4,320	4,432	4,549	4,253	4,337	4,193
	構成比（％）	37.7	40.1	40.9	43.0	40.9	41.2	39.5
原子力	電力量（億kWh）	1,018	159	93	0	94	181	329
	構成比（％）	9.3	1.5	0.9	0.0	0.9	1.7	3.1
水　力	電力量（億kWh）	849	765	794	835	871	795	838
	構成比（％）	7.8	7.1	7.3	7.9	8.4	7.6	7.9
太陽光	電力量（億kWh）	48	66	129	230	348	458	551
	構成比（％）	0.4	0.6	1.2	2.2	3.3	4.3	5.2
風　力	電力量（億kWh）	47	48	52	52	56	62	65
	構成比（％）	0.4	0.4	0.5	0.5	0.5	0.6	0.6
地　熱	電力量（億kWh）	27	26	26	26	26	25	25
	構成比（％）	0.2	0.2	0.2	0.3	0.2	0.2	0.2
バイオマス	電力量（億kWh）	159	168	178	182	185	197	219
	構成比（％）	1.5	1.6	1.6	1.7	1.8	1.9	2.1

（出所）　資源エネルギー庁「総合エネルギー統計」から筆者作成

まった（この間に発電電力量は約10倍強に拡大）。また、**風力発電**は同じく2011年度に0.4％であったものが、2017年度に0.6％に上昇した（発電電力量は約4割増）。もっとも、**地熱発電やバイオマス発電**はこの間に大きな伸びは示しておらず、水力をあわせた**再生可能エネルギー**全体のシェアも2017年度で16％程度にとどまっている。

　このようにFITは、とりわけ太陽光発電で目覚ましい効果をあげてきたが、利用者に賦課されるコストの増加や一部の事業者による未稼働案件の発生など、問題点も顕在化してきた。そこで政府は、その後制度の見直しに着手し、買取価格の適正化や入札制度の取入れなどが行われた。たとえば、事業用の太陽光発電の1kWh当りの買取価格は、FIT導入当初の水準と比べて3分の1程度のレベルまで引き下げられてきた。また、安い価格を提示する事業者から順番に買い入れていく入札制度の対象拡大が進められている。こうしたなかで、太陽光発電の伸びは近年鈍化している。

　なお、2009年にスタートした家庭用太陽光発電のFITについては期限が10年となっており、2019年11月から順次買取りが終了する（「卒FIT」と呼ばれる）。大手電力会社や新電力などは、こうした家庭から電力を購入する新契約プランを提示するなどしており、今後の動向が注目される。一方、事業用の太陽光や風力のFITについても、経済産業省は固定価格での買取りを終了させる方向で検討を始めており、2020年に関連法の改正を見込むプロセスが想定されている。その後は、競争入札が主軸となる見通しだ。

　今後の再生可能エネルギーの伸長に向けては、送電網など受入態勢の改善も課題となっている。太陽光は天候により風力は風況により発電量が大きく変動する。このため、電力供給の安定性を保つための調整力が必要になる。また、風力発電の適地は北海道や東北地方に多いが、電力の大消費地は関東地方などであり、地域間の送電容量を大きくする、あるいは既存の系統の巧みな活用を図

る「コネクト&マネージ」の手法を用いるといった対応が求められている。再生可能エネルギーの発電コスト引下げとともに、電力ネットワークにおけるさらなる受入余力の拡充が要点となろう。

2020年電力システム改革のインパクト

電力市場の効率化と活性化そして電力料金の全般的な抑制のための切り札とされたのが、発電・送電・電力小売のネットワークの変革を目指す「電力システム改革」であり、これが政府の第三の対応となっている。政府は2013年4月にそのシナリオをまとめた「電力システムに関する改革方針」を閣議決定し、これに基づいて電気事業法が改正されるなど諸改革が進められている。

もともと電力分野は、その公益性の高さからさまざまな規制が残されてきた。しかし、1990年代頃より規制緩和を進めることにより電力市場の自由度を高め、電力料金の低下を促すことが、企業や家庭の負担を減らし、日本経済の活力向上にもつながるとのとらえ方が広がり始めた。一方で、需要と供給を常に一致させなければならない電力の特性から、自由化を進めても需給のバランス維持に支障をきたさない体制の確保が不可欠であり、これらを満たす細心の改革手法が求められた。

このため自由化は、段階的に進められることに

なった。まず1995年の改革で、発電部門の規制が緩和され、電力を卸売する事業者（Independent Power Producer、IPP）の参入が認められた。次に2000年には、大規模工場などの大口需要者を対象に、電力小売の一部自由化が行われた（図表1）。続いて2003年に策定された改革では、電力小売の自由化範囲の拡大が2004年と2005年に実施され、あわせて卸電力の取引所も創設された。

(1)　3段階で進められる改革

原発事故後の2010年代の電力システム改革は、これらの電力自由化の集大成と位置づけられるもので、①電力ネットワークの広域的運営推進機関の設立、②電力小売への参入の全面自由化、③電力料金規制の撤廃と発電事業・送配電事業の分離という3段階で進められている（図表3）。

①　電力ネットワークの広域的運営推進機関の設立

第1段階として、全国の電力ネットワークの調整を行う機関として、2015年4月に「電力広域的運営推進機関」が設置された。同機関は、電力会社間など地域を越えた電力の融通をより円滑なものとし、災害発生時などの電力需給逼迫への備えを固める。また、全国的な送電インフラの中長期的整備における司令塔の役割を担うほか、新規の発電事業者が送電網に接続する際の受付・審査業務なども手がける。すべての電気事業者は、同機

図表3　電力システム改革の3段階

電力システム改革（2015〜2020年）		
「電力システムに関する改革方針」決定（2013年4月）		
中軸となる改革	実施時期	電気事業法の改正
第1段階　広域的運営推進機関の設立	2015年4月	改正法成立（2013年11月）
第2段階　電力小売への参入全面自由化	2016年4月	改正法成立（2014年6月）
第3段階　電力料金規制の撤廃　発電事業と送配電事業の分離	2020年メド	改正法成立（2015年6月）

（出所）　資源エネルギー庁資料から筆者作成

関の会員となることが義務づけられている。

② 電力小売業への参入が全面解禁

第2段階では、2016年4月に電力小売業への参入（**新電力事業者**）が全面的に自由化された。上述の小売の段階的自由化の最後のステップとなるもので、家庭やコンビニエンスストアなど7.5兆円規模の市場が新たに自由化された。それまで一般家庭は、地域ごとに事業を営む大手電力会社から電力の供給を受けてきたが、自由化により電力を購入する事業者を選べるようになった。価格や特性などを目安に最適なものを買うことができるようになったという点で、いわば電力が他の商品・サービスと同列に並んだといえる。これは消費者にとっても電力を販売する事業者にとっても大きな変化であり、幅広く実感を伴う規制緩和と受け止めてよいであろう。

③ 発電事業と送配電事業の分離

そして、2020年の実施が予定されている第3段階では、電力料金規制が撤廃されるとともに、現在は一体化されている発電事業と送配電事業が別会社化などにより分離される。これは、発電や電力小売を行う事業者が送配電網を使う際の中立性を高めるための手当であり、再生可能エネルギーの発電事業者や家庭などへの電力小売を行う事業者の参入を促すための有力な手段になるものと見込まれている。

(2) 地域・業種の壁を越えた参入相次ぐ

これら一連の改革には、幅広い効果が期待されている。第一は、他地域や他業種からの参入である。実際に、地域独占的に事業を行ってきた大手電力会社が、従来のエリアを越えた電力供給に踏み出す動きが出てきている。また、家電メーカーやガス会社、通信事業者などさまざまな事業主体が電力市場に進出してきており、自由化がビジネスチャンスを提供している。第二は、利用者にとっての選択肢の多様化である。時間帯別可変電気料金など柔軟なサービスが提供されることにより、夏季のピーク需要抑制効果も想定される。また、電力とガス、電力と通信といった組合せによるセット販売など、多彩なサービスが提供されるようになった。第三は、参入によってプレイヤーの数が増え、ユーザーによる選別が繰り返されることで市場が活性化することである。効率的な事業運営が促されることで電気料金の上昇が抑えられ、あるいは低下していくことが期待されよう。

(3) 電力の安定供給を維持しつつ市場を効率化

一方で、今後の改革には懸念材料も指摘されている。たとえば、これまで発電・送配電一貫体制により維持されてきた電力の安定供給が、事業分離後も損なわれないかどうか。発電・送配電・小売の事業者間における円滑な協調が担保される環境づくりや電力取引市場のいっそうの整備などが欠かせない。中長期の電力供給能力の確保も課題とされ、発電や送配電への適正な投資が継続されるよう、電力広域的運営推進機関が司令塔機能を果たしつつ、事業者の投資回収や資金調達に支障を生じさせない枠組みを整えていくことが大切である。

また、制度が見直されても、実際に多くの参入者を得られないとサービスの多様化や市場の効率化は進まない。これまでのところさまざまな企業が電力小売業に加わりつつあるが、一足先に自由化を進めた欧州では事業者間の再編淘汰もあって再び寡占化している国もあることから、数多くの事業者が競い合う環境を維持できるかが焦点となりそうだ。また、地方では電力の売り手が限られることも懸念されている。電力は薄利のビジネスともいわれており、今後の企業の動向が注目される。

電力価格も、改革によって必然的に下がるとまではいえない。グローバルな資源価格の影響は避けられず、残されている料金規制が今後緩められていけば、価格は下がりやすくも上がりやすくもなる。また、自前の発電能力をもたない小売業者もあることから、電力供給の安定性をいかに確保していくかも課題といえる。業者間で取引する電力の卸売市場のいっそうの拡大が望まれるところだ。

(4) 電力市場のシェアの変化

ここで、電力小売自由化後の市場の状況をみておきたい。2016年4月以降、さまざまな事業者が電力小売に進出してきている。**ガス事業者**や**通信事業者、家電販売業者、鉄道事業者**など異業種から参入しているほか、既存の大手電力会社も地域

図表4　電力小売の自由化と新電力のシェアの推移

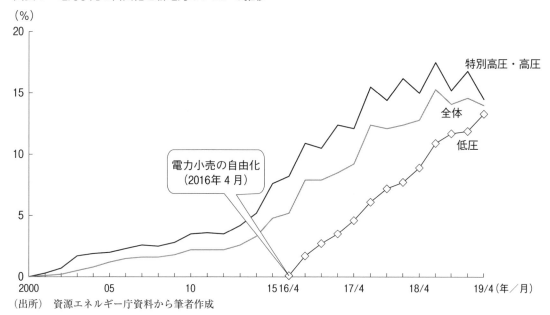

（出所）　資源エネルギー庁資料から筆者作成

を越えての電力販売に乗り出した。また、事業者から多彩な価格プランが示されており、異業種からの参入組によるセット販売やポイントサービスなども行われている。

　データを確認すると、参入した**新電力事業者**のシェアは一般家庭などの低圧で2016年4月以降上昇傾向が続いており、2019年4月には13.3％となっている（図表4）。先行して自由化されてきた特別高圧・高圧も同時期にシェアの拡大速度が上がっており、低圧を含めた小売全体における新電力のシェアは2019年4月で14.0％に達した。電力小売の契約を新電力に変更するスイッチングの比率も、自由化から2年半を経た2018年9月で20％程度にまで到達している。特に、東京圏や関西圏、中部圏といった大都市部でスイッチング率が高めとなっている（22％台〜29％）。

（5）　ガス市場改革

　一方、電力システム改革と並走するかたちでガス市場の改革も進められている。2017年4月には、都市ガス市場の小売が全面自由化された。都市ガスを使う一般家庭は、従来は地域ごとに特定の事業者からガスの供給を受けてきたが、これにより購入先を選ぶことができるようになった。都市ガス市場の自由化も、1995年以降大口から小口へと段階的に進められてきたが、一般家庭を含む今回の規制緩和は一連の改革の仕上げとなるものだ。電力小売自由化では、多彩な価格や割引のプラン、他の商品とのセット販売、ポイントの付与といったサービスが提供されるようになったが、ガスの小売自由化においても同様の動きが現れてきている。他地域や異業種からの参入が増えてガス市場が競争的になれば、今後価格の低下なども見込めよう。

　ガス市場の改革についても効果を確認すると、2017年4月の自由化から2年を経た2019年3月末時点で、契約先を変更するスイッチングの申込件数は210.1万件となっている（図表5）。電力と同様に、ガスでも関東と関西でスイッチングが多い。ガスの販売量に占める新規小売の割合は2019年3月に6.2％で、自由化から2年後の電力（9％程度）よりは低い水準にある。電力と比べてガスは調達が容易ではないことが大きな要因になっているとみられるが、今後のシェアの上昇に期待したい。

　なお、ガス市場の改革では、この後2022年に大手**ガス会社**のガス導管部門の分離が行われる方向である。送配電の分離と同様に、導管部門の中立性を確保する手立てとなる。

図表5　ガス小売自由化から2年間の状況

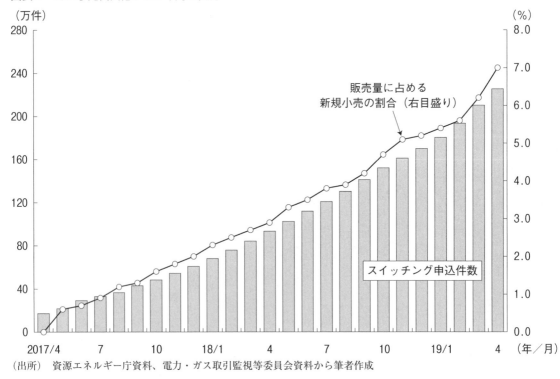

販売量に占める
新規小売の割合（右目盛り）

スイッチング申込件数

（万件）

280

240

200

160

120

80

40

0

（%）

8.0

7.0

6.0

5.0

4.0

3.0

2.0

1.0

0.0

2017/4　　　7　　　　10　　　18/1　　　4　　　　7　　　　10　　　19/1　　　4　　（年／月）

（出所）　資源エネルギー庁資料、電力・ガス取引監視等委員会資料から筆者作成

第5次エネルギー基本計画のねらい

　政府は、新たな「エネルギー基本計画」を2018年7月3日に閣議決定した。エネルギー基本計画は、わが国の中長期的なエネルギー政策の基本方針を示すもので、2002年に成立したエネルギー政策基本法に基づきほぼ3〜4年おきに更新が行われている。最初の計画が2003年10月に決定された後、2007年3月、2010年6月、2014年4月に改定され、今回が第5次の計画である。

　新計画において、原子力は引き続き「重要なベースロード電源」とされた（ベースロード電源は、昼夜を問わず出力がほぼ一定で、発電コストが相対的に低い電源を指す）。そのうえで、原子力規制委員会による安全性の審査で適合と判断された原発については、再稼働を進める方針が示されている。一方で、省エネルギーの促進や再生可能エネルギーの普及拡大により、中長期的には原子力への依存度を引き下げていく方向だ。一方、再生可能エネルギーについては、「主力電源」としていく姿勢が打ち出された。そのために、低コスト

化や送電網における容量制約の緩和、調整力の確保などを講じていくことになる。

(1)　石炭・天然ガス火力、原子力、再生可能エネルギーのベストミックスを目指す

　これらをふまえたエネルギーミックス（電源構成）の将来像は、2030年度において石炭火力、天然ガス火力、原子力、再生可能エネルギーがいずれも20％台となっている（図表6）。これを2016年度時点と比べると、**再生可能エネルギー**の普及促進を図るとともに、原発の再稼働などにより**原子力発電**の発電量を増やしていくというイメージになる。原発の利用については国民の間でも見方が分かれていることもあり、この将来像の実現には不確実性も伴うが、エネルギー関連ビジネスにおいては念頭に置いておくべきビジョンとなろう。

(2)　テクノロジーが市場化を促す

　今後のエネルギー分野においては、テクノロジー発展の果実を取り入れた、技術革新と市場化をベースとするビジネスの広がりが予想される。

図表6　第5次エネルギー基本計画における電源構成の将来像

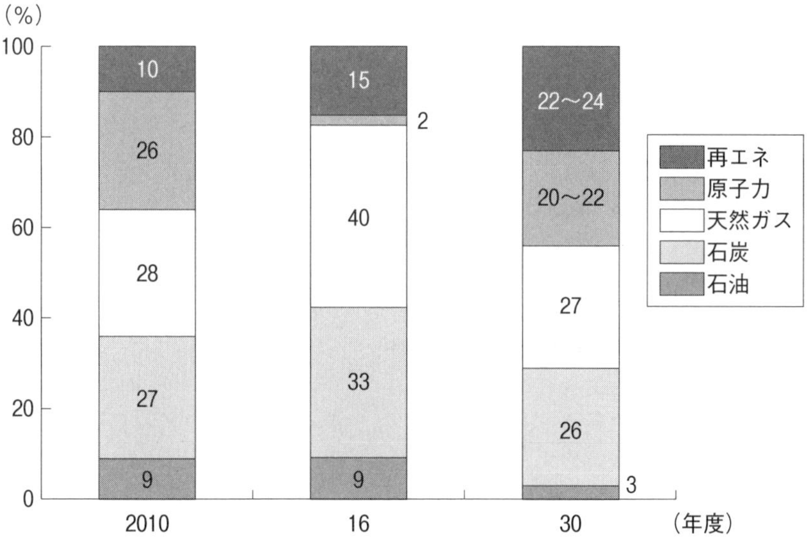

（出所）「第5次エネルギー基本計画」（2018年7月3日閣議決定）等から筆者作成

たとえば、再生可能エネルギーの拡大に伴い、電力需給の調整に役立てる蓄電池のニーズがいっそう高まることが見込まれる。蓄電技術の高度化も、当然求められることになろう。電力需給については、供給サイドのコントロールのみならず、夏場のピーク時などに需要サイドを動かす対応も定着していきそうだ。「デマンドレスポンス」（DR）は、電気料金などにインセンティブを組み込み、需要側が電力使用を抑えるものだ。近年は、盛夏や厳冬の電力需要増大時に、企業などが節電を行って電力会社から対価を得る「ネガワット取引」も行われるようになった。先行き利用が拡大していく可能性があり、取引を仲介するアグリゲーターの事業機会も広がりそうだ。また、需給予測の高度化に向けて、AI（人工知能）やIoT（モノのインターネット）の利用も積極化していくことが考えられる。エネルギーの効率的利用ということでは、**スマートグリッド技術**を活用して低炭素のまちづくりを目指す「スマートシティ」の試みなども注目される。

電力分野への新規参入が増えるなかで、卸電力市場の重みがさらに増していくことも間違いない。流動性の向上や価格指標性の充実などを図るとともに、大手電力会社が社内取引の一部を卸電力市場に放出する「グロスビディング」の拡大が検討されている。さらに、電力先物の取引、再生

可能エネルギー利用にも連関する非化石価値の取引など、電力をめぐる多様な市場化の動きが進行し、ビジネスの機会を提供することになる。

一方で、原子力規制委員会が定めた原発の規制基準のもとで、老朽化などにより今後廃炉となる原子炉が増えていくことが見通される。廃炉や除染にかかわる事業もまた、関連技術の確立とあわせて重要性を高めていくことになるはずである。

(3)　エネルギーをめぐる市場改革と安定供給

電力システム改革とガス市場改革を経て、今後は電力とガスの市場が半ば融合されるかたちで総合的なエネルギー市場が形成されていくことが見込まれる。省エネルギーの推進や再生可能エネルギーの活用も求められているし、消費者や企業はできるだけ低価格でのエネルギー供給を望んでいる。そして、これらを満たすための技術やビジネスの革新は、新たな需要の獲得を通じて経済活力の向上にも資するであろう。

他方で、改革が進められるなかでもエネルギーの安定供給が損なわれることがあってはならない。2018年9月6日に発生した北海道胆振東部地震では、震源に近かった道内主力の火力発電所が損傷したことから電力の需給バランスが崩れ、一時道内全域が停電に陥る「ブラックアウト」が発生した。復旧を急いだことで深刻な事態の長期化

は避けられたものの、電力の安定供給とそのための体制確保の重要性が再認識されることとなった。

イラン情勢が自由化市場の新たなリスク要因に

　また、発電やガソリンなどに用いる原油を海外、なかでも中東地域に大きく依存しているわが国は、エネルギー安全保障にも無関心ではいられない。とりわけ産油国がひしめく中東地域は、各国間で政治的、経済的、宗教的対立が錯綜する状況にあり、しばしば原油価格の高騰を引き起こしてきた。近年はイラン情勢が緊迫化するなど、この地域の地政学的リスクが高まっており、タンカーの航行の安全なども含めエネルギーの安定供給を確保するための関係各国の取組みが課題となっている。一方、米中貿易摩擦の深刻化などもあり、目覚ましい発展を続けてきた中国経済の成長鈍化が明らかになってきた。資源・エネルギーの一大需要国である中国の経済減速は、世界のエネルギー価格にも影響を及ぼす。このように、エネルギー市場を不安定化させる国際的要因に事欠かないなか、自由化によって電力等の価格の上げ下げがより柔軟なものとなってきている日本において、エネルギー供給にかかわる官民のリスク対応も重要性を増しているといえよう。

　エネルギーは、国民の生活や企業の事業活動に不可欠のものである。それゆえ、安定供給・経済性・環境性・安全性（いわゆるエネルギーの「3E＋S」）が適正に充足されるよう供給することが目指されなければならない。いずれにしても、推進中の電力システム改革を軸に、エネルギーの頑健かつ無駄のない供給体制、効率的で活力ある市場を整備しつつ、今後も国民や事業者によりよいエネルギー利用環境を構築していくことが望まれよう。

Part 3

注目ビジネスは
これだ

ヒトの移動にとどまらない社会インフラの重要なデバイス

株式会社ナカニシ自動車産業リサーチ
代表アナリスト、パートナー

中西　孝樹

第4次産業革命のなかの自動車産業

(1)　100年に一度の大変革

①　「CASE」とはT型フォードの再来

　ガソリン自動車の発明は人類の移動を大変革し、自由で廉価な移動の喜びを提供した。この大変革の契機となったのが、100年ほど前に登場した、大衆消費者の手が届く量産技術を確立したT型フォードであった。米国で1,500万頭の馬の動力で走っていた馬車は、瞬く間に1,500万台以上の新車に置き換えられてしまった。

　これと同じような100年に一度のパラダイムチェンジを、自動車産業は迎えている。それは、「コネクティッド」「自動化」「シェア＆サービス」「電動化」、いわゆる「CASE」と呼ばれる技術革新だ。

②　CASE（ケース）がもたらす3つの変革

　CASEの概念とは、平たくいえばクルマ軸で考えた第4次産業革命下の自動車の価値変化を整理したものだ。その変革は大きく3つある。

　第一に、個人が車両を保有することを前提とし、自ら運転することで得られた移動の価値は、サービスを利用することで得られる移動、いわゆる「サービスによる移動（Mobility as a Service、MaaS）」へ移行する。

　第二に、移動に占めるMaaSの構成比が上昇することで、産業構造の水平分業化が進捗し、産業の付加価値は川上と川下に移行するスマイルカーブ化が進むことだ。

　第三に、自動車産業の競争力の源泉が変わり、台数規模の拡大からデータの支配力に移行する。IoT化が進むことで、ハードウエアからソフトウエアへ付加価値がシフトする。伝統的なモノづくりの力に加え、サイバー空間におけるデジタルや人工知能（AI）の能力の両面を有することが、これからの製造業に必須となっていくのである。

(2)　MaaS（マース）の定義とスマートモビリティ

①　狭義のMaaS（マルチモーダルMaaS）

　それでは、はやりの「MaaS」とはどう定義すべきで、CASEとの関連性とは何かの整理が必要だ。狭義のMaaSとは基本的にマルチモーダルMaaSを指し、移動の需要者と供給者の間をつなぎ、交通モードを統合し、移動のサービスを提供する。1つのアプリケーションで、検索、予約、決済を一貫して提供し、それもサブスクリプション方式（利用に応じて規定料金を支払う）で受けられる。フィンランドのMaaS Global社が展開する「Whim」が代表的だ。

　マルチモーダルMaaSは多大な可能性が秘められている。バラバラの交通モードのデータをオープンAPI（データ連携を可能にする仕組み）にするには、地域社会と政策の連携が不可欠となる。移動モードの単なる統合にとどまらず、地域・社会の政策と目標まで統合を可能とする。その結果、都市での車の占有率を削減し、道路や駐車場を人間中心に置き換える、都市再設計を視野に入れた超スマート社会を構築するための次世代の移動システムへ発展する基盤となる。

②　広義のMaaS

　それでは、経済産業省や自動車産業がいう

図表1　CASEとMaaSの関連性

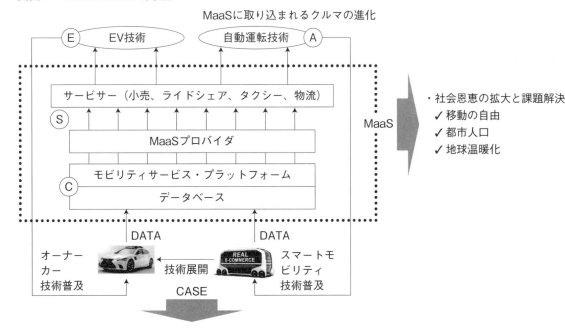

・クルマの価値の変化　　　　　：「保有」→「利用」
・産業構造・レイヤーの大変革：プロフィットプールの変化と水平分業
・競争力の源泉の変化　　　　：「台数規模」→「データ」

（出所）　筆者作成

MaaSは何か。これは広義のMaaSを意味しており、IoTやAIを活用しスマートにヒト・モノ・コトを移動させる新しいモビリティサービスの全体を網羅している。Uberのような**カーシェアサービス**、**相乗りタクシー**、「e-Palette」のような多機能自動運転MaaS車、マイクロモビリティなどが含まれる。

さらに、ヒトの移動にとどまらず、モノ・コトが含まれ、貨客混載、ラストマイル配送無人化もこのスコープに入る。移動サービス単独に加え、さまざまな非移動サービスを連携させたエコシステムづくりも広義のMaaSの一環となる。

本稿が取り組む「スマートモビリティ」とは、広義のMaaSを支える新しい移動サービス全体を包括する概念と定義づける。CASEとMaaSがクロスすることで、社会課題の解決を実現できる、社会インフラの重要なデバイスが「スマートモビリティ」である（図表1）。

社会課題の解決と
国際競争力を目指す政策へ

（1）　2つの大きな社会課題の解決にはモビリティの再定義が不可欠

都市人口の増大、地球温暖化という2つの重大な社会課題にわれわれは直面している。移動（モビリティ）を再定義することは、課題解決の重要な要素となっている。そこには、自動運転と電動化を含めたCASEの技術と、移動と都市空間を再設計するMaaSの両面のアプローチが不可欠となる。

（2）　日本版MaaS

日本の場合は、世界に先駆けた少子高齢化、過疎化が進むことが予想されている。2次交通の担い手の不足を補い、公共交通機関の利用シェアの増加と免許を返納する交通移動弱者に移動の自由を確保することが求められている。

したがって、国土交通省が示した「日本版MaaS（仮称JapanMaaS）」では、都市にとどまらず地方に力点を置くところが特徴的である。ここで確立する新しいMaaSは、世界に向けて輸出できる日本の新しい国際競争力となりうるだろう。経済産業省もJapanMaaSと連携した「スマートモビリティチャレンジ」を立ち上げ、官民で情報の共有化を支援する。

（3） トヨタ、東日本旅客鉄道（以下、JR東日本）の民間の取り組み

ソフトバンクとトヨタは「モネ・テクノロジーズ」を設立し、MaaSプラットフォーム確立を目指している。約300社のサービサーがMONETコンソーシアムに参画し、それぞれの事業においてサービサーのニーズに応じた車両企画を検討している。

足元は既存車両を活用した乗合いのオンデマンドバス、移動オフィス、移動診療所、移動コンビニなどを先行事業化する。2023年以降は、自動化レベル4（注）で運行が可能な自動運転MaaS車両「e-Palette」の運用に移行していく考えだ。

モネの特徴は国内の主力完成車メーカーの車両データ、ソフトバンクの人口動態データを1つのデータプラットフォームに標準化して集約し、AIを用いて分析を可能とするところだ。インターネットでGoogleやAppleが築いたプラットフォームを、MaaSのなかに構築しようとするソフトバンクとトヨタのねらいが歴然としている。

JR東日本は「モビリティ変革コンソーシアム」を主催し、120以上のサービサーがさまざまな業種から集結している。「Suica」と連携したスマートフォンアプリ「Ringo Pass」を使って**タクシー、シェアサイクル**の交通モードをシームレスで利用するアプリを実証中だ。JR東日本はSuicaの共通基盤を中核においた、交通モードを統合する「モビリティ・リンケージ・プラットフォーム」の構築を目指している。ワンストップのライフサポートと決済機能を取り込むことが重要なねらいだ。

2025年に予想される「スマートモビリティ」の世界

（1） 巨額なTAMも普及拡大には時間が必要

2018年のグローバル車両移動距離（VMT）合計は16兆kmと推計される。そのうち、1トリップ30km以下がスマートモビリティの実現可能な市場規模の最大値（Total Addressable Market、TAM）と考えれば、2018年に約11兆kmの対象VMTがあったと試算される。約420兆円が世界のスマートモビリティのTAMと試算される。

規模が大きい市場は北米と欧州の2地域となるが、日本国内でも20兆円と大きな市場だ。モノの移動や非移動領域の周辺サービスと合算すれば、さらに膨大なTAMが存在していることになる。

ただ、2025年までは助走の段階にとどまり、実証実験レベルや限定的な社会実装にとどまることに留意したい。特に、後述する自動運転MaaS車両においては、2025年までは社会実装の頭出し段階にすぎず、2030年に向けても緩やかな成長にとどまる。本格普及は2030年以降となるだろう。

（2） スマートモビリティ車両（図表3）

① スマートモビリティ車両

超スマート社会のデバイスとなるスマートモビリティがかかわる領域は非常に広範にわたる。マイクロモビリティのe-Scooterから国内向け1人乗りEV（電気自動車）、ロボタクシーから多機能なユースケースを実現できる自動運転MaaS車両があれば、空域も含めれば2023年頃には空飛ぶタクシー「Uber AIR」も社会実装が期待されている。本稿の時間軸である2025年では、自動運転MaaS車両、高齢化社会の到来に向けて国内向けに開発が進むEVマイクロモビリティやグリーンスローモビリティに注目が高い。

② 自動運転MaaS車両

ライドシェア（自動車シェアリング）はEVや自動運転技術と結びつき、近い将来に自動運転MaaS車両へ進化し、大きなスマートモビリティ市場を生み出すといわれている。2020年を境にサービスが開始され、既存車両に自動運転キット（ADK）を天井に装着した姿で始まり、2023年頃

図表2　ロボタクシー事業の稼働率別1マイル当り営業利益とコスト構成比

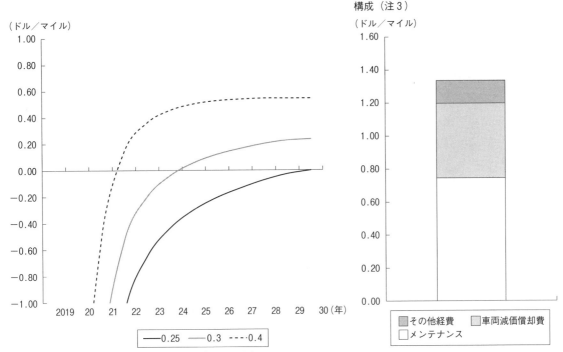

ロボタクシー事業の1マイル当り営業利益（注1、注2）

ロボタクシー事業の1マイル当り営業費用の構成（注3）

（注1）　稼働台数は2025年17.2万台、2030年168.1万台。
（注2）　売上単価は1マイル＝2.5ドルが年率5％の低下、車両コストは2019年25万ドルが年率10％で低下、ライフ5年、残価ゼロを前提。
（注3）　ロボタクシー事業の収益モデルの稼働率40％のケースに基づく。
（出所）　筆者作成

には「e-Palette」のようにMaaS専用車両として開発され、ヒト、モノ、コトの移動へ多機能的に対応できる第2世代車への進化が計画されている。

　レベル4以上の自動運転MaaS車両はいまだ発展途上の技術であるため、ビジネスモデルやその収益性を予測することは困難である。制約は多いが、米国のUberや中国の滴滴出行が行うライドシェア事業と自動運転技術が結びついたロボタクシー事業の収益モデルを図表2に示した。

　稼働率を高めることは非常に重要な要素である。時間稼働率が25％では黒字化のメドが立たず、30％では投下資金回収もおぼつかないが、40％に達すると一転高収益化が望める。また、ロボタクシー事業の費用60％近くがメンテナンス費用になると試算しており、初期コストや製品寿命に加え、効率的なメンテナンスシステムの確立が事業者の競争領域となっていることがうかがえ

る。

③　マイクロモビリティの重要性

　欧米では電動スクーター（e-Scooter）が都市部を中心に爆発的な拡大を遂げている。サービスプロバイダのLimeやBirdといったベンチャーが瞬く間にユニコーン化した。日本では道路運送車両法上の原動機付自転車に該当するため、一般道の運用は限定的にとどまる公算である。

　国内では、少子高齢化を受けた免許を返納する交通移動弱者や2次交通の担い手不足に対するソリューションがより優先順位の高い課題だ。そこに向けて、2020年から2人乗り以下の「超小型モビリティ」の普及期が始まる公算である。

　トヨタは2020年に日常の近距離移動に適した2人乗り超小型EV、施設での利用に適した1人乗りの立ち乗りタイプのEVを発売予定だ。2021年には座り乗りタイプ、車椅子連結タイプも発売する予定である。都市部や観光地のファースト／ラ

図表3　スマートモビリティ車両の比較

カテゴリー	自動運転MaaS車両	自動運転MaaS車両	自動運転MaaS車両	自動運転MaaS車両	自動運転MaaS車両	自動運転MaaS車両
OEM	トヨタ自動車	トヨタ自動車	GM/Cruise	GM/Cruise/本田技研	ボッシュ	NAVYA/Valeo
モデル名	e-Palette	MaaS Sienna	Cruise AV	Purposed AV	Shuttle Mobility	ARMA SHUTTLE
車両						
自動運転世代	第2世代	第1世代	第1世代	第2世代	第2世代	第1世代
導入時期	2022年	2021年	2019年	未定	未定	2015年
用途	多目的輸送	ライドシェア	ライドシェア	多目的輸送	ライドシェア	ライドシェア
人（人数）・貨物	人・貨物	4人	4人	人・貨物	4人	人
車両サイズ	L4,800×W2,000×H2,250mm	L5,095×W1,983×H1,795mm	L4,166×W1,765×H1,595mm	中型	N/A	L4,810×W2,110×H2,650mm
プラットフォーム	新開発	K-Platform	Gamma 2 platform	新開発	新開発	N/A
都市／郊外	都市	都市／郊外	都市	都市	都市	都市
移動距離	短距離	中長距離	短中距離	短距離	短距離	短中距離
動力源	EV	HEV	EV	EV	EV	EV
特徴	多機能性を重視した自動運転MaaS車両。移動から個人オフィス、商店などとのさまざまな機能に対応する	Uberとの共同開発車。シエナをベースとするハイブリッドを動力源とする。UberのADKとトヨタのADAS（ガーディアン）を組み合わせる	2019年から営業開始予定の無人ライドヘイリング向けMaaS車両。EVのBoltベースで、ハンドル、ペダルがない	ホンダ、GM、GMクルーズの3社が共同開発中。2022年にも量産化の可能性。人と物流の双方移動を実現する多機能性が特徴	車両コンセプト画像があがっているまでの状態。Bosch社によるモビリティサービス環境構築計画の核としてShuttle Mobilityを発表	2015年より世界20カ国で導入実績がある。GPSセンサーなどで位置情報を確認し、常時車両状況等をマネジメントし、サポートする体制がとられている

カテゴリー	グリーンスローモビリティ	超小型EV	超小型EV	超小型EV	歩行領域EV	歩行領域EV
OEM	ヤマハ発動機	トヨタ自動車	トヨタ自動車	本田技研工業	トヨタ自動車	トヨタ自動車
モデル名	YG-ML	未定	i-ROADコンセプト	バッテリーパック搭載コンセプト	未定	未定
車両						
自動運転世代	電磁誘導自動走行	N/A	N/A	N/A	N/A	N/A
導入時期	実証実験	2020年	未定	未定	2020年	2021年
用途	ライドシェア	個人保有	カーシェア	個人保有	保有/シェア	保有/シェア
人（人数）・貨物	4～6人	2人	1～2人	1～2人	1人	1人
車両サイズ	N/A	L2,500×W1,300×H1,500mm	L2,345×W870×H1,455mm	N/A	L700×W450×H1,200mm	L1,180×W630×H1,090mm
プラットフォーム	ゴルフカート	新開発	新開発	新開発	新開発	新開発
都市/郊外	郊外/過疎地	都市/郊外/過疎地	都市/観光地	都市/郊外/過疎地	施設内	都市/郊外
移動距離	短距離	短距離	短距離	短距離	短距離	短距離
動力源	EV	EV	EV	EV	EV	EV
特徴	速度は自動走行時で12km/h未満、手動時は20km/h未満で走行	買い物などの日常の近距離移動を担う。軽自動車と同等な安全性能を有し、最高速度は60km。EV走行100km	2017年東京モーターショーに展示したコンセプトモデル。標準電池パックを搭載。市場投入が検討されている	1kWhの標準バッテリーパックを左右合計4個搭載。市販計画は未定	2020年に市販モデルを上市の予定。空港/工場などの巡回、大規模施設などの移動	荷物が多いときの移動、歩行に支障がある人の移動

（出所）　各社資料をもとに筆者作成

13　スマートモビリティ

ストマイルに適した二輪車サイズの1〜2人乗りEVも市場導入を検討する。

2030年を見据えれば一般的な乗用車へ一定レベルのEV化が進む公算である。しかし2025年時点では、軽自動車より小型規格となる「超小型モビリティ」のEV普及が先行することになりそうだ。リース販売、周辺サービスとの連携、**中古車販売、電池リユース、電池リサイクル**のバリューチェーンをフルに生かしていくことも、このビジネスを整理させるポイントだ。

④ グリーンスローモビリティ

国土交通省は、実証実験を重ねてきたグリーンスローモビリティの社会実装の拡大を目指す。グリーンスローモビリティはEVが前提で、時速20km未満で公道を走ることが可能な4人乗り以上のモビリティである。地域が抱える交通課題に対処しつつ、低炭素型交通の確立を目指す。

グリーンスローモビリティにはゴルフカートをベースに置く4〜7人乗り、電動低速バスをベースに置いた10人乗り、16人乗りの3タイプがある。このなかで、ゴルフカート・グリーンスローモビリティには磁気マーカーに沿って移動する自動走行機能がある。

産業への影響

(1) 2030年の市場普及見通しと付加価値の変化

2030年の時点で日本、米国、欧州、中国の主要4地域の新車市場合計でのCASE普及率は、コネクティッドが100%、レベル4以上の自動運転車が6%、車両移動距離に占めるMaaS比率は24%、EVの比率は8%と予想する。2030年時点でこの比率であることは、2025年ではCASEによる変化は非常に低い水準にとどまるだろう。

自動運転技術の確立のタイミング次第で、それぞれの普及率は変動する。現時点では想定よりも自動運転の実現は遅れる見通しが濃厚だ。全体的なCASE普及は遅れる公算が高い。大切なことはCASE普及率をピンポイントで予測することではなく、バリューチェーンのなかで付加価値の源泉が大きく変わることを理解し、変革に適応する必要な能力と競争力を確立させることにある。

冒頭で記したとおり、付加価値はスマイルカーブ化が進む公算だ。クルマの製造・組立て・販売という川中の事業が付加価値を減らし、素材や部品の川下、メンテナンスやサービスの川上へ付加価値が大きく移行する。

大きな注目としては、ネットワークに接続される車両数は10億台に迫ると試算され、大規模ネットワークを構築し巨大なデジタル市場とサービスを提供するプラットフォーマーが生まれてくることだ。車両情報、交通情報がビッグデータ化され、AIで分析され、さまざまなモビリティサービスが生み出されていく見通しである。デジタル化に対応できる能力やMaaSビジネスモデルの構築は必要不可欠な能力となる。

(2) 自動車メーカーの戦略的な方向性

自動車メーカーには3つの大きな戦略的な方向性がある。第一に、伝統的な製造・販売の付加価値減少を補う、MaaSで儲かるモノづくりの確立が必要だ。第二に、自身のモビリティ・プラットフォームを確立し、MaaSの成長を収益源とするコネクティッド・サービスの仕組みの確立が必要だ。第三に、自らがサービサーとして収益を生み出す選択肢もある。

MaaSでは、サービス・プラットフォームがサービサーと顧客の間に介在する。IT会社やモビリティサービスプロバイダが築いていくプラットフォームに対等に抗い、協調できる防波堤が自動車メーカーにも必要である。さもなければ、顧客接点を失った自動車メーカーは、IT会社が支配するエコシステムの従属者へ転落するリスクがある。

モビリティサービス・プラットフォームの基盤構築には開発投資、設備投資へ巨大な資金力が必要だ。対応できる自動車メーカーは世界で5〜6社に限られると考えられる。それ以外のメーカーは、プラットフォームを構築できる自動車メーカーと連携するか、IT会社のプラットフォームとの連携をとっていく必要に迫られるだろう。

(3) 構造的変化に見舞われるディーラー

カーディーラーは多大な構造変化に見舞われる公算だ。保有を前提とする自動車ビジネスでは、顧客接点を牛耳るディーラーの役割は非常に重要

であり、高い収益性も担保されてきた。MaaSが拡大することで、ディーラーの役割はサービス・プラットフォームに奪われ、顧客接点は減少し、オンラインでの販売やサービス活動が侵入し、BtoCからBtoBのビジネスの構成比が大きく拡大する。保有車両に対するサービスやメンテナンスのリアルな顧客接点を提供できる体制を強化しつつ、MaaSで儲ける収益基盤の転換が急務である。

⑷　広大なスマートモビリティのバリューチェーン

スマートモビリティが変革するビジネスには、①MaaS車両生産・販売、②移動サービス関連、③車内利用サービス関連、④インフラと周辺関連事業の大きく4つの領域に整理される（図表4）。

①　MaaS車両生産・販売

AI、半導体、LiDAR、アルゴリズムなどCASEにかかわる高度コンポーネンツ開発製造を担う事業は有望である。ADS開発事業では、自動車メーカーやデンソーなどのティア1サプライヤー、IntelやNVIDIAなどの自動運転キットの重要コンポーネンツを提供するティア2に好機がある。MaaS車両・事業の企画開発事業ではモネのような事業体にチャンスがある。MaaS専用車両の生産・販売では、新しい架装車体メーカーが誕生するだろう。

図表4　スマートモビリティによるバリューチェーンの拡大

領域	段階		項目	内容
MaaS車両生産	開発	①	高度コンポーネンツ開発製造	CASEにかかわるキーテクノロジー、コンポーネンツの開発。AI、半導体、LiDAR、レーザー、アルゴリズム
		②	ADS開発	ADSシステム開発
		③	MaaS車両・事業の企画開発	MaaS事業開発、ユースケースに最適化されたMaaS専用車両の企画、開発
	生産	④	MaaS車両製造	MaaS専用車両の生産・販売
移動サービス	アセット	①	アセット保有・リスク管理	MaaS車両保有、資金調達・リスク管理
	メンテナンス	②	メンテナンス事業	車両の点検・補修管理、車両運行センター管理、監視・事故対応、中古車管理、トータルフリートマネジメント
	プラットフォーム	③	プロバイダ	サービス・プラットフォームとして、AIを駆使して需給マッチング、価格提案、決済管理、顧客情報を管理。アグリゲーター（統合）も台頭
	サービサー	④	サービサー	サービスの供給者となり、ローカルに最適化されたさまざまな移動ニーズに向けたサービスを提供、運営する
車内利用サービス	カーライフ・サポート	①	移動コンテンツサービス	移動中のMaaS車両に向けた移動にかかわるコンテンツ（ホテル、医療、会議、食事、トイレなどのコンテンツを提供）の提供
		②	マルチメディアサービス	エンターテインメント、e-Commerce、各種のクラウドサービス提供
		③	バリューチェーン	保険、メンテナンス、ファイナンスなどバリューチェーンサービスの提供
		④	利用サポート	スマートキー、高度なセキュリティ、決済などの乗員が安心に利用できるサービスを支援する
周辺インフラ		①	モビリティインフラ	充電インフラ、V2X通信インフラ、駐車インフラなどのMaaSモビリティを支えるインフラ事業
		②	周辺リアル事業	MaaSと連携し、データを共有したさまざまな非移動サービスの提供

（出所）　筆者作成

② 移動サービス関連

アセット保有・リスク管理事業、メンテナンス事業、プロバイダ事業、サービサーの4つのビジネスモデルが成立する。MaaSプロバイダにとってバリューチェーンを支配する多大な好機があることはすでに説明したとおり。MaaS車両資産保有とメンテナンスを提供する新事業体が生まれていくだろう。

③ 車内利用サービス関連

サービス中のMaaS車両に向けた移動と連携する周辺サービス（ホテル、医療、会議、食事、トイレなど）やコンテンツ（e-Commerce、クラウドサービス）の成長が期待される。スマートキー、高度なセキュリティ、決済などの不特定多数の乗員が安心に利用できる、MaaSサービスの支援事業も拡大が見込める。

④ インフラと周辺関連事業

充電インフラ、駐車インフラなどのMaaSモビリティを支えるインフラ事業、MaaSと連携し、データを共有したさまざまな非移動サービスの提供の成長が望める。**駐車場ビジネス、外食産業、各種サービス産業、旅行業、ホテル、医療**や住宅へ効果が波及するだろう。

（注）　限定的な条件下でシステムが常時操作する自動運転車。

東京オリンピックを前に鈍化の傾向がみられるが、ナイトタイムエコノミーやIRが観光立国の立役者となるか

NTTデータ経営研究所
エグゼクティブコンサルタント
小田島 労

インバウンド旅行者数は引き続き拡大基調

少子高齢化に直面する日本において、数少ない成長市場の一つであるインバウンド市場であるが、本年までの動向はどのようなものとなっているであろうか。最新のデータを用いて概観していくこととする。

まず、訪日外国人旅行者数の推移をみると、ビジット・ジャパン・キャンペーンの始まった2004年から昨年2018年まで14年間の年平均伸率（CAGR）は12.3％であった。特に、東日本大震災（2011年）による旅行者数の落ち込みから回復を遂げた年である2013年の1,036万人から2018年の3,119万人まで、5年間で規模は約3倍に拡大し、CAGRは24.7％の急成長となっている（図表1）。

図表1 訪日外国人旅行者数の推移（2004～2018年）

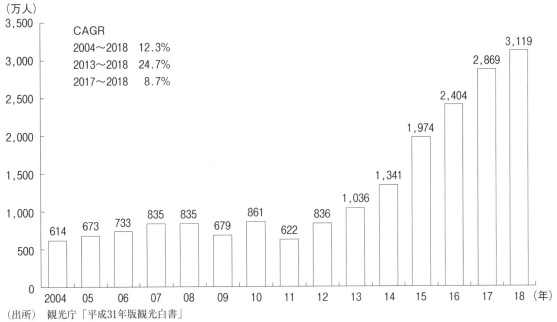

CAGR
2004～2018 12.3％
2013～2018 24.7％
2017～2018 8.7％

（出所）観光庁「平成31年版観光白書」

一方、2017年から2018年の伸び率は8.7％とやや鈍化傾向がみられたが、2018年は相次ぐ自然災害によって東アジア、特に、韓国、台湾、香港からの訪日客数の伸びが鈍化または減少に転じたことが大きく、この結果、東アジアの訪日外国人旅行者数に占める割合は、74.2％から73.4％と0.8ポイント縮小した（図表2、3）。

インバウンド市場の全般動向

(1) 踊り場に来たインバウンド消費市場

訪日外国人観光客が日本国内で消費する、いわゆるインバウンド消費市場も、これらの動きに伴って2013年の1兆4,167億円から2018年の4兆

図表2　訪日外国人旅行者の内訳

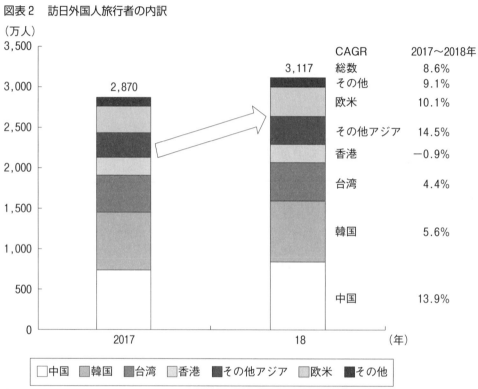

（注1）「その他」には、アジア、欧州等各地域の国であっても記載のない国・地域が含まれる。
（注2）数値は、それぞれ四捨五入によっているため、端数において合計とは合致しない場合がある。
（出所）日本政府観光局（JNTO）資料に基づき観光庁作成

図表3　地域別の訪日外国人旅行者数とシェアの推移

国・地域	2017年		2018年	
	訪日者数	シェア	訪日者数	シェア
アジア	2,434万人	84.8％	2,637万人	84.5％
東アジア	2,129万人	74.2％	2,288万人	73.4％
東南アジア	292万人	10.2％	333万人	10.7％
欧米豪	326万人	11.4％	363万人	11.7％
その他	110万人	3.8％	120万人	3.8％

（出所）日本政府観光局

5,189億円へとCAGR 26.1％で急成長し、市場規模は約3.2倍に急拡大している。しかし、1人当り旅行消費額は中国人観光客の爆買いによってピークとなった2015年の17万6,145円から3年連続で減って、2018年は14万4,883円となっている。これを2017年の15万3,928円と比べてみると、金額にして約1万円、比率にして約6％落ち込んでおり、その結果、2018年の2017年に対する伸び率は、2.3％と急減速している（図表4）。

(2)　中国人旅行消費額の減少

　観光庁によると、従来は空港を利用する旅客を中心に調査を行っていたが、短期滞在の傾向のあるクルーズ客の急増をふまえて、2018年からクルーズ客を対象とした調査も行うようになった。調査対象の拡大を反映してこのような伸び率となったのであり、従来ベースの推計方法で消費額を推計すると、4兆8,000億円となり、8.7％の伸び率になるとのことであった。

　いずれにしろ、減速しているのは確かであるので、まず、2018年の消費額を国籍・地域別にみると、中国の旅行消費額が前年の1兆6,947億円から1兆5,450億円と縮小していることが最大要因

となっていることがわかる。このため全体消費に占めるシェアも、前述のクルーズ客の消費額の算出方法に違いがあることに留意は必要だが、38.4％から34.2％と4.2％減らしている（図表5）。これは、中国政府による国内消費促進等に向けた関税政策の影響を主な要因とするものである。他方、韓国や欧米豪諸国については、前年よりシェアが拡大している。

分野別の市場動向

　次に、消費の中身についてみてみると（図表6）、訪日外国人の消費を構成するのは、宿泊料金、飲食費、交通費、娯楽サービス費、買い物代の大きく5分野となっている。2018年を2017年との比較で振り返ると、規模的に最も大きかった買い物代と国内移動に要する交通費が縮小傾向をみせたことが、伸び率鈍化の要因であったことがわかる。一方で、宿泊料金と飲食費については堅調な伸びをみせ、特に、「コト消費」と呼ばれる一連の体験への消費につながる娯楽サービス費が20.8％という最大の伸びをみせたのが特徴といえる（図表6）。

図表4　訪日外国人旅行者による消費の推移

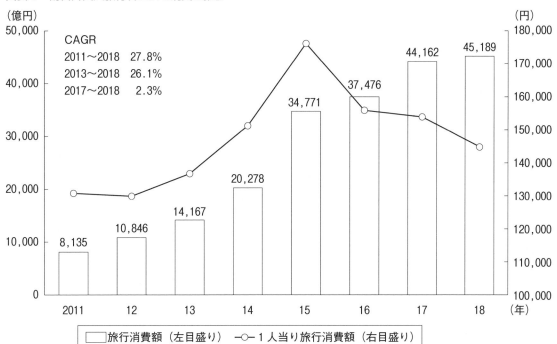

（億円）

CAGR	
2011～2018	27.8％
2013～2018	26.1％
2017～2018	2.3％

旅行消費額：8,135（2011）、10,846（12）、14,167（13）、20,278（14）、34,771（15）、37,476（16）、44,162（17）、45,189（18）

凡例：□ 旅行消費額（左目盛り）　─○─ 1人当り旅行消費額（右目盛り）

（出所）　観光庁「令和元年版観光白書」からNTTデータ経営研究所作成

(1) 小売等物販業界は売上げが減少

　インバウンドの買い物代に対応する業界は小売等物販（**百貨店、スーパーマーケット、コンビニエンスストア、EC等**）業界ということになるが、前年の1兆6,398億円から2018年は1兆5,763億円と、3.9％売上げを減らしたことになる（図表6）。この落ち込みの主因はやはり中国で、2017年と2018年の中国人観光客の「買い物代」を観光庁の「訪日外国人消費動向調査」でたどると、2017年の8,777億円から2018年は8,110億円と、7.6％の減少ということになる。

　旅行者1人当りの消費額でみると、全体平均の「買い物代」は5万1,256円であるが、中国人は他を引き離してダントツの11万2,104円となっている。これが前年の2017年は11万9,319円だったこ

図表5　国籍・地域別の訪日外国人消費額と構成比

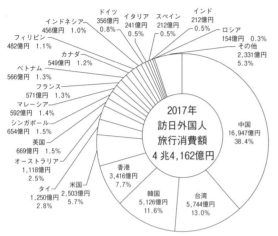

（出所）　観光庁「令和元年版観光白書」

図表6　費目別にみる訪日外国人旅行消費額（2011～2018年）

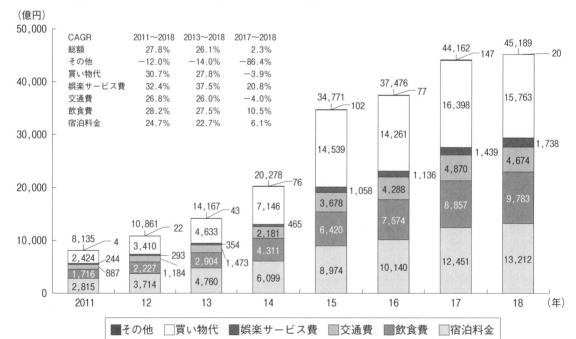

CAGR	2011～2018	2013～2018	2017～2018
総額	27.8%	26.1%	2.3%
その他	−12.0%	−14.0%	−86.4%
買い物代	30.7%	27.8%	−3.9%
娯楽サービス費	32.4%	37.5%	20.8%
交通費	26.8%	26.0%	−4.0%
飲食費	28.2%	27.5%	10.5%
宿泊料金	24.7%	22.7%	6.1%

（出所）　観光庁「訪日外国人消費動向調査」からNTTデータ経営研究所作成

とを考えると、いわゆる中国人観光客による爆買いも終焉を迎えたかのようにみえる。

⑵　伸びは鈍化も堅調な宿泊業界

次に、**宿泊業界**の動向であるが、インバウンドの宿泊料金は、2017年の1兆2,451億円から2018年の1兆3,212億円へと前年比6.1％の伸びとなり、前年までのCAGR22.7％の時代からはかなり鈍化がみられる（図表6）。

宿泊料金に対応するのは**ホテル・旅館等**の業界になるが、日本全体での規模を延べ宿泊者数でみてみると、2013年からの5年間においてCAGR1.8％で成長し、2018年には5億900万人泊となった。

このうち、日本人延べ宿泊者数は4億2,040万人泊で同時期にCAGR−0.6％で減少してきたのに対し、外国人延べ宿泊者数はCAGR 21.5％で急成長しており、2018年には8,860万人泊に達した。全体に占めるシェアも17.4％と5年前（7.2％）に比して10.2ポイントの増加となっている（図表7）。このようにインバウンドが宿泊業全体の成長を下支えしていたことがわかる。

また、外国人延べ宿泊者数の対前年比の伸びを3大都市圏と地方部とで比較すると、前者の伸び（11.1％増）と後者の伸び（11.3％増）は同水準であった（図表8）。このため地方部のシェアは前年に引き続き4割を超えており、地方部へのインバウンドへの広がりが定着化してきていることがうかがわれる。

インバウンド宿泊客の増加により、客室稼働率も全体で61.1％と前年（60.5％）を上回っており、特に東京・大阪は前年に引き続き、おおむね80％の水準で推移し、宿泊予約がとりにくい状態が続くなど需給が逼迫している。また、外国人延べ宿泊者数の前年比を地方ブロック別にみると、東北地方が34.7％増、中国地方と中部地方が、各々21.6％、18.0％増と高い伸びを示しており、その他でも関東（11.0％増）、北陸信越（14.0％増）、近畿（11.9％増）、四国（11.3％増）、沖縄（13.6％増）も全国平均（11.1％）を上回る伸びとなっている（図表9）。

⑶　最大伸び率を示す娯楽サービス業界

「コト消費」の要素が最も強い娯楽サービス

図表7　日本人・外国人の延べ宿泊者数の推移

（出所）　観光庁「令和元年版観光白書」

図表 8　3 大都市圏および地方部の外国人延べ宿泊者数の推移

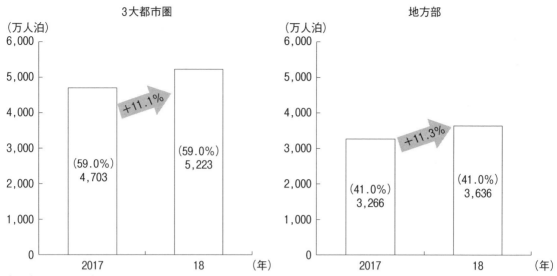

3 大都市圏

（万人泊）

地方部

（万人泊）

（注1）　2018年は速報値。
（注2）　3 大都市圏とは、「東京、神奈川、千葉、埼玉、愛知、大阪、京都、兵庫」の 8 都府県をいう。地方部とは、3
　　　大都市圏以外の道県をいう。
（注3）　（　）内は構成比を表している。
（資料）　観光庁「宿泊旅行統計調査」
（出所）　観光庁「令和元年版観光白書」

図表 9　延べ宿泊者、外国人延べ宿泊者数の地方ブロック別対前年比（2018年）

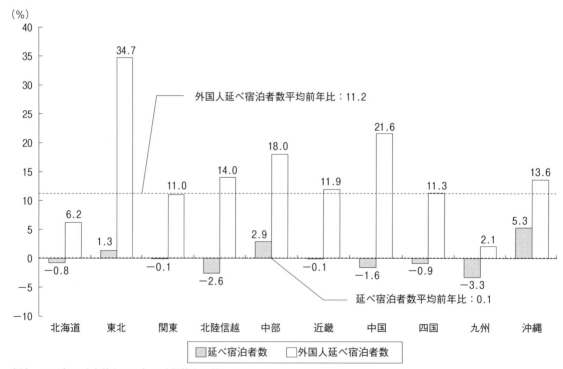

（注）　2017年の確定値と2018年の速報値を比較した。
（資料）　観光庁「宿泊旅行統計調査」
（出所）　観光庁「令和元年版観光白書」

は、5分野のなかで最大の伸び率を示した分野であるが、具体的な中身としては「スキー・スノーボード」「四季の体感（花見・紅葉・雪等）」「自然体験ツアー・農漁村体験」「温泉入浴」「旅館に宿泊」「その他スポーツ」といったところになる。これら「娯楽サービス」の購入率の推移をみると、2012年に21.5%であったのが、その後年々拡大して、2018年には40.9%と6年間で1.9倍になっており、コト消費を楽しむ訪日外国人旅行者の増加傾向が読み取れる（図表10）。

また、各々の「コト消費」の体験の有無によって、訪日外国人旅行者の1人当りの消費単価の変化を算出してみたところ、図表11にみるとおり、いずれの「コト消費」においても、体験した場合の消費単価が体験しなかった場合を上回った。特に、「スキー・スノーボード」は、体験の有無による消費単価の差が大きく、体験した場合の消費単価は22万5,056円と、体験しなかった場合の15万1,699円より7万3,357円高かった。

(4)　周辺産業・関連産業も潤う

訪日旅行による日本経済への影響は訪日旅行中の消費によるものばかりではない。経済産業省による「平成30年度我が国におけるデータ駆動型社会に係る基盤整備（電子商取引に関する市場調査）」によれば、越境ECサイトを通じて日本製品が購入される金額も、中国からは1兆5,345億円、米国からは8,238億円にのぼり、中国人消費者の訪日旅行によって促進されている面も大きいと考えられる（図表12）。

また、観光によって誘発される産業は、インバウンド消費の直接の対象である**宿泊業、交通、飲食、小売等物販業**だけではない。たとえば、好調なインバウンド需要に応えるため宿泊業では宿泊施設の新設工事や拡張工事が増え、**建設工事業を**潤している。金額的には2012年の1,121億円から2018年の1兆86億円と約9倍に拡大しており、その急増ぶりがうかがえる（図表13）。

2018年の工事予定額の分布を地方ブロック別に2012年対比でみると需給の逼迫する関東、近畿が

14

インバウンドビジネス

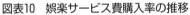

図表10　娯楽サービス費購入率の推移

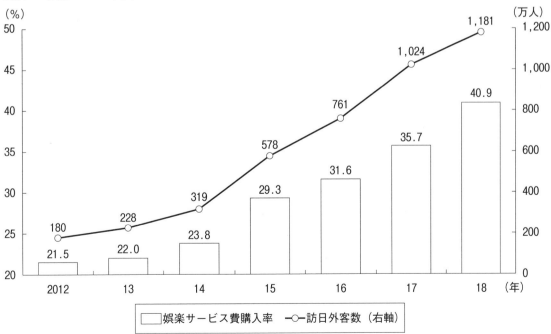

（注）　2018年より、サービス消費をより詳細に把握するため「娯楽サービス費」に「温泉・温浴施設・エステ・リラクゼーション」「マッサージ・医療費」等の品目を追加し「娯楽等サービス費」としたため、数値の比較には留意が必要である。
（出所）　観光庁「訪日外国人消費動向調査」、日本政府観光局「訪日外客数」に基づき観光庁作成

金額・伸び率ともに圧倒的であるが、他の地方ブロックの伸びも最低値の東北でも2012年の3.4倍と伸長している（図表14）。この例では、宿泊業への需要増が建設業での生産を誘発している事例となるが、もともと観光は、宿泊、飲食サービス業が含まれる対個人サービスを中心に、買い物

代が含まれる商業、交通費が含まれる輸送業のみならず、幅広い産業に関連する。観光庁が2017年のデータをもとに、地域経済にもたらす波及性を分析した結果によれば、旅行消費の波及効果は、製造業への波及は小さいものの、商業、対個人サービスを中心に、対事業所サービス、**運輸・郵**

図表11　主な「コト消費」の体験有無別１人当り旅行支出

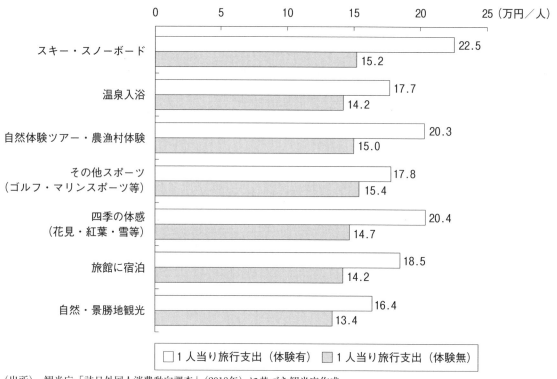

（出所）　観光庁「訪日外国人消費動向調査」（2018年）に基づき観光庁作成

図表12　越境EC市場規模（2018年）

（単位：億円）

国 （消費国）	日本からの 購入額	米国からの 購入額	中国からの 購入額	合計
日本		2,504	261	2,765
（対前年比）		+7.6%	+7.4%	+7.6%
米国	8,238		5,683	13,921
（対前年比）	+15.6%		+15.0%	+15.3%
中国	15,345	17,278		32,623
（対前年比）	+18.2%	+18.5%		+18.4%
合計	23,582	19,783	5,944	49,309
（対前年比）	+17.3%	+17.0%	+14.6%	+16.9%

（出所）　経済産業省「平成30年度我が国におけるデータ駆動型社会に係る基盤整備（電子商取引に関する市場調査）」

便、電力・ガス・水道といった第3次産業におい
て広く生産を誘発し、また、農林水産業や飲食料
品産業といった第1次産業、第2次産業にも波及
のみられることがわかった。

注目すべき環境変化

今後のインバウンド市場を予測するうえで、重

図表13　宿泊業における建築物の工事予定額の推移

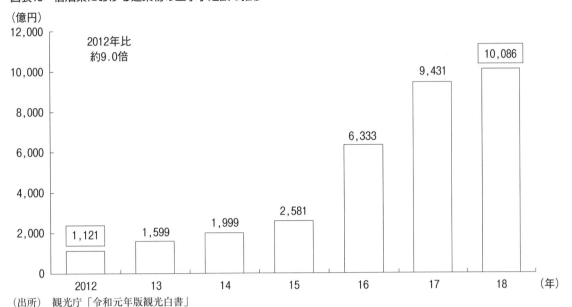

（出所）　観光庁「令和元年版観光白書」

図表14　宿泊業における建築物の工事予定額の推移（地方ブロック別）

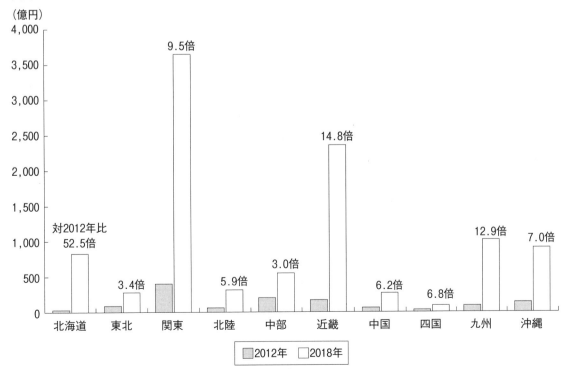

（出所）　国土交通省「建築着工統計調査」に基づき観光庁作成

要な環境変化が起きている。ここでは、「民泊新法施行の影響」「ナイトタイムエコノミーの振興」「医療・治療を目的とするインバウンド旅行」を取り上げて記述する。

(1) 民泊新法施行の影響

民泊は「有償の住宅宿泊」であり、民泊仲介業者大手のエアビーアンドビー（エアビー）などを通じて利用が進んできた宿泊形態である。法的にグレーであったことから政府で検討が進められ、「住宅宿泊事業法」いわゆる民泊新法が2018年6月に施行された。同法により、民泊を営む者は届出を行わなければならなくなった。

当初、この届出がそれまで民泊を営業してきたオーナーからなかなか出てこなかったために、エアビーのサイトでは2018年3月時点で6万件以上あった掲載物件が、同年6月の時点では約1万3,800件に激減した。家主不在型の民泊オーナーに、住宅宿泊管理業者への管理の委託義務が課されてコスト増となったり、営業日数に180日の制限ができた結果、収入が減少傾向となったりする

ことが原因であり、そのまま廃業、撤退してしまうオーナーも続出したようである。

このような状況から民泊市場は縮小していくようにもみえたが、その後の届出数の推移をみると、図表15に示すとおり、届出件数は2018年6月の新法施行日の2,210件から2019年7月には1万8,512件となり、そのうち廃止件数は1,169件で、同月の届出住宅数は1万7,343件にまで伸長している。

このような回復基調から、エアビーの掲載物件数も2019年の3月には4万1,000件となるまでに回復した。

実際、訪日外国人旅客数を2020年に4,000万人、2030年に6,000万人と掲げてきた政府目標がある以上、一時的減少はあっても、2019年のラグビーワールドカップや2020年の東京オリンピック・パラリンピックのビッグイベント等への対応もあり、その受け皿として民泊市場が伸びていくのは確実とみられている。

ただ、これまでの個人オーナーによる民泊にとってかわって主役となるとみられるのが、企業

図表15　住宅宿泊事業者届出件数推移

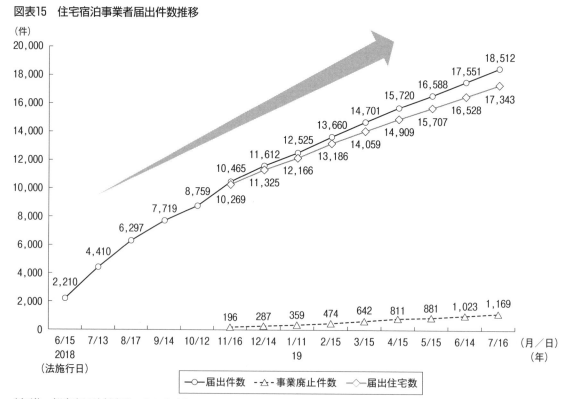

（出所）　観光庁民泊制度ポータルサイト

による民泊だといわれている。ルールが明確になったことで、企業が本格参入し、むしろ民泊ビジネスはより成長しそうとみる向きもある。

ただし、民泊にも今回の新法によるもの以外に特区民泊と簡易宿所があり、企業が民泊ビジネスで参入してくるのは、新法による民泊ではなく、これらを利用したものになると考えられる。特区民泊は、特区認定をとった大阪市や東京・大田区など特定のエリアでしか営業できないが、営業日数180日の制限はない。また、簡易宿所は住居専用地域での営業は禁止されているが、やはり営業日数の制限はない。

不動産関連企業がほとんどとなるが、実際の企業の民泊参入事例には図表16のようなものがある。

(2)　IRによるナイトタイムエコノミー振興

インバウンド市場の分野別動向では、訪日外国人旅行者の興味は買い物などの「モノ消費」から娯楽サービスなどの「コト消費」に移ってきているようすがみてとれた。これをふまえて、旅行消費の拡大を促すためには、夜間の時間帯の活用や観光資源等を活用した体験型コンテンツを充実さ

せ、旅行者により深く楽しんでもらうことが重要である。

2018年度に観光庁が行った「最先端観光コンテンツインキュベーター事業」で実施した調査のなかで、ナイトショーやナイトライフは外国人が日本以外の海外へ旅行した際に楽しむアクティビティとして回答数が多い一方、日本での体験は少なく、体験ギャップの大きい観光コンテンツであることが判明し、その充実の必要性が再確認された。

ナイトタイムエコノミーは日中の過ごし方とは対照的に、夜8時から翌朝午前3時までの間の経済活動を指しており、政府でもこの後押しのために、ナイトライフ振興関連施策をいくつか実施してきた。たとえば、「改正風俗営業法（2016年6月施行）」でクラブの24時間営業を可能としたり、「ナイトカルチャー発掘・創出事業（2017年8月）」でインバウンド向けに舞台やイベントの開発を資金面で援助したり、「ナイトタイム適応店の認証事業（2018年2月）」などの取組みを進めてきた。

東京のような大都会ではすでに夜の遅い時間帯まで楽しめる娯楽やイベントがかなり多く存在し

図表16　民泊事業に参入した企業例

企業名 （所在、事業概要）	概要
㈱プリズミック （東京都、不動産管理業）	・東京江戸川区の100㎡超の広すぎて借り手のつかない物件を民泊×マンスリーの併用で高稼働の収益物件化
アルプス住宅サービス㈱ （東京都、不動産業）	・サブリースで逆鞘になっていた物件をマンスリー×民泊運用で稼働率100%を達成
㈱あなぶきスペースシェア （香川県、民泊事業）	・簡易宿所として、民泊運用を開始 ・高松のインバウンド需要の高まりで大人気店になった
リスタートジャパン㈾ （東京都、不動産業）	・民泊専門の不動産会社としてスタート ・民泊運営代行会社とサブリース契約して物件の稼働率を高め、収益アップを実現
ALDO㈱ （東京都、賃貸物件仲介・管理）	・築古の物件を民泊仕様にリフォームして再販したいという建築会社に民泊運営代行会社をセットにして仲介 ・仲介料を両社から得ることで収益アップ
㈱グランドゥース （大阪府、民泊運営）	・民泊の直営（8割）と代行（2割）でノウハウを身につけ、借上直営で国内トップクラスの規模になった ・オフィスビルのコンバージョン民泊も視野に入れる

（出所）　みずほ総合研究所「増加するインバウンドと民泊市場の拡大」（2019年1月）からNTTデータ経営研究所作成

14
インバウンドビジネス

ている。夜9時30分からの運行となる東京湾クルージングのほか、東京スカイツリーや東京タワーの夜景鑑賞は、各々夜10時、11時まで営業となっている。また、新宿歌舞伎町の「ロボットレストラン」や原宿の「カワイイモンスターカフェ」はインバウンド向けのナイトスポットとして知られた存在となっている。

このような取組みを広げていくことは重要であるが、その切り札とも考えられているのがカジノ等を含む**特定複合観光統合型リゾート（IR）**の導入・営業である。2018年7月に「特定複合観光施設区域整備法」いわゆるIR整備法（通称「カジノ法」）が公布され、2019年3月には国際会議場、展示場や宿泊施設などのIRの中核施設の具体的な基準・要件などを定めた「特定複合観光施設区域整備法施行令」（IR整備法施行令）も公布された。図表17に示す段取りで、IR開業までのプロセスが進められることとなっている。

このプロセスを踏んで認定される自治体は3カ所が上限となっているため、熾烈な席取合戦が見込まれている。政府IR推進室が47都道府県と20政令市（IR整備計画の認定申請主体）を対象に、

IR誘致に関する意向および準備状況を調査した結果によれば、申請を「予定」が大阪府市、和歌山県、長崎県、「検討中」が北海道、千葉市、東京都、横浜市、「未定」が名古屋市、「申請しない」が沖縄県、ということであった。

東京五輪の後のインバウンド観光の目玉とも目されるため、今後の動きが注目される。

(3) 治療・健診旅行の動向

治療や健診などを目的とした旅行は、メディカル・ツーリズムとも呼ばれている。なんらかの理由で自身の居住する場所ではなく、外国など他の場所で医療を受けることであり、よりサービス水準の高い国で受ける場合や、逆により安価で同レベルのサービスを求める場合とさまざまあるようである。

メディカル・ツーリズムの目的は大きく3つに分類される。1つ目は「治療」を目的としたもの、2つ目は「健診」を目的としたもの、そして3つ目は「美容・健康増進」を目的としたものである。これら3つの違いは、渡航するにあたって「医療」の要素と「観光」の要素にそれぞれどれ

図表17　IR開業までのプロセス

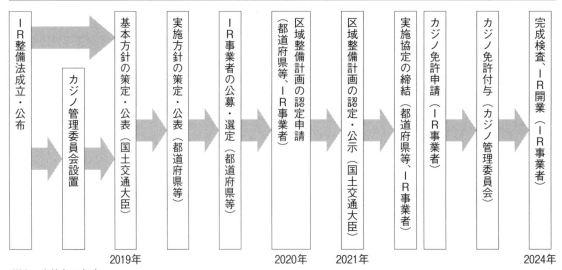

○都道府県等は、実施方針を策定しIR事業者を選定（→IR誘致の正式な意思表明）。
○都道府県等は、地域における十分な合意形成を行ったうえで、IR事業者と共同して区域整備計画を作成し、国土交通大臣に認定申請。
○国土交通大臣は、公正かつ客観的な審査により区域整備計画を認定（認定の上限数は3）。

IR整備法成立・公布 → カジノ管理委員会設置 → 基本方針の策定・公表（国土交通大臣） → 実施方針の策定・公表（都道府県等） → IR事業者の公募・選定（都道府県等） → 区域整備計画の認定申請（都道府県等・IR事業者） → 区域整備計画の認定・公示（国土交通大臣） → 実施協定の締結（都道府県等・IR事業者） → カジノ免許申請（IR事業者） → カジノ免許付与（カジノ管理委員会） → 完成検査、IR開業（IR事業者）

2019年　　　　　　2020年　2021年　　　　　　　　　2024年

（注）　実施年は想定。
（出所）　観光庁「令和元年度観光白書」

だけ重きを置いているかによる。

　治療・健診の場合には、日本における海外からの外国人患者の受入れについて、安心して医療サービスを受けられる環境整備や、インバウンドに関する広報・集患、渡航受診者による医療の実体験の機会拡大等に取り組むことが必要とされる。このため、日本国政府は2011年1月、規制緩和により外国人患者のための「医療滞在ビザ」を解禁し、最長6カ月滞在を可能とし、3年以内なら何度でも入国ができる医療滞在査証（医療ビザ）を発行できるようにしたため医療を目的とする外国人患者に対する「ビザ」の壁が低くなった。

　このような動きとともに厚生労働省は、外国人の受入整備の基準を満たしている医療機関を認証する「医療機関認証制度」を開始し、経済産業省も2016年7月Medical Excellence JAPAN（MEJ）を認証機関として、日本の医療サービスの渡航受診促進を図るため、渡航受診者の受入実績のある病院を「ジャパンインターナショナルホスピタルズ（日本国際病院：JIH）」として認証する制度を始めた。同時に医療情報の提供、通訳、移動、宿泊など幅広いサポートを一気通貫でできる企業を「認証医療渡航支援企業」とする認証制度も始め、JTBなど認証企業による医療目的の訪日外国人へのサポートを促進する体制を構築している。

　一方、美容・健康増進などを目的に行うインバウンド旅行は、民間側での取組みが中心になっているとみられる。外国人を受け入れていることを認知してもらうため、観光局に登録している美容室・サロンもある。日本のサービスの質の高さが一般に認められており、人気を呼んでいる。データはやや古いものであるが、中国・香港・韓国・台湾在住の女性に行った2015年の調査によると、図表18でみるとおり「日本で体験してみたいこと」の上位4位、7位に「化粧品ショップで買い物」「美容サロンへ行く」があがっており、15位には「**美容クリニック（美容医療）へ行く**」というものまであがっている。「日本で利用したことがある美容関連サービス」の調査では、**リラクゼーション（マッサージ）施設**37.2%、エステティックサロン26.2%と、3人あるいは4人に1人は経験したことがあるという高い利用率となっており、人気の高さを裏付けている。

　人気の理由を図表19でみると、最も重視されることと思われるが、「施術が上手」ということが

図表18　東アジアからの訪日外国人女性に対する美容関連サービスへの認識調査

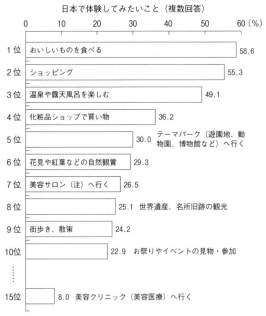

日本で体験してみたいこと（複数回答）

順位	項目	(%)
1位	おいしいものを食べる	58.6
2位	ショッピング	55.3
3位	温泉や露天風呂を楽しむ	49.1
4位	化粧品ショップで買い物	36.2
5位	テーマパーク（遊園地、動物園、博物館など）へ行く	30.0
6位	花見や紅葉などの自然観賞	29.3
7位	美容サロン（注）へ行く	26.5
8位	世界遺産、名所旧跡の観光	25.1
9位	街歩き、散策	24.2
10位	お祭りやイベントの見物・参加	22.9
15位	美容クリニック（美容医療）へ行く	8.0

日本で利用したことがある美容関連サービス（複数回答）

（単位：%）

		リラクゼーション（マッサージ）施設	エステティックサロン	美容室／美容院／ヘアサロン	ネイルサロン	美容クリニック（美容医療）	アイビューティーサロン
全体		37.2	26.2	15.3	14.6	10.0	7.4
国別	中国	48.0	48.5	31.0	34.0	25.0	18.5
	香港	39.5	37.0	19.0	18.0	9.0	12.0
	韓国	41.0	14.0	7.0	7.5	6.0	2.0
	台湾	23.5	18.5	11.0	6.0	3.0	3.0

（注）　美容サロンはヘアサロン、エステティックサロン、ネイルサロン、アイビューティーサロンなど。
（出所）　ホットペッパービューティーアカデミー（2015年2月、調査対象：中国・香港・韓国・台湾在住の20〜49歳の女性800名）

図表19　東アジアからの訪日外国人女性に対する美容関連サービスへの満足度調査

美容サロンを利用して満足したポイント（複数回答）

	ヘアサロン	ネイルサロン	エステティックサロン （ホテルスパ）
1位	清潔で衛生的 （48.5%）	清潔で衛生的 （46.6%）	清潔で衛生的 （50.6%）
2位	施術が上手 （48.0%）	施術が上手 （45.2%）	施術が上手 （45.2%）
3位	仕上がりがイメージどおり （39.0%）	効果が持続する （39.2%）	1回で効果を実感 （36.5%）
4位	効果が持続する （35.7%）	丁寧なカウンセリング （37.0%）	丁寧なカウンセリング （36.3%）
5位	丁寧なカウンセリング （35.4%）	仕上がりがイメージどおり （36.6%）	仕上がりがイメージどおり （36.2%）
6位	1回で効果を実感 （22.5%）	1回で効果を実感 （27.5%）	効果が持続する （30.7%）

（出所）　ホットペッパービューティーアカデミー（2015年2月、調査対象：中国・香港・韓国・台湾在住の20〜49歳の女性800名）

満足度第2位であげられており、日本の美容関連技術が高いとの評価を得ているようである。また、施設が「清潔で衛生的」というのは日本では当然のことのように受け止められることかもしれないが、第1位で最高の評価を得ており、海外の方々を受け入れるうえでの強みになっていることがわかる。

ICTなど情報通信技術活用のインバウンド振興

情報通信技術（ICT）を活用して、インバウンド観光振興策を展開していくことはかなり前から取り組まれてきたことであるので、IoTやAI、ロボットなどトレンド技術の適用も含めたインバウンド関連業界の最近のICT活用動向についてみていくこととする。

(1)　宿泊・飲食業界における多言語対応

訪日客が日本に来て困ったことについて尋ねた今年3月の観光庁調査によると、最も多かった回答は36.6%を占める「困ったことはなかった」であったが、昨年に引き続き、回答第2位は「施設等のスタッフとのコミュニケーションがとれな

い」の20.6%であり、多言語対応は喫緊の課題となっている（図表20）。

この課題解決にICTを活用しようとしている例が宿泊業界や飲食業界で目立っている。**多言語音声翻訳サービス**の活用のほか、画面をタッチするだけで多言語での会話による対面サービスを行うチャットボット機能を組み込んだ**サービスロボット**を施設内に導入する例がみかけられる。また、多言語に対応した**コールセンター**に通訳・翻訳サービスを委託したり、オンラインでのチャットボット機能により、ホテル・旅館のスタッフや民泊オーナーへの問合せ対応の負担を軽減している例もみられる。同じく宿泊・飲食業界で、予約して支払が行われるまでの顧客管理を多言語対応のシステムで行う事例もある。決済を前払いとして、突然のキャンセルや「ノーショー」のリスクを防止するのに役立てていることもあるようである。

(2)　運輸業界の主導する観光MaaS

近年日本でも取組みが活発化しているMaaS（マース）はMobility as a Serviceの略で、ヘルシンキのMaaS Global社が複数の交通モードを一元化して提供するアプリを初めて商用化したことで

図表20　訪日外国人旅行者に対する「訪日旅行中に困ったこと」に関する調査結果

（単位：%）

旅行中に困ったこと	2016年度 （n＝5,332）	2017年度 （n＝3,225）	2018年度 （n＝4,037）
無料公衆無線LAN環境	28.7	21.2	18.7
クレジット／デビットカードの利用	13.6	14.2	10.0
両替	16.8	14.7	6.5
その他決済手段（モバイルペイメント等）	（未調査）	2.7	5.5
多言語表示の少なさ・わかりにくさ（観光案内版・地図等）	23.6	21.8	16.4
施設等のスタッフとのコミュニケーションがとれない	32.9	26.1	20.6
公共交通の利用	18.4	18.9	16.6
鉄道の割引きっぷ	10.6	12.1	7.2
困ったことはなかった	30.1	34.8	36.6

（出所）　観光庁「訪日外国人が旅行中に困ったこと、受入環境整備の課題が明らかに〜受入環境について訪日外国人旅行者にアンケート調査を実施〜」（2019年8月12日、ウェブサイト）

図表21　地域特性に応じたMaaSの適用

MaaSの型	人口	人口密度	交通体系	地域課題
(1)大都市型	大	高	鉄道主体	すべての住民への利便性向上
(2)大都市近郊型	大	高	鉄道／自動車	ファースト／ラストワンマイルの交通手段の不足
(3)地方都市型	中	中	自動車主体	自家用車依存、赤字体質の公共交通
(4)地方郊外・過疎地型	少	低	自動車主体	公共交通空白地帯の拡大
(5)観光地型	－	－	－	2次交通の不足、訪日外国人対応の不足

（出所）　国土交通省「都市と地方の新たなモビリティサービス懇談会」中間取りまとめからNTTデータ経営研究所作成

知られている。国土交通省の主催する「都市と地方の新たなモビリティサービス懇談会」では「出発地から目的地までの移動ニーズに対して最適な移動手段をシームレスに1つのアプリで提供するなど、移動を単なる手段としてではなく、利用者にとっての一元的なサービスとして捉える概念」とされている。

同懇談会は、日本の地域課題等の事情に応じた日本版MaaSとして、図表21に示す5つの地域特性別にMaaSを導入していくことを提唱している。

このうち、観光地型MaaSはインバウンド対応も含めて、2次交通の不足に課題をもつ観光地の移動を新型モビリティの導入などとともに一元化したサービスとして提供することにより、観光客の利便性を向上させようとするものである。たとえば、JR東日本と東急電鉄が組んで、伊豆の観光地で行っている代表的観光地型MaaSの実証実験では、鉄道、バス、AIオンデマンド乗合交通、レンタサイクルなどの交通機関をスマートフォンで検索・予約・決済し、目的地にシームレスに移動できる専用アプリIzuko（イズコ）が導入・利用されている（図表22）。

地域特性に応じたMaaSの実証は、各地で行われているが、このような観光型MaaSはインバウンドの課題解決に有効なものとして期待されている。

(3)　インバウンド向け防災アプリ

2018年6月の大阪北部地震、同年7月の西日本豪雨、同年9月の北海道地震、2019年9月の台風15号、10月の19号、21号による被害など、近年の例だけをみても、日本の各地で大きな自然災害が

図表22　JR東日本と東急電鉄による観光型MaaSの実証実験概要

1	実証実験期間	Phase 1：2019年4月1日〜6月30日（静岡デスティネーションキャンペーンと同期） Phase 2：2019年9月1日〜11月30日　計6カ月間
2	実験方法	・展開エリア：東伊豆および中伊豆エリア ・使用する専用アプリ名：Izuko（日英2カ国語対応、ダウンロード・アプリ使用は無料） ・Izukoの機能 　検索：鉄道……伊豆急線全線、伊豆箱根鉄道駿豆線全線 　　　　路線バス……エリア内の伊豆箱根バスと東海バス 　予約：AIオンデマンド交通、レンタサイクルとレンタカー（リンク連携） 　決済：①　デジタルフリーパス2種類（伊豆急線全線等乗り放題3,700円、伊豆箱根鉄 　　　　　　道駿豆線等乗り放題4,300円の2種） 　　　　②　観光施設入場券5施設（小室山観光リフト、下田海中水族館など） 　その他：多言語での飲食店案内などのデジタルマップ、観光施設割引など
3	期待効果	・観光拠点間のシームレスな移動による周遊促進と地域活性化 ・IoT活用による交通・観光事業最適化、キャッシュレスや多言語対応 ・実験を通じた新たな顧客体験価値の提供
4	推進体制	実行委員会形式で推進（伊豆における観光型MaaSの実証実験実行委員会） 会長：（一社）美しい伊豆創造センター 委員長：東急電鉄、JR東日本企画 副委員長：JR東日本、楽天、伊豆急行 推進内容：調査事業、商品・アプリ開発事業、広報宣伝事業、次世代2次交通実証実験 事業など

（出所）　東京急行電鉄プレスリリース「2019年4月から伊豆エリアにて実施する日本初の観光型MaaS　実証実験の詳細が決定」からNTTデータ経営研究所作成

発生し、災害大国日本に住んでいる現実を実感させられている。このような災害に対して安全確保等の対応をしなければならなかったのは、日本人ばかりではなく、当時日本を訪れていた訪日外国人旅行者も同様であったと考えられる。日本語が通じない多くの訪日外国人にとって、現地の情報を入手するには多言語に対応した日本の防災アプリを利用するのが一番と考えられたようである。

大阪北部地震の際の状況を例にとってみてみると、訪日外国人の間でTwitterやFacebookといったSNSにより拡散されていた多言語防災アプリには公的なものが多かったようであるが、代表的なものとして図表23に示す3つがあげられる。

インバウンドにかかわる日本の観光関係業界、特に、ホテル・旅館などの宿泊業界、鉄道・バスなどの公共交通事業者、百貨店・コンビニなどの物販業界など多くの関係者が、有事の際にこのようなアプリの案内が出せるよう備えておくことは重要なことと考えられる。

今後の動向

2019年1〜6月期の訪日外国人旅行者数は約1,663.4万人であり、前年同期（約1,589.9万人）に比べ4.6%の増加となっている。この増加率は対前年比伸び率としては、2013年来最低の伸び率となっているが、最近の政情を反映してか、韓国からの旅行者数が、前年同期の401.6万人から386.3万人へと3.8%減少していることに大きく起因している（図表24）。

この4.6%の伸び率をそのまま2019年、2020年に適用すると、各々3,262万人、3,413万人となる。2020年が東京五輪の開催年であることを考えても、2020年に4,000万人というのは達成がかなり困難な数字になってきたと考えられる。また、同じ1〜6月期の1人当りの消費額は14万6,246円であり、前年14万8,891円と比べても若干減少している。8兆円の目標達成に必要な4,000万人、20万円／人とは訪日客数・1人当り消費額と

図表23　代表的なインバウンド向け防災アプリ

多言語防災アプリ名	Safety Tips	東京都防災アプリ	NHK WORLD TVアプリ
提供元	観光庁	東京都	NHK
特徴	・災害情報プッシュ配信 ・多様な情報を発信 ・災害時に有用なサイトの紹介	・災害時に有用な情報が豊富 ・イラスト等が豊富 ・通常時の学習に有効	・英語情報プッシュ配信 ・緊急ニュースも配信 ・日本在住者も活用可
対応言語	日本語、英語、韓国語、中国語（簡体字、繁体字）	日本語、英語、韓国語、中国語（簡体字、繁体字）	英語のみ（近日、多言語化予定）
提供情報	・地震、気象、噴火、熱中症、避難所、国民保護（ミサイル等）情報 ・外国人受入医療機関、災害時行動、FAQ	・防災マップ、地震、気象、非難、津波、火山情報 ・防災ブック内基礎知識、備蓄物リストなど	・地震情報、津波警報、津波注意報、NHKワールド緊急ニュース、Ｊアラート
対応OS	iOS、Android	iOS、Android	iOS、Android
連携する外部アプリ	・Navitime for Japan Travel ・Japan Official Travel App ・Japan Connected-free Wi-Fi	―	―

（出所）　各アプリの紹介サイトよりNTTデータ経営研究所作成

図表24　訪日外国人旅行者数の推移（2018〜2019年上半期）　（単位：人）

国・地域	総数		
	2018年 1 〜 6 月	2019年 1 〜 6 月	伸び率（％）
総数	15,899,063	16,633,600	4.6
韓国	4,016,370	3,862,700	▲3.8
中国	4,056,483	4,532,500	11.7
台湾	2,505,764	2,480,800	▲1.0
香港	1,110,637	1,097,900	▲1.1
タイ	606,665	683,700	12.7
その他	3,603,144	3,976,000	10.3

（出所）　JNTO報道発表資料　訪日外客数（2019年 6 月推計値）からNTTデータ経営研究所作成

もにかなりの開きがある状況で、目標達成はほぼ不可能な状況となっていることがわかる。それでも、東京五輪開催に直接関連する旅行が増えたり、全般に宿泊期間が長くなって、 1 人当り消費額が増えたりすることによって 8 兆円の目標達成に近づくことが考えられる。

2018年に地方部のインバウンドが大都市圏と同程度の伸び率で堅調に増えていることは、前述したとおりであるが、この要因は国際線の就航やクルーズ船の寄港数が地方部で大幅に増大しているなど、空や海からの入国のパイプを太くする取組みが大きいといわれている。一方で、入国した際

の拠点から観光地までの2次交通は地方で特に弱いといわれているが、人口減や高齢化で地方都市では地域鉄道や路線バス等の公共交通を維持・強化していくことがむずかしくなってきている。

したがって、特に地方部でのインバウンド訪問者数の量的拡大については、これまでどおり空路、海路での入国ルートの拡充を引き続き行っていくことがまず必要である。それに加えて、訪問者を拠点ばかりでなく見所の多い郊外の観光地に連れ出し、長期の宿泊を引き起こしていく取組みも必要である。これには、地域の公共交通に加えて、現在活発に研究開発の進められている自動運転車も含めAIでオンデマンド配車を行うなどの新モビリティとあわせて、一気通貫でサービス提供する観光型MaaSを特に地方の観光都市で進めていくことも重要と考えられる。特定ルートであれば、レベル4の自動運転車を走行させることが2020年には可能になるともいわれている。自動運転車にカーシェアやバイクシェアなど、運輸分野のシェアリングエコノミーも組み合わせた観光型MaaSで、移動と宿泊を促す観光地域振興策が進められていくことが考えられる。現在は大都市圏がメインの民泊であるが、地方都市の空き家を利用したインバウンド向け民泊振興ということも資本力のある企業においては可能になってくるとも考えられる。IoTやAI、ドローン等を含むロボット導入など先端技術の適用もより進んでくるものと思われる。

今年度から導入された国際観光旅行税を、このような今後の種まきに使える予算として、新モビリティや地方での民泊振興も含めたインバウンドの受入環境整備のための実証や実装に使っていくことも考えられるのではないか。

こうして、2020年までのインバウンドは東京五輪の開催によって、加速度的に日本経済における存在感を増していくのではないかと考えられるが、その後はどうなるであろうか。もしかしたらいったん、踊り場的な成長鈍化はみられるかもしれない。しかし、ここでの種まきが奏功すれば、さらに一段階上の成長ステージに遷移できるかもしれない。ここで、成長エンジンとしてもう1つ考えられるのが、カジノを含む統合型リゾート（IR）である。

現在のカジノ法案の準備内容に沿って進んでいけば、最初にカジノを含むIRができるのは、2024年頃になるのではないかとみられる。試算方法によってばらつきはあるが、北海道、横浜、大阪の3カ所に建設された場合、建設に5兆円程度、運営によって毎年2兆円といわれている。強行採決など非難のある法案ではあるが、観光立国で経済活性化を目指す安倍政権にとって悲願の法案であることに間違いはない。

フリマを中心にじわり浸透。
シニア層からの信頼獲得が課題

中小企業診断士
鈴木　政司

ネットを介して資産を共用

　シェアリングエコノミーは、欧米諸国で誕生し、発展してきた。まだ歴史の浅いシェアリングエコノミーに確定的な定義はないが、総務省の「情報通信白書」によれば、狭義には、「個人等が保有する活用可能な資産等を、インターネット上のマッチングプラットフォームを介して他の個人等も利用可能とする経済活性化活動」と定義される。ここで活用可能な資産等のなかには、「スキ

ルや時間等の無形のもの」も含まれる。なお、この「個人等が保有する活用可能な資産等」を「ビジネス目的で所有する資産等」にまで拡大して広義の定義とする場合がある。

　本稿では、後者の広義の定義に基づき解説する。

シェアリングエコノミーの3要素

　シェアリングエコノミーは、(1)CtoC型取引が主体、(2)個人所有の遊休資産等の有効活用、(3)事

図表1　日本・米国・英国の3カ国におけるシェアリングエコノミーの利用意向

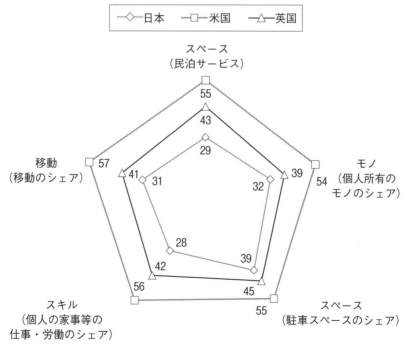

（出所）　総務省「スマートフォン経済の現在と将来に関する調査研究」（2017年9月）から筆者作成

後レビューのもとでの適切なサービス提供という3つの特徴を有する。

(1) CtoC型取引が主体

1点目は、従来のオンラインショッピングでは、企業をはじめとしたビジネス主体をサービス提供者としたBtoC型取引が中心であった。これに対して、シェアリングエコノミーでは、インターネット上のマッチングプラットフォーム（プラットフォーム企業）を活用することで、不特定多数の個人が不特定多数の個人にサービスを提供するCtoC型取引が主体となる。

(2) 個人所有の遊休資産等を有効活用

2点目はシェアリングエコノミーの本質といえる。すなわち、自らの保有する家等の遊休資産や余暇時間、スキルを活用したいと考え、個人が常日頃は本業としていない宿泊サービス、家事をはじめとしたサービスを行う新しい経済の動きである。

(3) 事後レビューのもとでの適切なサービス提供

3点目については、多くのプラットフォーム企業は、シェアリングビジネスを進めるため、次の機能をもっている。
・需給のマッチング
・取引の契約、決済代行
・取引の安全性の担保

このうち、最後の「取引の安全性の担保」については、多くのシェアリングエコノミーにおいて、サービス提供後、サービスの利用者と提供者が相互に評価しあう仕組みが導入されている。すなわち、プラットフォーム企業には、信頼性を高めるために評価システムを導入しているところが多く、その評価結果はオープンにされる。評価の低いサービスの利用者や提供者は、その後はサービスの利用が困難になることから、高い評価を得ようとするインセンティブが双方に生じ、サービス全体の質の向上に寄与することになる。こういったシェアリングエコノミーの仕組みにより、事後レビューのもとでの適切なサービス提供が担保されているのである。

スマホとSNSの普及が後押し

シェアリングエコノミーの普及、発展には、次の2点のテクノロジーの発達が欠かせない。
① 登録や検索機能、ネット決済のためのITインフラ、とりわけスマートフォンの普及。
② 従来は個人の顔がみえず、信用度を推し量りにくかったのに対し、一定程度の信用度が可視化されて選別して利用できるようになった、双方向のメディアであるSNS（ソーシャル・ネットワーク・サービス）の発展。

①のスマートフォンについては、その特徴として1人が1台をもつ情報端末であることがあげられる。総務省の通信利用動向調査をもとに個人の

図表2　シェアリングエコノミーの仕組み

「空き状態」を正確、リアルタイムに把握できる
インターネット上のマッチングプラットフォームの提供

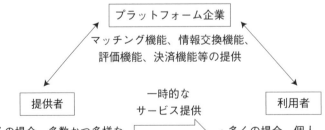

（出所）　内閣府「シェアリングエコノミー推進プログラム」（2016年11月）から筆者作成

138

スマートフォンの保有率の推移をみると、2011年には14.6％であったものが、2016年には56.8％と5年間で4倍に上昇し、2018年には79.2％に達している。

また、モバイル（従来の携帯電話とスマートフォンとをあわせたもの）によるインターネット利用時間（平日1日当り）を2012年と2017年とで比較すると、全年代平均で約38分から約64分と約1.8倍に増加している。

さらに、スマートフォンの普及と軌を一にするように利用が増加したのが②のSNSである。わが国における主なSNSの利用率をみると、特にLINEにおいては、全年代平均では2012年の20.3％から、2018年には82.3％と上昇しており、前述のスマートフォンの普及とあわせてSNSの利用が社会に定着してきたことが確認できる。

シェアリングエコノミーの5類型

内閣官房「シェアリングエコノミー検討会議中間報告書―シェアリングエコノミー推進プログラム」では、次のとおりシェアリングの対象を「モノ」「空間」「スキル」「移動」「お金」の5類型に分けている。

(1)　モノに関するシェア（モノ×シェア）

個人間で利用していないモノを共有するサービスなどで、**フリマアプリ（オンラインフリーマーケット）やファッションレンタルサービス**が代表例。

団体名	概要
Poshmark（米国）	米国のフリマアプリ。価格交渉が展開できる「OFFER」機能を搭載する。
メルカリ（日本）	出品者と購入者がネット上でのやりとりを通じ、商品の出品や購入を行うフリマアプリ。新品、中古品を含め、衣料、雑貨小物、家具、家電等が対象。同社は2018年6月に東証マザーズに上場を果たした。
Laxus（日本）	女性向けのブランドバッグのレンタルサービス。1万3,000種類のバッグのなかから月1点レンタルできる。月額6,800円（税別）で往復の送料は無料。

（資料）　内閣官房第1回シェアリングエコノミー検討会議（2016年7月8日）（一社）シェアリングエコノミー協会提出資料の分類をもとに各社資料等から筆者作成。以下(5)の表まで同じ

(2)　個人の所有するスペースを共有するサービス（空間×シェア）

住宅の空き部屋等を宿泊場所として貸し出す民泊サービスをはじめとしたホームシェアや、**駐車場シェアリング、シェアオフィス・コワーキングスペース**等。

団体名	概要
Airbnb（米国）	世界192カ国33,000以上の都市でユニークな部屋をネットや携帯、タブレットで掲載、発見、予約できるコミュニティ・マーケットプレイス。
STAY JAPAN（日本）	マンションや一軒家の空き部屋の所有者と宿泊希望者とのマッチングを行うサービス。物件所有者が民泊物件の提供の際に必要な民泊営業許可（特定認定）の取得をサポート。
スマートパーキング（日本）	シードによる駐車場シェアリングサービス。空きスペースに同社から提供されたビーコンを設置するだけで駐車スペースとして貸し出せるようになる。利用者はスマートフォンから駐車場の予約や駐車料金の精算を行う。

(3)　個人に家事等の仕事・労働を提供できるサービス（スキル×シェア）

家事代行、介護、育児、知識、料理などが代表例。

団体名	概要
AsMama（日本）	送迎、託児等の子どもの世話を知人や近所の人に依頼できるサービス。利用者から利用料は徴収せず、利用者は世話をしてくれた人に1時間500〜700円の謝金を支払う。
エニタイムズ（日本）	家事代行、子どものお迎え、ペットの世話等の家庭の「困りごと」を、個人に依頼できるウェブサービス。助け合いを通して、女性や高齢者の労働参画、地域コミュニティーの活性化を目指す。
ココナラ（日本）	個人のもつ知識、スキルを売り買いできるオンラインマーケット。似顔絵・イラスト・漫画、ウェブサイト制作・ウェブデザイン、占い等の20を超える分野のサービスを提供。

(4)　移動に関するシェア（移動×シェア）

自家用車のドライバー個人が自家用車を用いて他人を運送する**ライドシェアやカーシェア**が代表例。

15

シェアリングエコノミー

団体名	概要
Uber （米国）	一般のドライバーと移動を希望する人をマッチングするサービス。現在、タクシー等と乗客のマッチングを含め、世界450以上の都市で利用されている。わが国ではタクシー等の配車サービスを提供する。2019年4月、ニューヨーク証券取引所で株式公開を果たした。
軒先 （日本）	駐車サービスとドライバーをマッチングさせるサービス。2015年8月からJAF（日本自動車連盟）と提携し、JAF会員1,820万人に向けて、会員専用駐車場シェアサービスサイトを運営。
Notteco （日本）	自動車で中長距離を移動するドライバーと同区間の移動を希望する人をつなげる相乗りマッチングサービス。利用料金はガソリン代や高速代といった移動にかかる費用を割り勘する水準で設定される。
タイムズ カープラス （日本）	タイムズ24が運営するカーシェアリング事業で、現在は業界の最大手。2005年にマツダレンタカーが事業を開始した。2017年9月に佐賀県にステーション（車の貸出拠点）を設置したことにより、全国47都道府県すべてにステーションの設置を完了した。

（5）　お金に関するシェア（お金×シェア）

クラウドファンディング事業が代表例。

団体名	概要
Kickstarter （米国）	アーティスト、映画製作者、デザイナー、エンジニア等のクリエーターのアイデアの実現を支援するクラウドファンディングサービス。
Readyfor （日本）	クラウドファンディングサービス。災害からの復興支援や、途上国の支援など、社会課題解決を目指したテーマが多い。

　以上の5類型中、わが国で最も先行しているのが、(1)の「モノ」のシェアリングであろう。そのサービスの多くは、インターネット上の仮想のフリーマーケット内で、出品者と購入者が個人間でのやりとりを通して物品の売買を可能としたオンラインアプリである、いわゆる「フリマ」で行われる。フリマ上では、新品および中古品の衣料品、雑貨小物、家具、家電等、多くの商品が取引されている。出品者は売りたい商品をスマートフォンで撮影し、そのまま出品することができるため、従来のオークション等の形態に比べても取引の利便性は高い。

　また、(3)の「スキル×シェア」のサービスも近年わが国において広がっている。そのなかで最も普及している形態が「**クラウドソーシング（注）**」である。従来は発注者が主に一般企業であり、BtoC型取引にとどまっていたが、スキルを提供したい個人とサービスを受けたい個人同士を**フリーランスエージェント**等がマッチングさせるサービスが登場してきている。

　さらに、(4)移動に関するシェア（移動×シェア）のうちカーシェアについては、次表のような状況である。

カーシェアのステーション数（大手6社）

サービス名	2014.12	2019.3	増減数	増減率
タイムズカープラス	6,106	11,729	＋5,623	＋92.1%
オリックスカーシェア	1,348	1,790	＋442	＋32.8%
カレコ	772	2,108	＋1,336	＋173.1%
カリテコ	241	325	＋84	＋34.9%
アース・カー	183	110	▲73	▲39.9%
ホンダ エブリゴー（注）	―	102	―	―
合計	8,650	16,164	＋7,514	＋86.9%

車両台数（大手6社）

サービス名	2014.12	2019.3	増減数	増減率
タイムズカープラス	10,382	24,043	＋13,661	＋131.6%
オリックスカーシェア	2,153	3,017	＋864	＋40.1%
カレコ	885	3,543	＋2,658	＋300.3%
カリテコ	299	417	＋118	＋39.5%
アース・カー	220	148	▲72	＋32.7%
ホンダ エブリゴー（注）	―	171	―	―
合計	13,939	31,339	＋17,400	＋124.8%

（注）　ホンダ エブリゴーは、ステーション数、車両台数とも2014年12月時点のデータはない。
（出所）　「カーシェアリング比較360°」から筆者作成

　カーシェアの情報比較サイト「カーシェアリング比較360°」によると、2019年3月現在のタイムズカープラス、オリックスカーシェア、カレコ・カーシェアリングクラブ、カリテコ、アース・カー、ホンダ エブリゴーの業界大手6社合計の

ステーション（車の貸出拠点）数は2018年12月末に比べて2.8％増加して１万6,164カ所、保有車両台数は1.9％増加して３万1,339台となった。これには、2014年12月との対比では、ステーション数は86.9％増、車両数は124.8％増（ただし両者とも2014年12月のデータにはホンダ エブリゴーを含まない）となっており、どちらも業界最大手のタイムズカープラスとカレコの伸展が著しい。

　2019年２月、ソフトバンクとトヨタは、両社が共同出資してMONET Technologiesを設立し、事業を開始すると発表した。MONET社は過疎地等で需要に応じて送迎や宅配、カーシェア等のサービスを提供するためのプラットフォームを自治体や企業向けに供給するほか、自社でも手がけていく計画としている。

シニア層に根強い抵抗感

　海外におけるシェアリングエコノミーサービスの市場は、2025年までに欧米諸国合計で約3,350億ドルにまで拡大すると予測されている。わが国でも今後の市場拡大が見込まれており、2017年度には約716億円であった市場規模は、2022年度には約1,386億円まで拡大するとの予測がある（「中小企業白書2019年版」）。

　シェアリングエコノミーの今後の普及、発展に影響を及ぼすと思われる要因は次のとおりである。

（1）　シェアリングエコノミー利用に対する抵抗感

　わが国内で提供されているシェアリングエコノミーを対象に、アンケート調査で消費者の利用意向等を尋ねた結果は図表３のとおりである。

　まず、「車で外出した際に、空いている月極駐車場や個人所有の駐車スペースに一時的に駐車できるサービス」（駐車サービス）について「利用したい」あるいは「利用を検討してもよい」と答えた人は５割を超えた。一方、「インターネットを通じて、他人の使っていないモノ（楽器、自転車等）をレンタルできるサービス」（レンタルサービス）について「利用したい」あるいは「利用を検討してもよい」と答えた人は３割強、「インターネットを通じて、家事やペットの世話などの仕事を個人に直接依頼できるサービス」（家事依頼サービス）について「利用したい」あるいは「利用を

図表3　国内におけるシェアリングエコノミーサービスの利用意向

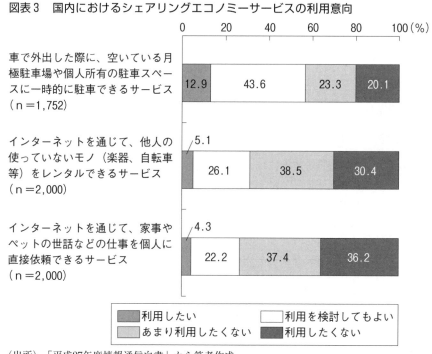

（出所）「平成27年度情報通信白書」から筆者作成

検討してもよい」と答えた人は、3割弱となった。

　年代別に利用意向をみると、各サービス共通して60代以上の利用意向が他の年代に比べて低い。海外のシェアリングエコノミーと同様、シニア層に受け入れられにくい結果となっている。

　また、以上のシェアリングエコノミーについて、「あまり利用したくない」あるいは「利用したくない」と答えた人にその理由を尋ねたところ、各サービスともに「事故やトラブルのときの対応に不安があるから」が5～6割で最も高く、次に「個人情報の事前登録などの手続がわずらわしいから」が約3割で続く。他方、「利用者の口コミによるサービス評価には限界があるから」や「企業が責任をもって提供するサービスのほうが信頼できるから」を理由にあげた人はそれぞれ1割未満、2割程度にとどまり、必ずしも多くない。

　海外のシェアリングエコノミーと同様、CtoC型取引の品質を口コミ評価によって担保するというシェアリングエコノミーの基本的な仕組み自体に抵抗を感じる人は少なく、サービスを実践していくうえでの信頼性の確保や利便性の向上が課題であることがわかる。

　なお、総務省の「ICTによるインクルージョンの実現に関する調査研究（平成30年）」によるとシェアリングエコノミーを信頼して利用するための条件として、借り手（利用してお金を支払う人）および貸し手（提供してお金をもらう人）に対するアンケートでは、貸し手は63.9％、借り手は66.1％が「サービス事業者による保証や介入の仕組みがあること」を条件にあげている。

(2)　不十分な法整備

　シェアリングエコノミーの分野のなかには、法整備が整っていないものが存在する。

　たとえば、そもそもわが国では旅館業法が存在し、一般家庭などが空き部屋などに有料で旅行者を宿泊させる「**民泊**」は禁じられてきたが、2018年6月15日に住宅宿泊事業法（民泊新法）が施行され、民泊が正式に解禁された。政府がわが国を世界有数の観光大国にすることを標榜し、東京オリンピック・パラリンピックが開催される2020年にはインバウンド（訪日外国人旅行者）数の目標を4,000万人としていることがその背景にある。

　この規制緩和の結果、宿泊営業の実施にあたっては、原則、旅館業法に基づく許可が必要となるところ、民泊新法3条1項の届出をした者は、旅館業法3条1項（旅館業を営むには、都道府県知事等の許可を受けなければならない）の規定にかかわらず、住宅宿泊事業を営むことができるようになった。住宅宿泊事業とは、旅館業法3条の2第1項に規定する営業者以外の者が宿泊料を受けて届出住宅に人を宿泊させる事業であって、営業日数が180日を超えないものとされている。民泊が先行する欧米に比べてまだ制約は多いが、わが国でも今後の市場の拡大が見込まれている。

　また、近年のペットブームから、犬や猫を飼う人と一時預りができる人をマッチングするペット向けの民泊サービスが登場しているが、現状では動物を営利目的で預かったり訓練したりする場合、動物愛護法上地方自治体に登録しなければならない。

　一方、ライドシェアサービスについていえば、Uber（米国など）は**タクシー・ハイヤー会社**と提携して配車サービスを行っている。しかし、わが国の現行の道路運送法においては、営業許可をもたない自家用車で配送サービスを行うことは、「白タク」行為となり、違法とされている。今後の規制緩和が期待されるところではあるが、当然に利用客の安全性や信頼性の確保は欠かせないし、既存のタクシー業界との調整も必須である。

活発化する行政の支援

　2016年7月8日に内閣官房主導で官民による「第1回シェアリングエコノミー検討会議」が開催され、その後第15回（2019年4月23日）まで開催されている。そのなかで検討された主な取組みは次のとおりである。

(1) シェアリングエコノミー活用推進事業 (総務省)

対象団体	人口規模などの地域性を考慮しつつ、地方公共団体を選定
2019年度予算	5,000万円
上限額	1,000万円／事業
概要	・シェアリングエコノミーを活用して、地域の社会課題解決や新たな生活産業の実証、実装による地域経済の活性化を図るため、地方公共団体が実施するモデル事業を支援する。 ・モデル事業を実施した地方公共団体から報告された成果について、分野ごとに総合的な分析、取りまとめを行い、横展開につなげる。

(2) グレーゾーン解消制度 (経済産業省)

対象はシェアリングエコノミーに限定されないが、個々の企業が新事業を始める場合に、なんらかの規制に該当するかどうかを事前に確認できる制度。2014年施行の産業競争力強化法に基づき導入された。企業ごとに事業所管省庁へ申請し、関係省庁と調整して、原則1カ月で規制に該当するかどうかの回答を得られる。

たとえば、自動車で中長距離を移動するドライバーと、同区間の移動を希望する人(ユーザー)をマッチングし、実費相当での相乗りを実現するサービス事業において、道路通行料およびガソリン代を収受してユーザーを相乗りさせるドライバーの行為が、道路交通法に規定する「旅客自動車運送事業」に該当するか否かについて照会された結果、「該当しない」ことが確認できた。これにより、相乗りにより中長距離を安価に移動することを望むユーザーのニーズを満たすサービスが展開されることが期待できる。

(3) シェアリングエコノミー伝道師 (総務省)

政府CIO(内閣情報通信政策監)が任命したシェアリングエコノミー伝道師を派遣し、地方公共団体等のシェアリングエコノミーの取組みを支援する。2017年8月から派遣を開始し同年度は10件、2018年度は26件の派遣が実現した。

(4) シェアリングシティ (各地方自治体)

たとえば、少子高齢化とそれによる労働力不足に伴い、地方では早晩タクシードライバーのなり手がいなくなることが懸念されている。公共交通機関の発達していない地域ではますます交通手段の確保が困難になり、シェアリングエコノミーのライドシェアサービスを利用するほうが、経済的かつ合理的といえる。

このため、2019年9月現在で18市町村が「シェアリングシティ認定都市」として宣言を行っており、自治体をあげての取組みが増えている。多くの事例が、いまだ実証・施行段階であるが、一部効果が発現し始めているといわれる。たとえば、北海道天塩町（てしおちょう）の取組み(コストシェア型相乗り)では、町内高齢者の約1割が利用しているサービスに成長し、長崎県島原市(体験型観光のマッチング)では、市外企業と連携してパッケージツアーを組成している。

海外では、シェアリングシティは、韓国のソウル、オランダのアムステルダムが先駆とされる。

千代田区等の都内10の区では、サイクルポート(シェアサイクル専用の駐輪場)を拠点としたコミュニティサイクル(シェアサイクル事業)が展開され、また東京都以外の多くの都市でも導入が始まっている。これに対して、中国のシェアサイクルには、東京都のようなサイクルポートはない。いわば、街中の至るところに自転車がばらまかれていて、それを自由に拾って乗り、またどこにでも乗り捨てられるかたちで運営されている。しかし規制が未整備の状態で業者が乱立する一方、所かまわず乗り捨てられ、壊れた自転車の散乱など利用者のマナー違反問題が多数発生したところから、武漢市では今後のレンタサイクルの導入を禁止し、これに追随する都市が数市あるという。

フランスでは、違法な貸主による民泊事業や事業者の脱税が横行し、また民泊によって経営を圧迫された既存のホテルの廃業が多く発生している。Uber(米国)においては、暴行事件や正規の料金を大幅に上回る料金を請求される事件の多発や、5,700万件もの個人情報漏えいなど不祥事が相次いで発覚している。わが国にとってシェアリングエコノミーの先進国である海外諸国から学ぶ点も多い。

15

シェアリングエコノミー

シェアリングエコノミーによって浮かぶ業種、沈む業種

シェアリングエコノミーの普及、発展が既存の産業に影響を与え始めている。たとえば、わが国の**自動車メーカー**でも、ホンダ、トヨタに続き、日産自動車も2018年12月からカーシェアリング事業の運用を開始した。トヨタは、自動運転の電気自動車（EV）を使ったサービスの開発に向けて、Amazonや**宅配ピザ**のピザハットなどの異業種との提携を発表している。ドライバーなしで商品を宅配するほか、相乗りタクシーのようなライドシェアサービスを提供したりする取組みを想定しているという。他方、Uberがわが国で展開しているサービスは、飲食配達（「Uber Eats」）こそ人気だが、肝心のライドシェア事業は、それを脅威と感じる既存タクシー業界の反発と規制の壁により現状頓挫している。その間、既存タクシー業界はグループを超えた配車アプリの開発や、運賃の事前確定や定額料金の導入などライドシェアに対抗できるサービス強化を活発化している。

また、モノのシェアリングについていえば、シェアリングエコノミーの拡大によってモノの生産量が減少した事例はまだ確認できていないと思われるが、今後についてはその可能性を否定できない。この場合、提供者側から利用者側に回る個人が増加し、結果として提供者側の個人が減少していくことが予想される。その際、モノを生産する企業がそのモノの生産を継続するとともに、そのモノに関するシェアリングエコノミーの提供者側の業務に進出する展開も予想される。

さらに、民泊についていえば、観光庁の「住宅宿泊事業の宿泊実績」によると、2019年6〜7月の2カ月にわが国を訪れた海外からの宿泊者の住宅民泊を利用した人数は約27万人であった。地域別でみると、東アジアが最も多く58.9％を占めており、国籍別では中国が最も多く28％となっている。また、民泊の予約プラットフォームを提供するAirbnb（米国）によれば、同社を利用した外国人の91％が「暮らすように旅をする」ことを求めており、84％が再びわが国を訪れた際には民泊を利用したいと回答しているという。現在は個人が主体だが、商機を取り込むべく、企業の新規参入

も続いている。一例として、**コンビニエンスストア**のファミリーマートは、Airbnbと提携し、店舗で民泊先の鍵を受け取れる業務を開始する。また、2019年4月よりTポイント・ジャパンと業務提携し、Tポイントサービスを開始した。

このように、シェアリングエコノミーの普及、発展は既存の業種や企業に対して大きな影響を与えつつある。

新規参入のチャンスと障害

既存の企業がシェアリングエコノミーの分野に参入する場合、これまでの経営経験が必ずしも生かされない可能性がある。それは、相手は新しいビジネスモデルをもったプラットフォーム企業とさまざまなバックグラウンドをもった多数の個人だからである。また、すでに述べたように、シェアリングエコノミーは、経験に基づく相互評価に基づくビジネスである。サービスの利用により、信頼を失うようなことがあれば、即座に顧客離れが起きることも覚悟しておかなければならない一面もある。

一方、シェアリングエコノミーはITインフラをベースにしているがゆえに、大企業に比べて経営資源に乏しい中小企業やベンチャービジネスにも、アイデア次第でビジネスチャンスがある分野ともいえよう。

また、シェアリングエコノミーの仕組みは個人間取引を強く支援するものであるため、一般的な労使関係における条件がないなかでビジネスを行うことが可能となる。さらに、CtoC型取引にとどまらず、女性や高齢者の労働参画を促す働き方改革や地方創生をはじめとした社会的課題の解決や緩和につながる可能性がある。このため、わが国でもフリーランスや副業を行う一般の労働者の増加に対する法整備、たとえば労働法における副業の位置づけの整理等が行われていくことが望まれる。

以上みてきたように、シェアリングエコノミーはわが国では黎明期にあると考えられ、一部に利用意向の高いサービスはあるものの、全体として現状では企業が提供する従来型のサービスと同程度の支持を得ているとは言いがたいといえよう。

しかしながら、CtoC型取引の品質をインター

ネットでの口コミ評価によって担保するという
シェアリングエコノミーの基本的な仕組み自体に
抵抗を感じる利用者は少なく、サービスを実装し
ていくうえでの信頼性の確保や利便性の向上が課
題になっている。

　このように、各プラットフォーム企業における
信頼性の確保や利便性の向上に向けた取組みがさ
らに進み、また法整備や政府、自治体の支援等が
継続していけば、わが国でもその利用が広がり定
着していくことが十分に予測される。

（注）　クラウドソーシングとは、不特定の人（crowd
　　＝群衆）に業務委託（sourcing）するという意味の
　　造語で、ICTを活用して必要なときに必要な人材を
　　調達する仕組み。

15

シェアリングエコノミー

所有価値から体験価値へ。価値観と技術革新が変えるビジネスのかたち

東京経営研究グループ　中小企業診断士
森　弘子

社会経済環境の変化

日本経済は、高度成長期から安定成長期を経て、バブル崩壊後の低成長が続くなか、現在は成熟期に入っているといわれる。成熟社会では、人口の減少、人口ボーナスの消滅、家計貯蓄率の低下などにより、社会経済基盤が変容し、高度経済成長期のような量的拡大は見込めない。所得や消費が右肩上がりを続けることは不可能となり、経済成長率も鈍化あるいは低下する傾向にある。

また、日本は2005年頃から人口減少社会に転じたといわれる。今後はさらに人口減少が進み、超高齢社会となることが確実視される。加えてグローバル化の影響などもあり、社会や経済のさまざまな面で大きな変化が続くと考えられる。こうした変化のうち、消費のあり方にも大きな影響を与えると考えられるものには、①産業構造の変化、②経済成長率の鈍化・低下、個人消費の減少、③グローバル化、④情報通信などの技術革新、⑤就労形態・働き方の多様化、などがある。また、核家族化、単身世帯・夫婦のみ世帯の割合増加、世帯数の減少、婚姻率の低下、晩婚・晩産の増加といった“家族のあり方”の変化も重要である。近年は、高齢者層以外でも単身世帯が増加しており、日用品、中食・外食、娯楽・レジャー、旅行などの分野を中心に単身者向けの商品・サービスも増えている。ひとり**カラオケ**、ひとり焼肉、ひとり**クルーズ**、ひとりウエディングなど、「おひとりさま市場」は幅広い分野に拡大しつつあり、この傾向は今後も続くと予想される。

「平成29年度　年次経済財政報告」（内閣府）は、「近年のスマートフォンの普及やICTの革新、都市化、単身化や高齢化といった世帯の構造変化は我が国の個人消費の構造を大きく変えている」とし、実店舗での販売からインターネットを通じた販売へのシフト（ネット消費の拡大）も続いている、と指摘している。これは技術革新により実現したものであるが、女性の社会進出、買い物に時間をあまりかけられない共働き世帯や、移動手段に制約がある高齢世帯の増加も大きな要因となっている。また、こうした状況を背景に、今後、**家事代行業、保育サービス**、生鮮品・日用品**のネット宅配サービス**、**惣菜や持帰り弁当**などの調理済食品や外食などの分野でもさらなる消費拡大が見込まれる。

個人の意識の変化と価値観の多様化

社会経済環境が変化するなかで、個人の意識も大きく変わりつつある。その1つが、“豊かさ”や“幸福”に対する意識の変化である。内閣府の調査によると、心の豊かさに重きを置きたいとする人の割合が、物の豊かさを重視する人の割合を超えたのは1970年代後半であり、以来、一貫して心の豊かさを重視する人が上回っている。「「消費者理解に基づく消費経済市場の活性化」研究会（消費インテリジェンス研究会）報告書（2017年3月）」（経済産業省）では、「1980年以降、人はモノの豊かさよりも心の豊かさに重きをおいた生活を送りたいという傾向が強まっており、ものを多く

図表1　働き方や生き方の変化

カテゴリー	従来（重視されてきた要素）	今後（重視されるであろう要素）	
職務	総合性（無限定）	専門性	
働き方	画一的 長時間労働・定時勤務	多様化 付加価値重視・生産性向上	
雇用システム	新卒一括採用 終身雇用 年功序列（給与） 年功序列（人事評価） 正規－非正規雇用間の格差	常時採用 流動雇用 即時清算 能力主義 非正規雇用の待遇改善	人材の流動化 中途採用や転職の増加 働き手の多様化
モチベーション	定期的な昇進・昇給 安定的な雇用 他律的なキャリア形成	自己の成長 仕事ぶりや能力の適正な評価 自律的なキャリア形成	
仕事と家庭	仕事優先	ワーク・ライフ・バランスの確保	

（出所）　経済産業省「これからの社会における新たな働き方と人材育成」（2018年1月25日、ウェブサイト）から筆者作成

所有することが生活の豊かさではないという価値観に変わってきている」と指摘している。これは、"所有する価値（モノ）"から"利用・体験する価値（コト）"への移行を意味するが、こうした意識の変化は、所有する資産をシェアする「シェアリングエコノミー」にも通ずるものである。

経済成長や物質的な豊かさが必ずしも幸福に結びついていないという考え方が広がるなか、精神的な豊かさや質的成長が重視され、"絆"や"つながり"など経済指標では測れない価値を重視する傾向も強まっている。

こうした意識の変化や人口減少、人生100年時代の到来などを背景に、近年は働き方や生き方にも大きな変化がみられ、多様化が進んでいる（図表1）。

所有（モノ）から利用・体験（コト）へ

消費者の価値観の変化や技術革新、サービス経済の進展などによって、モノを所有するのではなく、必要なときだけ利用するという消費スタイルがさまざまな分野に広がっている。代表的な例として、サブスクリプション（定額制）がある。これは、商品・サービスの利用期間や回数に対して

対価（定額）を支払うものであり、音楽、映画、動画、電子書籍、ソフト、システムなどデジタル系の分野だけではなく、車、自転車、アパレル、家具、住居など幅広い分野に拡大している。最近は、コーヒーなど飲食分野でも多くみられる。

また、「平成29年版情報通信白書」（総務省）では、シェアリングエコノミー（共有型経済）や**ソーシャルメディア**、**クラウドファンディング**等の例をあげ、インターネットの普及により「つながる経済」が進展していると指摘し、「いつ、どこで誰が商品を使ったかを把握して細かく管理・課金する形態や、売り切り型ではなく多様な貸与・利用許可型ビジネス（いわゆる「モノ」から「コト」へ）の潮流を生んでいる」としている。

コト消費とは、購入したモノやサービスによって得られる経験や体験に価値を見出す消費行動のことで、「体験型消費」と呼ばれることもある。コト消費は、ある特定の世代に限ったものではなく、幅広い世代にみられる。ただし、特にその傾向が顕著なのは若者である。消費者庁の「平成29年版消費者白書」は、コト消費の傾向は、デジタルネイティブと呼ばれる世代に当たる若者の消費行動において、他の年齢層より強く表れるとみることができるとし、その背景の1つとして、「情報化の進展によりデジタル化されたコンテンツが

複製によって簡単に手に入るようになり、モノを所有することの意義が低下する、また、デジタル化されていない情報やコンテンツの価値が相対的に高まるという影響が生じたことなど」も考えられると述べている。

コト消費の拡大

コト消費では、"いま、ここでしか経験できない" "いま、ここでしか味わえない" コト、すなわち体験や時間が重要となる。代表的なものには、**観光（旅行）**、**スポーツ観戦**、**レジャー・イベント**、**映画**、**コンサート・ライブ**、交際（飲食を含む）などがある。また、コト消費に対する需要の高まりを受けて、商品・サービスと体験を結びつけることで消費の拡大につなげようとする動きが産業界全体に広がっている。

なお、コト消費に対しては、次のような分野でも大きな効果が期待されている。

① 地域経済活性化……経済産業省は「コト消費空間づくり研究会」を設置し、報告書（2015年9月）を公表している。

② インバウンド（訪日外国人旅行者）……政府は、訪日外国人旅行者数などの数値目標を設定している。コト消費は、こうした目標を実現するためのカギとして、期待されている。

③ 製造業……総務省の「平成25年版情報通信白書」では、「昨今、「コトづくり」が産業界復活のキーワードとして取り上げられることが多くなってきている」とし、その背景として「商品の価値はモノ自体の機能にあるというよりも、モノに付随するサービスや、ユーザーがモノの新しい利用体験を作り出すことが価値だとみなされている場合が多い」としている。

デジタル経済の進展と新しい消費スタイル

「平成29年度年次経済財政報告」（内閣府）は、デジタル経済を「デジタル化された財・サービス、情報、金銭などがインターネットを介して、個人・企業間で流通する経済」と定義し、デジタル経済の発展によって従来の消費のあり方が変化し、インターネットを通じた個人間での取引

（シェアリングエコノミーなど）、無料または低価格のサービス提供など、経済価値の測定が困難な財やサービスが出現しつつある、と指摘している。無料または低価格のサービス提供については、音楽業界を例にあげ、インターネット無料動画サービスとスマートフォンの普及によって、旧来のCD等の音楽媒体に対する需要（「モノ消費」）は縮小しているが、これにかわりアーティストの演奏を生で聞くという体験型の消費活動（「コト消費」）が増加し、最近では「コト消費」が「モノ消費」を上回りつつある、としている。

インターネットへの接続が容易になったことで、ネット消費は年々増加している。経済産業省の「平成30年度我が国におけるデータ駆動型社会に係る基盤整備（電子商取引に関する市場調査）報告書（平成31年5月）」によると、2018年における国内BtoC-EC市場規模は17兆9,845億円（前年比8.96%増）、その内訳は物販系9兆2,992億円（前年比8.12%増）、サービス系6兆6,471億円（前年比11.59%増）、デジタル系2兆382億円（前年比4.64%増）である。一方、国内CtoC-EC市場をみると、2018年のフリマアプリの推定市場規模は6,392億円、ネットオークションの推定市場規模は1兆133億円となっている。フリマアプリについては、"売ることを前提とした買い物"という新しい消費スタイルを確立しつつある、と指摘している。

第4次産業革命とスマートフォン経済

第4次産業革命は、あらゆるモノがインターネットでつながり、そこで収集・蓄積されるさまざまなデータ（いわゆるビッグデータ）を、人工知能を使って解析し、新たな製品・サービスの開発につなげるものである。

「日本経済2016—2017」（内閣府）は、第4次産業革命の進展により、個人のニーズにあった財やサービスを必要なときに必要なだけ消費することが可能になるとして、シェアリングサービス（財や資産を所有せずに好きなときにレンタルして利用）、デジタル・エコノミーの進展によるネット上でのコンテンツ提供（好きなときに好きなだけコンテンツを楽しむ）などの例をあげている。

第4次産業革命では、インターネット接続機器

図表２　スマホ関連サービス・アプリの変遷

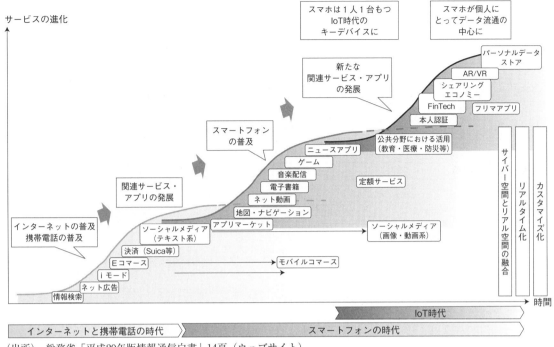

（出所）　総務省「平成29年版情報通信白書」14頁（ウェブサイト）

でもあり、膨大なデータを生成するスマートフォンが重要な役割を果たす。図表２はスマホ関連サービス・アプリの変遷である。

　スマートフォンの普及にあわせてSNSの利用も急増してきた。「平成29年版情報通信白書」（総務省）では、SNSはコミュニケーションツールにとどまらず他のサービスにおける活用や他のサービスとの連携も行われているとし、マーケティングでの活用や、FinTech、シェアリングサービスなどの事例をあげている。また、スマートフォン利用が消費に及ぼす影響について、次の２点をあげている。

① 直接効果……スマートフォンを、商品やサービスの購入手続や予約を行うための端末として利用することによる消費促進効果。

② 間接効果……スマートフォンによる情報収集が消費に及ぼす影響（需要を喚起する効果）。

　こうした状況のなか、口コミや、インフルエンサーと呼ばれる存在が重視されるようになっている。図表３は、商品やサービスを検討するときの口コミの参考状況である。

　また、「平成28年度消費生活に関する意識調査結果報告書（2017年７月）」（消費者庁）によると、

SNSからの情報をきっかけとした商品の購入やサービスの利用についての回答（複数回答）では、「SNS上の情報がきっかけで買物をしたことはない」が31.9％で最も多いものの、「友達がアップやシェアをした情報」が27.8％、「お店やメーカーの公式アカウントがアップやシェアをした情報」が26.2％である。また、「芸能人や有名人がアップやシェアをした情報」も19.9％となっている。

　芸能人や著名人だけでなく、有名なYouTuberやブロガー、特定の分野（コミュニティー）で強い影響力や多くのフォロワーをもつ人物などはインフルエンサー（他者の意思決定や購買行動などに強い影響を及ぼす存在）と呼ばれる。インフルエンサーに、企業や商品・サービスなどへの興味・関心を喚起したり、好印象を与える情報などを拡散してもらい、取引先（BtoB）や消費者（BtoC）の行動に影響を与えるマーケティング手法が「インフルエンサーマーケティング」である。

　BtoCでは、消費者に購入してもらう目的だけでなく、商品・サービス情報の拡散、話題性や認知の向上、ブランディングなども含めてPR活動を行うが、特に重要となるのが「いかに消費者の

図表3　商品やサービスを検討するときの口コミの参考状況

年齢	かなり当てはまる	ある程度当てはまる	どちらともいえない	あまり当てはまらない	ほとんど・まったく当てはまらない	無回答
15〜19歳	19.6	38.2	23.9	11.3	7.0	0.0
20歳代	29.7	41.7	19.5	5.4	3.7	0.0
30歳代	20.2	49.4	19.1	8.0	2.7	0.5
40歳代	15.9	43.8	25.7	10.1	4.6	0.0
50歳代	7.2	41.1	29.0	15.3	7.2	0.2
60歳代	3.5	29.2	32.4	20.4	14.0	0.5
70歳以上	2.4	19.8	29.4	22.1	25.0	1.3

(57.8 / 71.4 / 69.6 / 59.6 / 48.3 / 32.7 / 22.2)

凡例：□かなり当てはまる　□ある程度当てはまる　■どちらともいえない　■あまり当てはまらない　□ほとんど・まったく当てはまらない　■無回答

(出所)　消費者庁「平成29年版消費者白書」137頁（ウェブサイト）

"共感"や"信頼"を得るか」という点である。

働き方・生き方の多様化が生み出す消費のかたち

働き方改革やワークライフバランスの改善などにより自由時間が増えることで、買い物、旅行、スポーツ、レジャー、イベント、**習い事**、**学習**（資格取得・スキルアップなど）などで消費拡大が期待できる。また、現在は主にインバウンド向けに推進されている**ナイトタイムエコノミー**でも消費拡大の可能性が見込める。具体的にはグルメ、ショッピング、各種エンターテインメント、ショー、ライブ、バー、クラブなどのほか、美術館・博物館などの文化施設、自然資源巡り（ナイトクルーズなど）、街をあげてのイベントなどがある。

一方、高齢者の消費動向が個人消費全体に及ぼす影響は今後ますます大きくなると予想される。年齢別の消費傾向について、内閣府の「平成29年度年次経済財政報告」は、「70歳代では、家事

サービスや医薬品など保健・医療への出費が多くなっている一方、書籍や交際費の支出も多くなっており、教養への関心の高さやいわゆる「アクティブシニア」の存在感が確認できる」と指摘している。アクティブシニアの消費傾向をみると、旅行、趣味・教養、健康の維持・増進、交際などの支出割合が高いといわれる。とはいえ、高齢者においては、年金などに対する経済的な不安や、病気や介護に対する不安などから消費が抑制されやすく、今後も活発な消費が続くとは言いがたい状況もある。

高齢者のネット消費については、「平成30年度年次経済財政報告」では、今後、高齢者のITスキル向上や、ITスキルを職場等で使っている現役世代の高齢化が進めば、高齢世帯でもインターネットを利用した消費活動がより増加していく可能性が考えられると述べている。

社会的課題への関心とエシカル消費

情報通信技術の高度化により、消費者がさまざ

図表4　エシカル消費の具体例

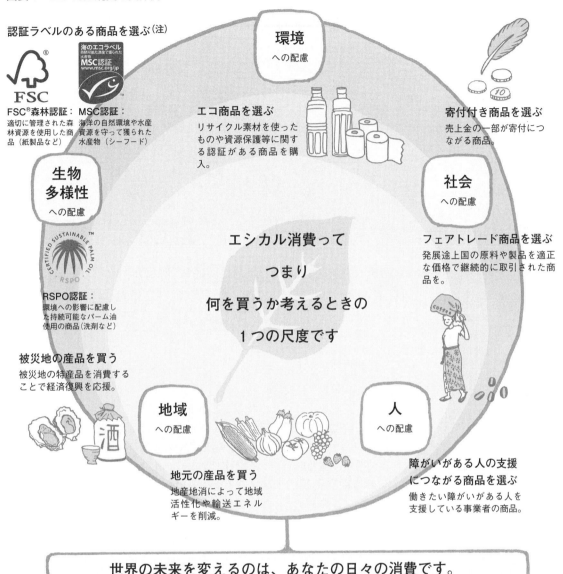

認証ラベルのある商品を選ぶ（注）

FSC®森林認証：
適切に管理された森
林資源を使用した商
品（紙製品など）

MSC認証：
海洋の自然環境や水産
資源を守って獲られた
水産物（シーフード）

RSPO認証：
環境への影響に配慮し
た持続可能なパーム油
使用の商品（洗剤など）

生物多様性への配慮

環境への配慮

エコ商品を選ぶ
リサイクル素材を使った
ものや資源保護等に関す
る認証がある商品を購
入。

寄付付き商品を選ぶ
売上金の一部が寄付につ
ながる商品。

社会への配慮

フェアトレード商品を選ぶ
発展途上国の原料や製品を適正
な価格で継続的に取引された商
品を。

エシカル消費って
つまり
何を買うか考えるときの
1つの尺度です

被災地の産品を買う
被災地の特産品を消費する
ことで経済復興を応援。

地域への配慮

地元の産品を買う
地産地消によって地域
活性化や輸送エネル
ギーを削減。

人への配慮

障がいがある人の支援
につながる商品を選ぶ
働きたい障がいがある人を
支援している事業者の商品。

世界の未来を変えるのは、あなたの日々の消費です。

（注）　認証機関はほかにも多数あり、これらはその一例。
（出所）　消費者庁「エシカル消費ってなぁに？」2頁（ウェブサイト）

まな情報を容易に入手できるようになったことも
あり、人や社会、環境、地域に対して高い関心を
もつ消費者が増加している。それとともに、地球
環境問題、人権、生物多様性、開発途上国の労働
者の生活改善、被災地支援などに配慮し、よりよ
い社会の形成を目指す「エシカル消費」（倫理的
消費）の動きも拡大している。図表4は、エシカ
ル消費の具体例（一部）である。なお、消費者基
本計画（2015年3月24日閣議決定）は、持続可能な

ライフスタイルへの理解を促進するため、消費者
庁において、倫理的消費等に関する調査研究を実
施すると規定している。

消費と産業構造の行方

経済産業省の「「消費者理解に基づく消費経済
市場の活性化」研究会（消費インテリジェンス研究
会）報告書（2017年3月）」は、2030年の消費経済

図表5　2030年の消費経済における特徴的な消費行動

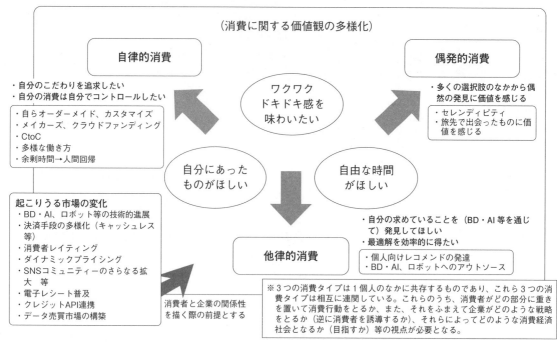

（出所）　経済産業省「「消費者理解に基づく消費経済市場の活性化」研究会（消費インテリジェンス研究会）報告書」
　　　（2017年3月）18頁（ウェブサイト）

市場に社会的に大きなインパクトを与える変化の兆しとともに、消費経済市場における特徴的な消費行動を示している（図表5）。

　具体的には、自律的消費、他律的消費、偶発的消費の3タイプであるが、その他の消費者像（消費行動のタイプ）として「ものよりコト」「機能よりストーリー」を、サービス像として「付加価値／体験価値の提供」「VRを活用したサービス」などをあげている。

　第4次産業革命が消費に与える影響も大きい。「平成30年度年次経済財政報告」（内閣府）では、従来、消費者はバリューチェーンのうち最終段階の小売でしか企業を選択する余地がなかったが、電子コンテンツなどのサービスでは、消費者は端末、通信契約、OS・アプリ、コンテンツストアといったそれぞれの段階で複数の選択肢から好みの機器やサービスを選ぶことができる（レイヤー構造）とし、こうしたレイヤー構造化は第4次産業革命によって、自動車産業など従来の産業へも広がりつつあると指摘している。インターネットによってさまざまなものがつながることで、今後、分野の壁が低くなり、異業種間の競争が激し

くなることが予想されるが、さらに、業種の境界そのものがあいまいになっていく可能性もある。

　情報通信分野での技術革新は消費の動向を左右するだけではなく、産業構造そのものを変化させる。次々と生み出される新しい市場は、既存の市場や事業を圧迫したり、脅威となりうる一方で、両者がつながって補完・強化しあうことで、新たな需要を喚起するなどさらなる発展も期待できる。

17 ロボット産業

人手不足解消、生産性向上の切り札に

NTTデータ経営研究所
パートナー（情報未来イノベーション本部）

三治　信一朗

なぜいま話題なのか

日本においては、高齢化・少子化による人手不足がいよいよ目にみえるかたちで深刻化し、中小企業においては事業承継の問題が表面化しつつある。また、世界最大の製造大国である中国においても、一人っ子政策の影響による人口減少を目前に控え、自動化に向けて大きくかじが切られている。このような背景のもと、日本の産業用ロボットの年間出荷額は、2017年に過去最高額となる9,323億円を記録した。

それではなぜいま、この自動化の流れのなかでロボットに大きな注目が寄せられているのであろうか。日本のロボット産業は50年以上の長い歴史をもつが、ここ数年これまでになかったいくつかの大きな変化が生じていることが影響している。

(1) センサー技術およびAI技術の進展

変化の1つ目は、センサー技術およびAI（人工知能）技術の進展により、圧倒的にロボットが利用しやすくなってきているということである。

センサー技術のなかでも進展が著しいのがカメラを用いた画像処理技術である。画像処理技術の進歩およびハードの処理能力の向上により、精度・スピードともに産業界での利用が現実的となるレベルに至った。画像処理を用いるということは、つど状況を判断できるということであり、これまでは基本的に決められた形状・位置のものしか扱えなかったロボットに大きな柔軟性をもたせることが可能になったのである。たとえば、箱のなかにばらばらに入っている部品を上から順番に取り出す「バラピッキング」と呼ばれる処理は長年のロボットの課題であったが、画像処理技術の進展により現在では実用化に至っている。

圧力センサーの技術の進展と価格帯が手軽になったことも特筆に値する。圧力センサーを利用することで、熟練技術者の作業を詳しく分析し再現するといった取組みが比較的容易にできるようになっている。

さらに、AI技術の発展がロボットの利用範囲を大きく広げつつある。まず、AIは画像処理技術と親和性が高い。特徴点の把握にAIを利用することで、高度な知識がなくても画像処理技術をさまざまな現場に応用できるような素地が整いつつある。検査工程における良品・不良品の判断等にはすでにAIが用いられ始めている。また、ロボットを利用するにあたってはその動作を教示（ティーチング）する必要があるが、その難易度がこれまでロボットの普及を妨げてきた。AIにより、PC上でシミュレーションを行い最適な動きを自動的に生成したり、大まかな教示をするだけで細かい点は自動的に補正したりすることができれば、ロボットの導入障壁は一気に低くなるのである。

(2) Collaborative Robotの普及

変化の2つ目は、人と同じ空間で作業できるCollaborative Robotの登場である。元来、産業用ロボットは労働安全衛生規則150条の4に基づき基本的に安全柵が必要とされ、人とロボットが同じ空間で仕切りなしに働く姿は想定されていなかった。しかし、2013年に同規則150条の4の解釈が改正され、①リスクアセスメントにより危険

のおそれがなくなったと評価できるとき、②ISO規格（ISO 10218-1:2011およびISO10218-2:2011）に定める措置を実施した場合に、人とロボットの協働作業が可能となった。

Collaborative Robotは、安全柵を設けるスペースがない現場への導入や、昼間は人が作業し夜はそのスペースにロボットを置いて作業させるといったラインの大きな改造を必要としない導入に適しており、中小企業や三品産業（**食品、医薬品、化粧品**）、サービス業等のいままでロボットが導入されてこなかった分野への広がりが期待されている。

⑶　IoT社会の到来

3つ目の変化は、IoT社会の到来である。IoTとは、Internet of Thingsの略であり、情報通信の世界と現実世界のものがつながることによって実現されるサービスやビジネスモデルのことである。IoT社会は、これまでいわば受動的であった情報通信の世界が、現実社会に能動的に働きかける社会であり、その働きかける手段として最も親和性の高い機器は、汎用的な動作が可能なロボットということになるであろう。実際、近年ロボットの「自律化」「情報端末化」「ネットワーク化」が進み、製造業の産業構造を大きく変化させるものとして、さらには社会のさまざまなサービスに付加価値を与えるものとしてロボットに大きな注目が集まっている。

ビジネスの現状

⑴　現在の主だったプレイヤー

安川電機（日本）、ABB（スイス）、ファナック（日本）、KUKA（ドイツ）が世界のロボット4大メーカーと称されている。いずれの企業も大型から小型まで幅広いロボットを取り扱っている。安川電機は医療分野や食品分野で利用可能なロボットの開発を積極的に手がけ、Collaborative Robotや超小型ロボットなども発表している。ファナックは、AI技術をもつPreferred Networks社との業務提携や、関節がないCollaborative Robot「CORO」を開発したベンチャー企業ライフロボティクス社を買収するなど、積極的に新たな技術

を取り入れている。ABB、KUKAはもともと自動車企業向けの出荷が主であったが、それぞれ「YuMi」「LBR iiwa」といった協働ロボットを発表し新たな顧客獲得に動いている。

日本にはその他にも世界的なロボットメーカーが数多く存在する。**産業用ロボット製造**に長い歴史がある川崎重工業は双腕型スカラロボットの「duAro」で新たな市場を獲得しつつある。その他、自動車分野に強い不二越、溶接に強いダイヘンやパナソニック、電機業界で使用される小型ロボットに強い三菱電機、東芝機械、デンソーウェーブ、ヤマハ、アメリカのロボットメーカーAdept社を買収したオムロンなどがある。

海外で近年注目されるメーカーとして、デンマークのユニバーサルロボット社があげられる。ユニバーサルロボット社は2005年設立の比較的新しい企業であるが、創業来Collaborative Robotの開発・販売に特化し、現在では世界的な知名度を得るに至っている。

⑵　**市場規模の動向（4年前から現在）**

日本の産業用ロボット総出荷額は、2014年より2018年にかけ5年連続でプラス成長を続けている。特に2017年は前年比25.1%増と急激に成長、2018年は前半は好調であったが後半に中国経済減速の影響を受け最終的には4.1%増となり、過去最高の出荷額9,323億円を記録した（図表1）。

その内訳をみると、国内出荷額が2,733億円であるのに対し、輸出額は6,590億円となっており、総出荷額のうち輸出が71%を占めている。国内出荷額はこの5年間堅調に増加しているものの、日本のロボット産業の成長のその多くは海外への輸出に依存していることがわかる（図表2）。

輸出先の中心は中国であり、特に2017年は2016年比64.6%と大きな伸びを示した。中国における自動化の動きが急速に進んでいることがうかがえる。中国ロボット産業連盟（CRIA）発表の2016年統計データによると、中国国内で2016年に販売されたロボットの66%が海外製であり、なかでも多関節ロボットでは80%程度が海外製であるとされ、中国において使用されるロボットの大部分は輸入に依存している構図が明らかになっている。ただし、2018年には米中関係の悪化による中国経済の減速の影響を受け、中国向けの輸出額は微増

図表1　日本の産業用ロボットの受注・生産・出荷額推移

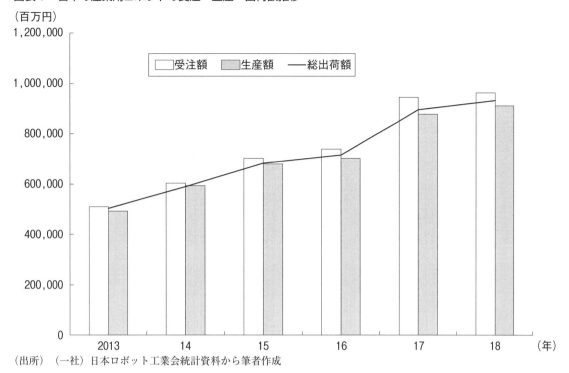

（出所）（一社）日本ロボット工業会統計資料から筆者作成

図表2　日本の産業用ロボットの国内出荷額・輸出額推移

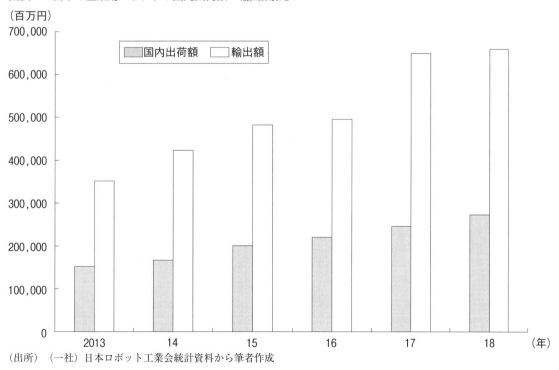

（出所）（一社）日本ロボット工業会統計資料から筆者作成

図表3　日本の産業用ロボットの主要国向け輸出推移

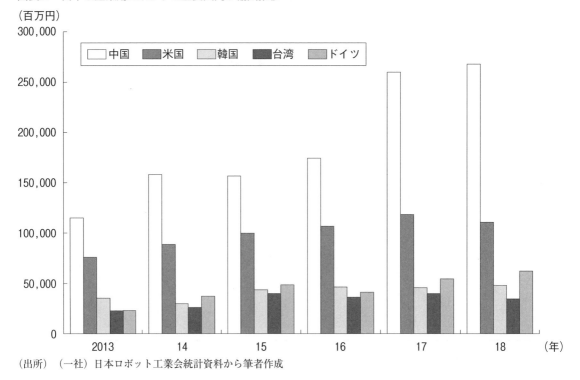

（出所）　（一社）日本ロボット工業会統計資料から筆者作成

にとどまっている（図表3）。

裾野広い周辺産業群

　ロボットの周辺産業としては、ロボットを構成する要素部品産業、ハンドや簡単な周辺装置の設計・製造を含むロボットシステム構築（ロボットシステムインテグレーション）産業、その他ロボット活用産業が存在する。

(1)　ロボットを構成する要素部品産業

　ロボットを構成する要素部品として重要なのは、**サーボモーター、コントローラー（制御装置）、減速機、センサー**であろう。

　サーボモーターは回転位置や速度等を精密に制御することができるので、現在産業用ロボットの多くに使用されている。ファナック、安川電機、三菱電機、パナソニック、オムロン、東芝機械など**発電機・電動機**等を製造するロボットメーカーはサーボモーターも製造・販売している。

　コントローラーは、ロボットの動きを制御する装置であり、基本的には各メーカーが独自で製作

を行っている。ただ、メーカーごとに仕様が異なり扱いにくいことから、どのメーカーのロボットも制御することができ、またAIにより軌道生成を簡単に行えることをうたったMUJIN社の「MUJINコントローラ」のような製品も登場している。

　減速機は、回転速度を歯車などで減速して出力し、減速に対して反比例したトルクを出力することができるようにする装置である。電動モーターの出力は高速回転・低トルクのため、これを低速回転・高トルクに変換するためにロボットでは必須の部品である。ロボットに必須であるにもかかわらず、減速機はサーボモーターやコントローラーと違いロボットメーカーが内製する状況にはない。これは、減速機の製造には高い加工技術と長年の経験が必要となる特殊な部品であるためである。そのため、現在はナブテスコ、ハーモニック・ドライブ・システムズ、住友重機械工業の日本メーカー3社によって世界市場がほぼ独占されている状況である。

　センサーに関しては画像センサー、温度センサー、ジャイロセンサー、圧力センサーなどさま

ざまなものがある。先述のとおり、近年は画像セ
ンサーや圧力センサーに注目が集まっている。ま
た、工場内を移動するようなロボットの場合に
は、3次元における位置把握のための測域セン
サーも重要となってくる。

(2)　ロボットシステム構築（ロボットシステム　　インテグレーション）産業

ロボットはロボットメーカーより納品された単
体では十分に機能することができない。対象物に
適したハンドを設計・製作して取り付けたり、架
台やパーツフィーダーやストッカー、ベルトコン
ベヤーなどの周辺装置を準備したり、それら周辺
装置や他のロボットなどにあわせた最適な動きを
プログラミングしたり、電気配線や設置工事など
を行って1つのロボットシステムとして構築する
必要がある。これがロボットシステムインテグ
レーションといわれる作業であり、ロボット単体
の市場の2～3倍の市場が存在していると考えら
れている。

ただ、これまではロボットの販売先は自動車
メーカーや電機メーカーといった大企業がほとん
どであり、それら企業の内部の生産技術部隊が独
自にシステムインテグレーションを行っていたた
め、その実態は十分に把握されていなかった。

しかし、近年ロボットの活用範囲が広がり、自
動車・電機以外の分野にロボットが活用されるに
至って、システムインテグレーションを行う企業
の重要性が高まり、その実態が明らかになってき
ている。2018年7月にはこれら企業の団体となる
「FA・ロボットシステムインテグレータ協会
（SIer協会）」が140社を超える規模で設立された
（2019年10月現在会員企業は200社を超える）。

(3)　その他ロボット活用産業

その他ロボットに関連する産業としては、ロ
ボットのリース／レンタル業、ロボットのリサイ
クル／中古販売業、ロボット関連保険、保守・管
理、アプリケーション製作、工程コンサルティン
グ業などがあげられる。

今後の市場をみるポイント

(1)　新技術の貢献

本業界を大きく変えうる変化は、技術の進展に
よりもたらされる可能性が高いであろう。

特に注目されるのはAI技術の進展である。ロ
ボットの普及を妨げている最大の要因はその使い
にくさにある。AIの進歩により、たとえば、数
カ月の基礎的ロボット教育を受けた管理者が自由
にロボットの動きをコントロールできるような状
態まで至れば、ロボットの普及範囲は劇的に広が
り、その市場規模は何倍にも達する可能性があ
る。

次に注目されるのは、FA（Factory Automa-
tion）の世界とITの世界の融合である。FAの世
界に触れたことのない方には意外かもしれない
が、これまで、FAの世界とITの世界はまったく
隔絶された状態にあった。FA制御の世界はより
早くより正確に機器を制御するために、PLCを中
心とした独自の制御モデルが構築されており、こ
こで用いられるプログラミング言語はIT・PCの
世界で用いられる言語とはまったく異なるし、
ネットワークも独自のものであった。しかし、海
外を中心にFAの世界をもITの言語やネットワー
クの管理方式で制御しようという動きが強まって
おり、PCサーバでラインをコントロールしたり、
ロボットで使用されている言語をJAVAなどの汎
用言語に変更したりといった流れが出始めてい
る。IT・PCベースのFAアプリケーションプラッ
トフォームを海外勢が独占することにより、現在
日本が圧倒的な優位を誇っているハードウエアの
世界に影響が及ばないか心配である。

Collaborative Robotの進化も大きな注目点であ
る。現在はまだ各社手探りであり、価格とニーズ
および使いやすさがマッチしておらず、導入に適
した分野・工程が見出せない状況にある。ハード
のスペックと価格、使いやすさがマッチした分
野・工程が見出されれば、爆発的に普及する可能
性が存在する。

その他、樹脂を使った軽量ロボット、非接触充
電により可能となる移動性の高いロボットの登場
などもロボットの活用範囲を大きく変化させうる

であろう。

　新しい技術としてのAIでの適用例としては、AIハヤブサが手がける画像検査等に適用している例や、エクサウィザーズが塩のさじ加減をAIで調整するロボットシステムの実装例が出始めている。いわゆるハードであるロボットとソフトとしてのAIが融合した例であるが、適用範囲、アプリケーションのつくりこみは今後進んでいくものと考えられる。他のシステムとの連動も進んできており、物流分野を中心に適用が進んでいる。

(2)　規制強化、緩和

　産業用ロボットに関する規制は基本的に安定しており、規制強化や緩和による影響は考えにくい。ただ、Collaborative Robotに関しては2020年を目標にISO10218の見直しが行われている。現在の議論ではTS15066の内容を取り込む程度の変更であり大きな影響はないと考えられるが、注視が必要である。また、最大の輸出先である中国のロボットに対する関税の動向にも注意する必要がある。

(3)　イベントをはさんだ需給の変化

　まず、2020年の大きなイベントとして東京オリンピックがあげられるであろう。しかし、オリンピックは産業用ロボットの需給にはあまり大きな影響は与えないと考えられる。ただ、2020年には東京五輪にあわせ、ロボットの世界では日本でワールドロボットサミット（WRS）が開催される。ここでは、ものづくり、サービス、インフラ・災害対応の各分野のロボットを用いた国際競技大会が開かれるのみならず、展示会も開かれる。本大会を契機に、研究開発およびロボットの社会実装が加速することが期待される。

　もう1つ起こりうる大きなイベントの1つとして、電気自動車の普及開始があげられる。電気自動車へのシフトは、長期的には部品点数の減少や必要要素技術の減少によりロボット産業にもマイナスの影響が出ると考えられる。しかしながら、短期的な視野に立つ場合、エンジン自動車の生産設備から電気自動車への生産設備へと大きな設備変更が行われるのであり、ロボットおよびロボットを用いたシステムインテグレーション産業は大きな恩恵を受けると考えられる。

環境変化によって影響を受ける業種

(1)　業種とその理由

　マクロな視点でみた場合、人口減少は継続しロボットの需要は引き続き堅調であると考えられる。特にこれまでロボットの利用がなかった中小のものづくり企業、三品産業、サービス産業など幅広い業種の企業に対し、ロボットの導入が省人化や生産性の向上の手助けをし、よい影響を与えると考えられる。

　一方で、日本のロボット産業がこのまま優位を保ち続けることができるかどうかは流動的である。先に指摘した、AI技術の活用、FA・ITの融合、Collaborative Robotの進化などで遅れをとれば、その優位性は大きく後退することとなるであろう。

(2)　新規参入企業、従業者の動向

　新規参入企業としては、ITとFAの壁がなくなることによる、IT企業による参入がいちばんであろう。また、AI技術をもつ企業によるロボット制御分野への参入も有力視される。従業者の変化としては、ロボットメーカーというよりも、ロボットを導入する各種企業におけるロボットを扱うことができるオペレーターのプレゼンスが高まるであろう。

第4次産業革命で
拡大し続ける現実、Society5.0

（一社）グローカルコミュニケーションセンター　理事長
（一社）中小企業人材確保支援協会　筆頭理事

岡部　眞明

VR・AR・MRとは何か

　ここ1、2年でVR・ARの利用領域は大きく拡大し、いまや教育、医療、製造業をはじめとして私たちの生活を大きく変えようとしている。本稿では、その後デビューを飾り早くも実利用の段階に達しつつあるMRを加えて論を進めることとする。

⑴　VR（仮想現実）

　VRはVirtual Realityの略であり、仮想現実と訳され、コンピュータがつくりだした仮想空間を人間の五感を通して体験できるようにしたものである。VRによって生成される仮想空間は、現実の世界とは隔離された空間や世界を構築してお

り、主にヘッドセット、ヘッドマウントディスプレイ、VRゴーグル等のデバイスを装着して体験する。

　VRにより提供される空間では、立体的な3次元空間が利用者の周りに広がり（3次元の空間性）、利用者の行動に反応して3次元空間が即時変化し（実時間の相互作用性）、利用者が矛盾なく入り込めること（自己投射性）が必要とされている（図表1）。

⑵　AR（拡張現実）

　ARはAugmented Realityの略であり、拡張現実と訳される。VRが現実空間とは無関係に仮想空間を構築するのに対し、現実環境にVR環境の情報を重ねて提示することで現実世界にVR環境のもつ機能を与え、現実環境における情報活動を

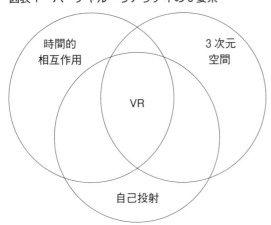

図表1　バーチャル・リアリティの3要素

（出所）エレコム㈱「バーチャルリアリティ学」（ウェブサイト）から筆者作成

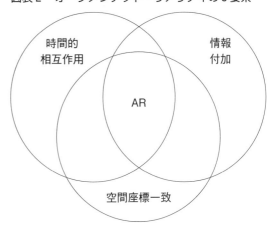

図表2　オーグメンテッド・リアリティの3要素

（出所）「VR・AR」（同志社大学知的システムデザイン研究室第161回月例発表会（2015年4月））から筆者作成

支援するものである。現実世界が主体となるため、簡便さや価格の安さからスマートフォンなどを活用して現実世界の映像と組み合わせる２次元映像となる場合が多い（現実環境がみえるように透過型のデバイスも利用される）。ARでは、現実環境にVR環境の情報が付加され（現実環境への情報付加性）、利用者の行動に反応して当該空間が即時変化し（実時間の相互作用性）、付加する情報の位置が正しく表示される（空間座標の一致性）ことが成立条件とされている（図表２）。

ARでは、VR環境の構築技術に加えて、VR環境を重畳表示するためのデバイス、実環境における位置計測、実環境の存在を考慮したインターフェース技術などが必要になる。

⑶　AV（拡張VR）

これらに加え、拡張VR（Augmented Virtuality、AV）という概念がある。これは、現実の人間や物をモデル化しVR環境に統合し、相互のインタラクションを可能にするもので、VR環境の現実感の向上や実環境との連携のために必要な概念である。

⑷　MR（複合現実）

MRはMixed Realityの略であり、複合現実と訳される。上記３つの概念を統合する概念であり、コンピュータ上の仮想空間と現実世界の情報を共有、融合させる。VR環境と現実環境との融合には、VR・ARに求められる３次元の空間性、実時間の相互作用性、現実環境への情報付加性、空間座標の一致性、自己投射性の実現が求められ、現実世界の位置情報を計測した実寸大の３Dデータを表示できる（図表３）。

MRでは、VR環境上の仮想物体に近づいたり触れたりなどなんらかの働きかけをすることができ、VR環境と現実環境が体験可能な透過型のデバイスを装着して体験する。

これらの概念を整理して表したものが図表４であり、実利用、産業利用は、これらの広い概念のもとで行われることになる。なお、複合現実に関する概念には、後述する調整現実（PR、MR）、代替現実（SR）も含め、他の整理の仕方も存在する。

VR・AR・MR市場の現況

⑴　ハイプ・サイクルにおける位置づけ

少子高齢化が進むわが国の人口は、2010年の１億2,800万人をピークに減少局面に突入し、2019年１月１日現在では、前年に比べ44万人減少して１億2,400万人であり、2053年には１億人を割り込むとされている。人口問題だけではなく経済社会の進展に伴い国際競争力の低下、地域社会

図表３　仮想空間の構成要素

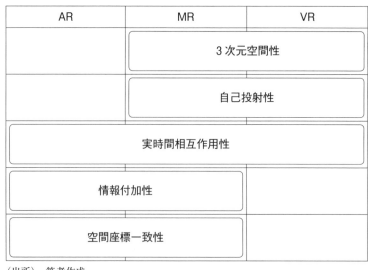

AR	MR	VR
	3次元空間性	
	自己投射性	
実時間相互作用性		
情報付加性		
空間座標一致性		

（出所）　筆者作成

図表4　仮想空間技術の相互関係

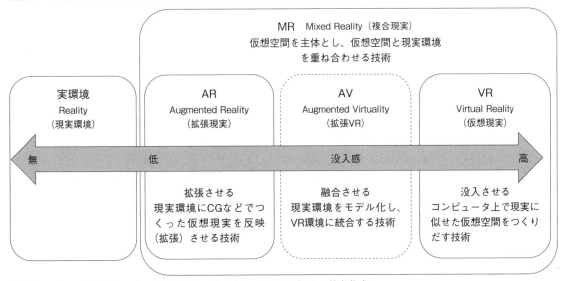

（出所）　エレコム㈱「バーチャルリアリティ学」（ウェブサイト）から筆者作成

図表5　VR・AR・MRのハイプ・サイクル

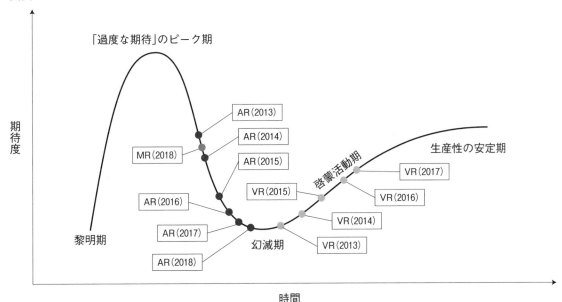

（出所）　Gartner社ウェブサイトから筆者作成

の崩壊、エネルギー・食糧安全保障、医療・社会保障費の増大など多くの問題が顕在化しており、わが国はこれらをはじめ多くの課題を抱えている。政府は、これらの課題の解決と経済発展が両立しうる社会（Society5.0）を目指すとしているが、その際のコア技術とされるビッグデータ、IoT、ロボット等の技術革新は、第4次産業革命とされている。VR・ARは、それら技術の普及のカギを

握る技術として注目を集めている。

　新しいテクノロジーの成熟度を採用状況、可能性を視覚的に表す「ハイプ・サイクル（米国Gartner社）」（注1）におけるVR・AR・MRの位置づけは、低価格のヘッドマウントディスプレイ（HMD）が売り出されVR元年といわれた2016年にVRが幻滅期を脱したものの、他方で実利用のためのデバイスの開発が進んでいなかったARが

幻滅期に入り、期待の大きさに比べれば市場への浸透が遅れているという評価であった。しかしながら、2018年にはVRがハイプ・サイクルから抜け、社会に浸透したテクノロジーとしての評価が進んでいることを示している。かわって同年には、MRがハイプ・サイクルに初登場し、有力な新技術と認知されるに至っている（図表5）。

IDCも予測する（後述）ように、VR・AR・MR市場は助走期間を終え爆発的ともいえる拡大期に差しかかっているといえる。

(2) デバイス

VR・AR・MRを体験するためには、ハードウエア（コンピュータ機器やディスプレイなど）、ソフトウエア（アプリケーションなど）やコンテンツが必要である。

VR・AR・MRのアプリケーションはハードウエア依存性が高いといわれており、ハードウエア、特にヘッドセットの普及がVR・AR・MR全体の普及に大きな影響を与える。

ハードウエア、なかでも利用者は直接装着するヘッドセットの性能は大きなウェイトを占める。ヘッドセットには、ディスプレイにスマートフォンを利用するスクリーンレスタイプ、単体で使用するスタンドアロンタイプ、コンピュータに接続して使用するケーブルタイプの３つが存在する。

VR元年といわれた2016年には、Oculus Rift、HTC Vive、PlayStation VRに代表される当時としては低価格の機種がVRデバイス市場に活性化をもたらしたが、現在のデバイス市場は、

図表6　主なデバイス

xR	名称	概要	価格	DoF
VR	Oculus Rift	ハイエンドVRヘッドマウントディスプレイ（2016年〜）	販売終了	6 DoF
	HTC Vive	ハイエンドVRヘッドマウントディスプレイ（2016年〜）	77,800円	6 DoF
	PlayStation VR（PSVR）	ハイエンドVRヘッドマウントディスプレイ（2016年〜）	34,980円	6 DoF
	Gear VR	スマホ対応VRヘッドマウントディスプレイ	16,070円	3 DoF
	Daydream View	スマホ対応VRヘッドマウントディスプレイ	18,900円	3 DoF
	Google Cardboard	スマホ対応VRヘッドマウントディスプレイ（ダンボール〜プラスティック）	634〜7,772円	3 DoF
	X-1（中国）	駆動部を別ユニット化して軽量化、PC、スマホ接続可	47,000円	3 DoF
	Oculus Go	スタンドアロン型VRヘッドマウントディスプレイ	23,800（32GB）〜29,800円（64GB）	3 DoF
	Oculus Quest	スタンドアロン型VRヘッドマウントディスプレイ	49,800（64GB）〜62,800円（128GB）	6 DoF
	Mirage Solo	スタンドアロン型VRヘッドマウントディスプレイ	48,660円	6 DoF
	Vive Focus	スタンドアロン型VRヘッドマウントディスプレイ	66,750円	6 DoF
	Vive Pro Eye	スタンドアロン型VRヘッドマウントディスプレイ　アイトラッキング機能	186,120円	3 DoF
MR	Microsoft HoloLens 2	スタンドアロン型MRヘッドマウントディスプレイ　入力機器不要、ジェスチャー、音声、視線による操作	390,000円	―
AR	Magic Leap One	空間にバーチャル映像を現出	380,000〜450,000円	6 DoF
	Bose Frames	オーディオ拡張現実グラス	23,000円	―
	Visix Blade	スマホ対応グラス、位置情報、アプリ利用	110,000円	―
	Google Glass	スタンドアロンXR対応グラス	80,000円	―

（注）　DoF（Degree of Freedom）……仮想空間で対応できる動きの方向の数を指す。3 DoFは、頭のX軸・Y軸・Z軸の回転に対応することを示す。6 DoFは、頭の回転に加え、上下、前後、左右の動きに対応し、仮想空間でのポジショントラッキングが可能となる。
（出所）　筆者作成

Oculus Go、Vive Pro、Mirage Soloなど高性能機種とGoogle Cardboardに代表される低価格機種の二極分化の様相をみせながら多様な顧客ニーズに応え拡大している。

一方、ARデバイスについては、スマートフォン対応のアプリケーションが、その入手の簡単さ、普及の速さからAR利用をけん引しているが、比較的安価な機種（スマートグラス）も市場に投入されており、産業利用を中心に市場が拡大すると見込まれている（図表6）。

VR・AR・MRそれぞれのデバイスの一部を紹介すると、VR用ヘッドセット「Vive Pro Eye」の特徴はアイトラッキング機能である。眼球の動きや瞬きに反応し、操作、自然な人物表現ができることなど多くのメリットを有している。AR用ヘッドセットMagic Leap Oneは、デジタルライトフィールド技術により、リアルとバーチャルをつないだまったく新しい体験を実現してる。ヘッ

図表7　人気VRゲーム

	ゲームソフト	ジャンル	概要	日本語対応	価格
1	Beat Saber	スクラッシュリズムアクション	アドレナリン・ポンプ音楽のビートを切るVRリズム・ゲーム	×	3,090円
2	The Elder Scrolls V：Skyrim VR	オープンワールド	壮大な傑作ファンタジーを比類のないスケールと奥深さ、没入感とともに再構築。オープンワールドならではの体験がよみがえる	○	7,980円
3	BEAT SABER-GAME+IMAGINE DRAGONS MUSIC	インディ	オルタナティブロックバンド「Image Dragons」の楽曲10曲を収録	×	5,140円
4	GORN	剣闘士アクション	激しい血しぶきの飛ぶ、ややコメディチックに描きつつも、派手なゴア表現を伴うアクションゲーム	×	2,640円
5	Hot Dogs, Horseshoes & Hand Grenades	銃火器サンドボックス	自分の部屋がシューティングレンジに早変わり、兵器好きのための射撃ゲーム	×	1,980円
6	BOXVR	リズムボクシング	健康にはよいと知りつつも、運動不足の現代人へ。VRでボクシングエクササイズができるゲーム	○	3,090円
7	Virtual Desktop	VRデスクトップビューアー	VR空間にデスクトップ環境を持ち込むことが可能なアプリケーション。VR空間のなかでは、ネットサーフィンや映画鑑賞をはじめYouTubeの360度動画の再生やNetflixが利用可能	○	1,480円
8	VRカノジョ	ガールフレンドシミュレーション	「すぐそばに存在する女の子」というコンセプトをもとに生み出された、VR専用ソフト。いままでのゲームでは体験できなかった、息遣い・体温までも感じられるほど、リアルな距離感が体験できる	○	4,980円
9	SWORDS of GARGANTUA	ソードアクション	VR空間内でさまざまな種類の近接武器や盾を用い、巨大で強大な敵"ガルガンチュア"に挑むVR剣戟アクション	○	1,990円
10	FOCUS on YOU	恋愛シミュレーション	韓国のSmilegate EntertainmentによるVR恋愛アドベンチャーゲーム。音声認識機能を採用しており、プレイヤーの声でハンユアに気持ちを直接伝えられる。カメラ機能でハンユアとの思い出の写真のアルバムをつくる機能も搭載	○	4,100円

（出所）　MoguLive「SteamVRゲーム・アプリ週間ランキング」（2019年7月第3週、ウェブサイト）から筆者作成

18

VR（仮想現実）・AR（拡張現実）・MR（複合現実）

ドセットに搭載された多数のカメラにより位置トラッキングなど、高度な処理が可能になっている。MR用ヘッドセットMicrosoft HoloLens 2は、眼鏡タイプのヘッドセットである。両目に透過型ホログラムレンズを備えており、立体視（3D画像）が可能で、かつインサイドアウト方式の位置トラッキングを可能とし、3DCGのオブジェクトを空間情報にあわせて配置したり、動かすことができる。また、自身の指も10本トラッキングが可能で、3DCGのなかでピアノを弾いたりすることができる。

(3) ソフトウエア

ゲーム業界でのリサーチを手がける米国の調査会社Superdataは、業界すべてに共通する傾向として、ソフトウエア分野の収益の大半が、ゲームソフトによって生み出されており、関連ソフトウエアの総売上げのうち、68%であると指摘している。

堅調なゲームソフト（アプリケーション）においても、デバイスの普及がカギを握っており、ヘッドセットの低価格化が進んでいるVR、すでにスマートフォンが普及し利用者負担（価格）が0～1,000円未満のAR分野において多様なソフトウエアが供給されている（図表7、8）。

一方、デバイスの価格が高価で一般消費者への普及があまり進んでいないMRは、ソフトウエアも少ないが、「デジャリック」「遊☆戯☆王」「Spatial」などがある。

(4) 市　　場

IT専門調査会社IDC Japanは、世界のVR・AR関連市場を2018年は9,523億円、2019年見込み1兆8,030億円から2023年には17兆1,896億円に達するという見通しを発表した。2018年6月時点では2017年実績1兆4,980億円、2018年2兆8,890億円、2022年22兆3,310億円と予想していたが、2019年6月時点では、2018年は9,523億円、2019

図表8　人気ARゲーム

1	Pokémon GO	現実世界を歩きまわって、ポケモンをゲット！	無料
2	テクテクテクテク	徒歩でもバスでも電車でも、いつでも気軽に陣地を塗り広げられる。敵はスラッシュでめった切り	無料
3	フィッシングストライク	釣りの最中にホオジロザメが襲ってくる！　ハラハラする海のバトル	無料
4	妖怪ウォッチ ワールド	妖怪ウォッチの位置情報ゲーム。どこに妖怪がいるか外出が楽しみになる	無料
5	ハリー・ポッター：魔法同盟	大人になったハリーやロンたちと一緒に魔法界の危機を救う位置情報ゲーム。ホグワーツの制服やあの先生の服を着て、魔法省IDが作成可能	無料
6	Jurassic World アライブ！	地図に恐竜が出現！　「ジュラシック・ワールド」原作の位置情報ゲーム。DNAを採取して恐竜を再生	無料
7	Ingress Prime	近くのポータルをめぐって自陣のものに。アクティブなゲーム性。未知のエネルギーをめぐり2つの陣営が対立	無料
8	Stack AR	綺麗にブロックを重ねるタイミングゲーム。現実換算でどれくらいブロックが重なったか、結果表示	無料
9	ぼくとダイノ	街の恐竜を捕獲。散歩を楽しみながら、バリエーション豊かな恐竜を収集。拠点を責め合うストラテジーゲームとしても本格的な遊びごたえ	無料
10	Matcha：Challenge your Crush	顔を使って遊ぶ表情＆リズムゲーム	無料

（出所）　Appliv「ARゲームアプリランキングTOP10」（2019年8月6日、ウェブサイト）から筆者作成

年1兆8,030億円、2023年17兆1,896億円と予想を下回る結果となっている（図表9）。

しかしながら、2018年から2023年にかけての年間平均成長率（CAGR：Compound Annual Growth Rate）は、当初見込まれたほどの拡大ではないにしても78.3％と高い成長を予測している。

IDC Japanによれば、VR・AR関連市場の成長の大部分は、ビジネス分野、公共部門からの投資によっており、2018年から2023年のCAGRは、金融133.9％、インフラストラクチャー122.8％、製造、公共部門と続いている。一方、消費者部門のCAGRは52.2％と見込まれ、他部門と比べると低くなっている。2023年の分野別の支出額は、トレーニング9,063億円、産業メンテナンス4,612億円、小売・展示4,141億円、消費者向け2兆2,256億円と予想されている。

このうち、ハードウエアは、予測期間の全体を通してAR・VRの支出全体の半分以上を占め、特に、ARヘッドセットは高い成長（CAGR189.2％）が続くため、2023年にはハードウエアカテゴリーで最大の支出分野になると見込んでいる。また、ARソフトウエアは、2022年までにVRソフトウエアを上回ると見込んでいる。

国、地域別の市場規模では、中国が最大の市場であり、米国が続いており、この両国で世界市場の4分の3近くを占めている。一方、西欧州では、2018年から2023年のCAGRが101.1％と急速な市場拡大を見込んでいる。

これに対し、わが国国内市場では、2018年1,380億円、2019年1,905億円、2023年3,659億円、CAGR21.5％と予測されており、成長率では4分の1、市場規模は2％にすぎない。

また、分野別では、消費者部門が1,241億円、流通・サービス部門が1,156億円となっている（図表9）。

VR・AR・MR利用

(1)　実際の利用例

IDC Japanの市場予測には、まだ、MRは含まれていないが、ゲームに象徴される消費者向け市場のCAGRは鈍化しており、需要の主役は産業利用に移ってきている。また、産業利用については、それぞれの特性を生かした利用が行われている。VRは、仮想空間上でデジタルCGを体験できるので、製品や装置、建物などの制作、建設にあたって設計段階における試作物・モックアップ等はVR空間内で、設計段階で顧客や現場担当者、設計担当者など関係者間で共有できる。このため、試作品、実物モックアップに比べ、簡単で安価に関係者間で具体的イメージの共有ができる。また、医療現場での手術や危険が伴う作業現場など現場経験の機会が制約される分野でもVRの利用が進んでいる。同様に、教育や訓練での利用も進んでいる。このようにVRは関係者間のコミュニケーションツール・教育ツールしての利用が多くなっている（図表10）。

図表9　VR・AR関連市場

（単位：億円、％）

区分	世界		日本	
	市場規模	CAGR	市場規模	CAGR
流通・サービス	48,856	92.5	1,156	32.1
消費者	42,800	52.2	1,241	18.5
製造・資源	38,638	97.3	984	14.7
公的セクター	26,012	96.7	225	32.1
インフラストラクチャー	10,069	122.8	21	31.9
金融	5,521	133.9	19	76.3
計	171,896	78.3	3,659	21.5

（注）　1ドル＝107円
（出所）　IDC「2023年までの世界AR・VR関連市場予測を発表」（ウェブサイト）から筆者作成

図表10　VR・AR・MRの活用概要

分野	VR	AR	MR
総論	・人材育成、教育、医療分野、でVRの活用が進んでいる ・AR、MRは作業支援、現場サポートで活用されており、今後産業分野での利用拡大が見込まれる		
製造	・人材育成、安全教育・訓練……現場作業の安全訓練・トレーニング、熟練技術の継承 ・製品デザイン・設計、生産ラインレイアウト設計……仮想空間上のモックアップで課題抽出	・工程合理化、作業合理化……ＡＲグラスに作業内容表示、異常検出 ・教育訓練……実機・実物大モデルでトレーニング（マッスルメモリ） ・設備点検、保守支援……ARグラスに作業内容表示、異常検出	・工場、大型設備整備支援……実物大デジタルモックアップで安全性確認、課題抽出 ・経費削減、業務効率化……デジタル３Dモデル表示によるリモート会議 ・製品デザイン・設計……実物大デジタルモックアップモデル表示
建設・不動産	・人材育成、安全教育・訓練……土木・建築現場の新人教育、安全訓練 ・建築設計、内装デザイン設計……実物大建物表示で課題抽出 ・住宅内視……住宅内視、内装デザインリアルタイム更新 ・建築用テレイグジスタンス……危険回避、設計検証、技術伝承	・現場作業サポート・建設作業サポート……ARグラスに設計情報、ベテランノウハウ等リアルタイム表示 ・内装デザイン・建築設計……建築現場に実物大３DC建物合成	・建築設計……建築現場に実物大３DCG合成
医療	・人材育成、教育・訓練……手術トレーニング、リアルタイム・事前シミュレーション、看護トレーニング ・治療……摂食障害、過食症、幻肢痛、斜視、精神疾患 ・手術前手術……外科手術中にリアルタイム・事前シミュレーション ・痛み・ストレス緩和……注意の誘導による治療への不安・痛み緩和 ・VR統合失調症体験……幻視、幻聴体験	・痛み・ストレス緩和……注意の誘導による治療への不安・痛み緩和 ・手術支援……ARグラス、ARマーカーによる情報表示、作業指示	・教育・訓練……３D人体ホログラムで臨床医学教育機会拡大
物流・倉庫		・作業支援……ピッキングサポート、受取人自動認証、国際貨物ラベル自動選択、陸運ドライバーサポート、配達作業サポート	・物流レイアウト設計……実物大デジタルモックアップで課題抽出 ・ピッキングサポート……MRグラスで立体位置情報表示
小売	・人材育成、教育・訓練……業務トレーニング ・プロモーション……ブランドプロモーション、ネットショッピング、試乗シミュレーション、インテリア配置サポート ・店舗レイアウト……顧客データ連動店舗デザイン・商品配置	・プロモーション……バーチャルフィッティング、インテリア配置サポート、商品情報提示、商品マニュアル提示	・ショールーム……実物大３DCG表示 ・プロモーション……インテリア配置サポート
広告	・広告プラットフォーム ・解析ソリューション……顧客視線解析、可視化	・AR広告	・MR広告
教育	・体験学習……サイエンス教材、見学、歴史	・訓練……ドライブシミュレータ、技能訓練 ・テキスト……教材を３次元表示	・技能訓練……フライトシミュレータ、飛行整備士訓練
観光	・旅行体験……バーチャル旅行体験、旅行プランサポート	・観光サポート、道案内	・観光案内
防災	・防災体験、避難体験		
エンターテインメント	・映画 ・アミューズメント……MAZARIA（マザリア） ・VRゲーム	・エンターテインメント鑑賞……ARグラスで能・歌舞伎・オペラ解説 ・ARゲーム	・エンターテインメント鑑賞……実演に仮想を付加 ・MRゲーム
スポーツ	・スポーツトレーニング……一回性の制約からの解放、選手強化 ・スポーツ観戦……映像を仮想空間に再現 ・オリンピック……体操、水泳、バスケットボールでのVR中継を計画（Intel）	・スポーツ観戦……ARグラスで選手データ、プレイ解説	・スポーツ観戦……スタジアムに３D映像
その他	・米国企業eXp Realty……オンライン・バーチャルワールド活用のバーチャル勤務で急成長		

（出所）　日経BPムック「VR・AR・MRビジネス最前線」などから筆者作成

米国ジョンソン・エンド・ジョンソン・メディカルカンパニーは、専門医が足りないとされるわが国の心臓細動手術に関するVRトレーニングの提供を行う予定だ。「名医が手術しているシーンをすぐ隣に立って体験できる」というもので、この分野の医師の増加に貢献することを目指している。

ARは、ARヘッドセットを通して、現実空間に重ねて情報の表示が可能で、複雑な作業内容やマニュアル、設計図などを簡単正確に作業者に提供できるため、現場作業のサポートとして活用が進んでいる。

インテルは、**製造業**、**建設業**、**医療**などの現場の第一線で働く労働者に対しHoloLensによる新たなサービスを提供しようとしている。世界の労働人口約28億人の6割（約17億人）の生産性向上を目指すこの取組みは、①作業効率向上、②作業の遠隔支援、③トレーニング効率の向上が期待されている。働き方改革が叫ばれているわが国においても、これらの職種は休日が少なかったり、労働時間が長かったり、働き方改革の効果が出にくい職種であり、ARが生産性向上に資することが期待される。

MRは、MRヘッドセットを通して現実空間上に重ねてデジタルCGを表示でき、必要に応じデジタルCGを変更することも可能である。たとえば、建設現場に実物大の建物のデジタルモックアップが表示できる。MRも設計・建設現場等において関係者のコミュニケーションを効率化し、コストダウンに貢献する。

石油大手シェブロンもHoloLensを活用して出張旅費の削減や業務効率向上の成果を得ている。Microsoft Remote Assistシステムによって、各国に離れた場所でも同じMR空間上で、協力して業務を行うことができ、出張旅費の削減や業務リスクの低下、業務効率の向上といった効果が表れている。

(2) ARクラウド

VRのビジネス界へのデビューは、FacebookのOculusの買収であった。CEOのマーク・ザッカーバーグは、ARが未来のソーシャル・プラットフォームになると考えたといわれている。

ARクラウドとは、現実世界の映像に、だれもが関連する情報を付加しクラウド上で保存し、共有できる技術である。

ARクラウドを実現するためには、自分の位置が正確に特定できる（位置特定：Relocalization）、その場所にいる仮想空間上のものとのやりとりができる（相互作用：Interaction）、複数ユーザー間で仮想空間を共有できる（多数利用：Multiplayer）、登録したデータがクラウド上に保存できる（維持保存：Persistency）ことが必要とされる。これらが実現されたARクラウド上では、地図上の位置情報と所在するものの情報（たとえば、マンションとその空き室の間取り、家賃などの情報、そして住民の評判など）が紐づけられる。このようにARクラウドは、まさに次世代のソーシャル・プラットフォームとなることが期待される。

スマートフォンの未来は

VR・AR・MRは幅広い分野での利用が進んでいるが、それを可能にするのは次世代移動通信システム5Gである。5Gは、現在の通信規格4Gよりさらに超高速でデータのやりとりができるだけでなく、身のまわりのあらゆるものがネットワークでつながって、IoTが一段と進むことになる。

先述した、ARクラウドが求める機能を供給するためには5G環境が必要である。また、現在、ARはスマートフォンがその普及に大きな役割を果たしており、5G対応の高機能スマートフォンも投入され始めていて、しばらくは、スマートフォン市場か活況を呈すると思われる（図表11）。

しかし、ARクラウドでは大量の情報がデバイス上に表示されることになり、スマートフォンの画面上に表示することは不可能である。マーク・ザッカーバーグが予想したようにARがソーシャル・プラットフォームの座に就いた暁に、スマートフォンが現在の勢いを有しているか疑問である。

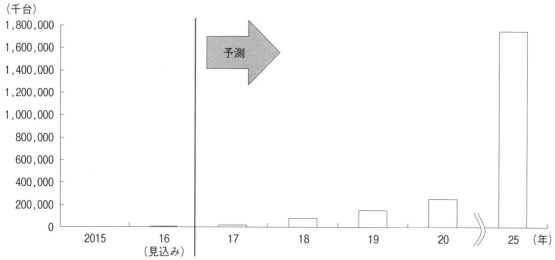

図表11　AR対応スマートフォン出荷数量

（千台）

（出所）　総務省、㈱三菱総合研究所「VR／ARを活用するサービス・コンテンツの活性化に関する調査研究」（ウェブサイト）
　　　　富士キメラ総研「2017　AR／VR関連市場の将来展望」（ウェブサイト）からMRI作成

一歩先をゆく技術世界

⑴　PR、MR（調整現実）

　VR・AR・MRが世間で認知された「VR元年」から数年が経過し、実利用が大きく進んだ現在、提供されている仮想現実は視覚映像によるものがほとんどである。しかし、人間の感覚は視覚だけでなく、聴覚、触覚、味覚、臭覚を加えた五感がある。われわれに仮想感覚を提供するデバイスには、触覚や味覚、さらには視覚障がい者に物を認識させるものも存在する。

　VR・AR・MRが視野に入れている技術分野は広く、技術と人間のインターフェースに関する領域は今後発展する可能性が高い分野である。

　東京大学大学院では、2017年より「ヒューマンオーグメンテーション（人間拡張）学講座」を開設した。講座のウェブサイトによれば、ヒューマンオーグメンテーション（Human Augmentation）とは、「人間と一体化して能力を拡張させるテクノロジーを開拓してゆくもので、人間とテクノロジー・AIが一体化し、時間や空間の制約を超えて相互に能力を強化しあうIoA（Internet of Abilities：能力のインターネット）という未来社会基盤の構築を視野に入れ、最先端の研究をする」

ものであるとされている。

　IoAによって拡張されるのは、存在（テレプレゼンス、テレイグジスタンス）、視覚・聴覚等（VR・AR・MRの技術による視覚・聴覚をはじめとする感覚置換）、認知能力（理解・習得プロセス）、身体能力（身体能力増強。機能性電気刺激（FES）により筋肉を駆動、身体機能を補綴）が考えられている（図表12）。

　人が他人の経験を完全に共有することができるので、遠隔からベテランが直接教えてくれたり、一緒に旅行をしたりできるようになったりする。また、ロボットとつながればロボットを介して客と会話が可能となる。

　仮想現実の世界をReal（現実世界）―Virtual（仮想世界）、コントロール不能（Static）―コントロール可能（Programmable）という2軸で理解する現実世界であるけれどもコントロール可能な世界がPR「Programmable Reality」、MR「Mediated Reality」調整現実と呼ばれている（図表13）。

⑵　SR（代替現実）

　SR（Substitutional Reality System：代替現実）は、理化学研究所が2012年に開発したシステムである。記録・編集ずみの過去を目の前で実際に起きている現実として体験させるもので、昔の出来事があたかも現在、目の前で起きているかのよう

図表12　人間拡張の4要素

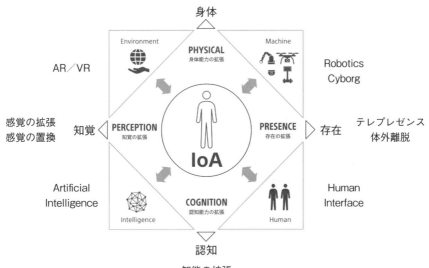

外骨格・義手義足
ウェアラブル

AR／VR

感覚の拡張
感覚の置換

Artificial
Intelligence

Robotics
Cyborg

テレプレゼンス
体外離脱

Human
Interface

知能の拡張
AIと人間の協調

（出所）東京大学ヒューマンオーグメンテーション学ウェブページより

図表13　調整現実

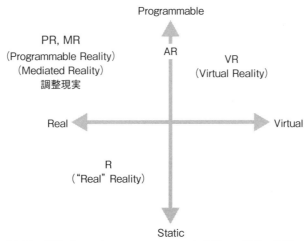

（出所）　講演「IoA（Internet of Abilities）実現への挑戦、放送の
未来」東京大学教授／ソニーコンピュータサイエンス研究
所　副所長　暦本純一

な錯覚を引き起こすものであり、VR・AR・MRとは異なる概念である。理化学研究所によれば、SRシステムだけで実現可能と思われる環境を用いて、その時の脳機能、心理状態、心拍などの生理状態を調べることにより、ヒトのメタ認知の仕組みを調べていく。SRの世界では、過去映像の再生速度を操作してスローモーションの世界にし

たり、バスケットボールのシュートが100％決まるような確率性を操作することも可能である。

SRシステムは、現実を任意に操作できることから、心的外傷後ストレス障害のような心的疾患に対する新しいタイプの心理療法としての展開や「そもそも現実とは何か」といった、哲学上の問いを探求するためのツールとして利用可能であ

169

る。

　残念ながら、まだ、実験段階の技術で、実用事例は総合リゾート施設「ハウステンボス」でのホラーアトラクション「ナイトメア・ラボ」（現在は、終了している）がある程度で実用化は遅れているが、新しいインタラクティブなメディア体験装置として利用可能であり、次世代ヒューマンインターフェースとしても期待されている。

仮想空間をめぐる問題点や課題

　仮想空間をめぐる問題点や課題として指摘される、乗り物酔いに似た症状を示す「VR酔い」について、ソニー・インタラクティブエンタテインメントは、ヘッドセットに取り付けたセンサー類によってVR酔いを感知して、一部機能を停止させたり、警告音で周囲に知らせたりする特許を公開した。また、凸版印刷はピント調節機能によりVR酔いを軽減させたヘッドセットを開発しており、2020年の実用化を目指している。

　特に若年層での問題が指摘されている斜視発生リスクについては、ロケーションベースVR協会が「VRコンテンツのご利用年齢に関するガイドライン」を発表し、7歳未満の使用を禁止している。

　一方、個人情報の取扱いについては、2018年5月に「EU一般データ保護規則（General Data Protection Regulation、GDPR）」の運用が開始された。EU域外へのデータの持出しを原則禁止し、違反すると企業規模にかかわらず、2,000万ユーロまたは世界売上げの4％のどちらか高いほうを支払うという厳しいものである。持ち出すことができるのは、十分性認定国であるか、GDPRの規定を満たす十分な安全措置がとられている場合等に限られる。日本とEUは、2019年2月に相互に十分性認定国（注2）となった。

　現在でも、国境を越えてWeb上を膨大な個人情報が行き交っている。VR・AR・MRの利用の拡大が見込まれるなか、IoT化されたあらゆるものとともに個人情報を含む膨大な量のビッグデータがあらゆるものが偏在することになる。GDPRは、最も厳しい個人情報保護法制といわれているが、十分性認定国は十数カ国にとどまっているなど、国際間での取扱いは一様ではなく、国境がな

いWeb空間上を行き交う個人情報の安全性の確保に係る課題は解消されていない。

　Pokémon GOで起きたような不法侵入や業務妨害などの問題は、最近は聞かれないが、使用者の安全性の問題も依然として解決されていない。ARの発達により、車の運転席にルックアップスクリーンで道案内等の周辺情報が表示される機能が開発されており、使用者自らだけでなく道路交通上の安全確保の問題も新たに発生している。

イノベーションの行方

　VR・AR・MRをめぐる世界は、新しい概念も含め大きな広がりをみせており、この先に予想を超えるさらに大きなイノベーションをもたらすことが期待される。VR・AR・MRはSociety5.0、第4次産業革命のコア技術（ビッグデータ、IoT、ロボット（AI）等）と密接に関連しており、ARクラウドによってすべての人と物のネットワークが構築されることが現実化しようとしている。このネットワーク上にあるすべてのものと利用する人のデータが位置情報に紐づけられ、世界中に遍在することになる。

　現在ネットワークのプラットフォーマーとしてビッグデータの囲い込みによって、GAFA（Google、Apple、Facebook、Amazon）が巨額の利益を得、富を独占している。

　近い将来、IoTの進展やARクラウドの広がりにより、世界中のあらゆる物、人のもとに、桁違いの量のビッグデータが遍在することになる。その持ち主は、個人であり、機器、ロボット、AIである。ビッグデータの所有者である機器のメーカーや個人の力が相対的に大きくなることは必定であろう。

　先に述べたGDPRの規制は、GAFAなどによるビッグデータの囲い込みに対するEUの明確な「NO」の意思表示といえる。十分性認定国以外の企業は、EUの要求する安全基準を維持するためには、巨額のコスト負担を強いられることになり、一時、EU域内へのサービスを停止した企業も存在する。2019年6月に開催されたG20大阪サミットにおいて、個人情報漏えい問題を起こしたFacebookがサービス開始を発表した仮想通貨「Libra」について、各国間の重大な懸念が共有さ

れた。このように、国家の枠を超えて強大化し国家の権限とされた領域にまで進出しようとするGAFAに対する警戒感が国際社会で質的、量的に深化・拡大している。

　IoTの広がりでビッグデータへのアクセス機会が相対的に低下するGAFAが、Society5.0でも絶対的プラットフォーマーとして君臨することができるだろうか。それとも、先に予想したスマートフォンのような道をたどるのだろうか。VR・AR・MRは、その利用分野の幅、奥行きの広さ・深さによって、計り知れない影響をもたらすことになることは必定であるが、その利用現場で発生するビッグデータをめぐる覇権争いも、企業間だけでなく国家をも巻き込んで熾烈を極めることになるだろう。

（注1）　ハイプ・サイクル……Gartner社がつくりだした用語で、新たに登場した技術のビジネスの課題解決、機会開拓の可能性を視覚的に表示したもの。「黎明期」＝潜在的技術革新の幕開け。「「過度な期待」のピーク期」＝多くのサクセスストーリーが紹介されるが、失敗も多く参入は多くない。「幻滅期」＝実験や実装で成果が出ないため関心が薄れる。「啓蒙活動期」＝技術のメリットを示す具体的事例が増え、理解が広まる。第2世代、第3世代の製品が登場。「生産性の安定期」＝主流採用が始まり、技術の適用範囲と関連性が広がり、投資は回収される。それぞれの年次の評価は前年までの動向によっている（Gartner社ウェブサイトより）。
（注2）　EU域外に個人情報を持ち出す相手国において、十分な保護措置がとられているとして認定されている国。

18

VR（仮想現実）・AR（拡張現実）・MR（複合現実）

先端技術が解決する
日本農業の構造問題

農林水産省大臣官房政策課
技術政策室長
松本　賢英

スマート農業の概要

　農業者の高齢化や担い手不足の深刻化が進むなか、ロボット・AI・IoT等の先端技術を活用した「スマート農業」は、作業の自動化、データやセンシング技術の活用などを通じて、生産性の飛躍的向上や熟練農業者の技術継承、精密な栽培管理を実現し、わが国農業に変革をもたらすものと期待されている。

　農業データ連携基盤「WAGRI」が稼働し、さまざまなスマート農業技術の実用化も進むなか、政府としても、未来投資戦略や農林水産業・地域の活力創造プラン等にスマート農業の推進を掲げているほか、2019年6月には「農業新技術の現場実装推進プログラム」を策定し、現場実装に向けた環境整備に取り組むこととしている。

　2019年からは、全国69地区で「スマート農業実証プロジェクト」を進め、今後、事業で得られたデータをもとに、実際に農業者が新たな技術体系

図表1　農業就業人口の年齢構成（2015年）

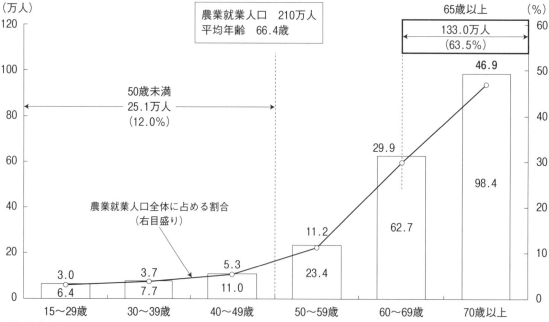

（注）農業就業人口：15歳以上の農業世帯員のうち、調査期日前1年間に農業のみに従事した者。または農業と兼業の双方に従事したが、農業の従事日数のほうが多い者。
（出所）農林水産省「2015年農林業センサス」

を経営に組み入れるうえでの技術面・経営面の効果等を明らかにするとともに、スマート農業をみられる・体験できる場として情報発信するなど、データを活用した農業の実現に向けて取り組んでいく。

スマート農業への期待

わが国の農業は、農業者の高齢化の進行や、担い手不足が深刻化している。農業就業人口は、1995年の414万人から半減し、2015年に210万人となっており、その年齢構成は、65歳以上の割合が全体の6割を超え、50歳未満の割合は1割程度といういびつな構造になっている。今後、高い年齢層の農業者の大量リタイヤによって担い手不足はさらに深刻化すると考えられる（図表1）。

米国や欧州と比較しても、わが国の農業従事者の年齢構成は、突出して65歳以上の割合が高く、50歳未満の割合が極端に少ない構造となっている

（図表2）。

一方で、近年の経営耕地面積規模別の農地面積の集積状況をみると、10ha以上の経営体は直近10年で全体の3割強から5割弱まで増加し、また100ha以上の経営体も1割程度まで増加するなど、高齢の農業者のリタイヤに伴って、担い手農業者の経営面積が急拡大している（図表3）。

こうした動きが進むなか、現場では依然として人手に頼る作業や熟練者でなければできない作業が多く、経営規模の拡大にあたり、人手の確保や労働負担の軽減が大きな課題となっている。また、50haや100haを超える大規模経営において、いっそうのコストの低減を図るためには、従来とは異なる新しい技術体系が求められている。

このようなさまざまな課題を解決し、わが国農業に変革をもたらすものとして期待されているのが「スマート農業」である。わが国の農業は、さまざまな気候、土壌条件等の地域特性に対応した「匠の技」や、多種多様で美味しく、消費者ニー

図表2　各国の農業従事者の年齢構成

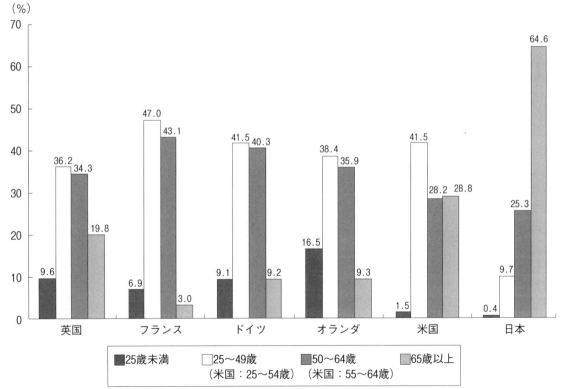

（出所）　英国、フランス、ドイツ、オランダは、EUROSTAT（2015）：農業に従事した世帯員
　　　　米国は、米国農務省「2012年農業センサス」：農業に従事した世帯員
　　　　日本は、農林水産省「2015年農林業センサス」：基幹的農業従事者

図表3　規模別の経営耕地面積の集積割合

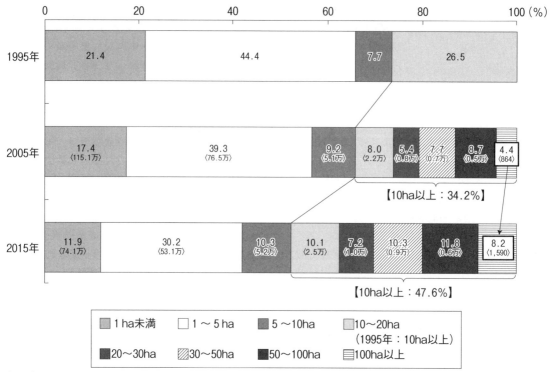

（注1）　1995年は10ha以上を細分化できないため、最上位層を「10ha以上」としている。
（注2）　〈　〉内の数値は、当該規模階層の経営体数である。
（出所）　農林水産省「農林業センサス」

ズに即した安全・安心な農産物など、先人たちが培ってきた強みをもっている。こうしたわが国の農業の強みと、近年技術発展の著しいロボット、AI、IoT等の先端技術を組み合わせ、従来は不可能であった超省力化による生産性の飛躍的向上や、熟練農業者のノウハウの見える化、精密な栽培管理などが実現できる可能性が広がりつつある（図表4）。

スマート農業の技術開発および実用化の現状

(1)　先端技術による作業の自動化、負担の軽減

①　農業機械の自動化技術

　担い手の減少・高齢化等に伴い、農業現場の労働力不足が深刻化するなか、GPS等の人工衛星からの測位情報を活用した自動走行システム等を導入し、農業機械の夜間走行・複数走行・自動走行等により現在の作業能力の限界を打破することが期待されている。

　これまで、有人監視下での農機の自動走行技術の開発が、国の研究開発プロジェクト等を活用して進められてきた。一部の農機メーカーでは、2017年に自動走行トラクタの試験販売を開始し、他の農機メーカーにおいても2018年から市販化されている。また、田植機やコンバインについても、衛星測位等の技術による自動走行システムの開発が進められている。

　さらに、実用化に向けては、安全性の確保が重要であることから、農林水産省では2017年に、ほ場内やほ場周辺から使用者が監視しながらロボット農機を無人で自動走行させる方法を対象として、メーカーや利用者等が順守すべき項目をまとめたガイドラインを公表し、自動走行技術の現場実装に向けた環境整備を進めている。

　農機の自動操舵システムや自動走行システムを利用する場合、GPS等の衛星から受信する情報だけでは十分な測位精度が得られないため、位置を

図表4　スマート農業の効果

わが国の農業の強み

・気候や土壌などの地域特性に対応した匠の技
・全国各地の地域性を反映した、多種多様で美味しい品目、品種
・消費者ニーズに即した安全・安心な農産物

先端技術

ロボットトラクタ
作業時間を4割削減

アシストスーツ
従来の半分の力で持上動作が可能

ドローン
ほ場全体のセンシングデータをもとに適正な施肥・防除

「農業技術」×「先端技術」
↓
スマート農業

無人化作業体系

熟練農業者

 ICT技術による形式知化 →
新規就農者

対価 ←

○熟練農業者が摘果した果実

新規就農者等の学習、指導に活用

スマート農業の効果

・ロボットトラクタやスマホで操作する水田の水管理システムなど、先端技術による作業の自動化により規模拡大が可能に
・熟練農家の匠の技の農業技術を、ICT技術により、若手農家に技術継承することが可能に
・センシングデータ等の活用・解析により、農作物の生育や病害を正確に予測し、高度な農業経営が可能に

（出所）　筆者作成

補正するための情報が別途必要である。このため、農地の大区画化や経営規模の拡大が先行する北海道を中心に、自治体や生産者団体等が補正情報を送信する基準局（RTK-GPS基地局）を設置するなどして、わずか誤差数センチメートルの高精度で作業を行うロボット農機等の利用が進められている。

また、2018年11月からは、国産の準天頂衛星「みちびき」のサービスが開始され、基準局なしにセンチメートル級の高精度の測位情報が提供可能となっており、国のプロジェクトで、このサービスを利用できる低価格な受信機の開発も進められてきた。準天頂衛星を利用することにより、今後自動走行システム等のさらなる普及が期待される。

②　水田での水管理の自動化技術

水田農業（稲作）における水管理は、労働時間の約3割を占めているが、経営規模が拡大し、管理するほ場が増えるにつれ、生育状態や気象状況にあわせた細やかな管理が困難となってきている。このため、モバイル端末で給水バルブ・落水口を遠隔・自動制御化するほ場水管理システムの開発が進められてきた。センシングデータや**気象予測データ**などをサーバーに集約し、アプリケーションソフトを活用して、水管理の最適化や省力化が行えるようになったことにより、水管理労力をおおむね8割削減し、気象条件に応じた最適な管理で減収リスクの低減が可能となっている。本システムについては、機械メーカーからすでに市販化され、現場への導入・普及が期待されている。

③　アシストスーツ

先端技術を活用し、きつい作業、危険な作業から農業者を解放し、負担を軽減する取組みも進められている。具体的には、収穫物の積下ろしなどの重労働を**アシストスーツ**で軽労化するほか、除草ロボット等による危険な作業の自動化が期待される。

アシストスーツについては、介護、物流等の現場で活用されているが、屋外作業用に防塵・防水機能を施した製品がベンチャー企業等から市販化されている。装着することで、収穫やコンテナ移動の際に、身体への負担が大幅に軽減され、高齢者や女性の就労にも寄与すると考えられる。

④ 草刈機

農作業のなかでも負担感の大きい除草については、機械メーカーからリモコン式の草刈機の市販がすでに開始され、急傾斜のような危険な場所での除草作業もリモコン操作で安全に作業することができるようになってきている。さらに、（国研）産業技術総合研究所等が参画する無人草刈ロボットの開発においては、従来の乗用型草刈機（1台100万円程度）を最小限の機能に絞り込み、小型の無人草刈機として、半額の50万円程度で提供できるよう開発が進められている。

規模拡大の大きな障害となっている雑草管理が自動化されれば、農村地域で深刻な労働力不足の解消にも寄与できると期待される。

(2) だれもが取り組みやすい農業の実現

① 農業機械のアシスト機能

農業現場では後継者不足が深刻化し、熟練者の「匠の技」が継承されずに失われていくおそれがある一方、法人経営体の増加に伴い、雇用されるかたちで新たに農業に従事する者が増加してきており、経験の浅い農業者の営農を補う新たな技術が求められている。

こうしたなか、農機のアシスト装置等により、経験の浅いオペレーターでも高精度の作業が可能となるほか、ノウハウをデータ化（見える化）し、明確に伝えられるようにすることで若者等が農業に参入しやすくなることが期待されている。

北海道を中心に、数センチメートル単位の精度でトラクタ等の農機を直進させる自動操舵システム等の販売・普及台数が近年急激に増加しているほか、2017年から直進キープ機能をもった田植機が販売されており、経験の浅い作業者でも正確な作業が可能となっている。

② 学習支援ソフト

果樹の摘果、剪定などは、相当程度の年数を経なければ技術の習得はむずかしい。熟練農業者のリタイヤが進むなか、後継農業者の技能向上や新規就農者の技術習得を進めるため、果実の摘果や剪定など、マニュアル化が困難とされてきた熟練農業者の高度な生産技術を見える化し、熟練技術・判断の継承や新規就農者の学習に活用するシステムが開発され、2017年度からICTベンダーより本システムの導入に関するコンサルティングサービス等の提供が開始されている。

(3) データやセンシング技術を駆使した生産性や品質の向上

① 人工衛星等を活用したセンシング技術

衛星画像等を用いたセンシング技術、ほ場ごとの栽培履歴や作物の生育条件等のデータを組み合わせることにより、ほ場条件に応じたきめ細やかな栽培管理を行えば、ほ場や作物のポテンシャルを最大限に引き出し、多収・高品質な生産を実現することが可能になる。

実際、人工衛星やドローンに搭載したカメラにより、植物の生育状況、土壌の肥沃度等の情報を把握することができるようになってきており、こうしたデータを活用してほ場ごとにきめ細やかな施肥設計を行い、必要最小限の肥料で収量の最大化と品質の向上を図ることが可能となっている。

また、人工衛星やドローンで把握できるこれらの情報をもとに、農業者や農業者団体、自治体向けにセンシングデータとその分析に基づくソリューションを提供する民間サービスが開始されている。

青森県では、米の新品種「青天の霹靂（へきれき）」の高品質化を図るため、津軽地域の13市町村で、2016年から衛星情報の利用を始めた。衛星画像から収穫時期を水田1枚ごとに予想した「収穫適期マップ」を作成してアプリで提供し、生産者は携帯端末で同マップを閲覧することで、適切な時期に収穫することが可能となっている。このほか、食味の目安となる玄米タンパク質含有量や土壌の肥沃度も衛星画像からマップ化し、生産指導での利用を進めている。こうした努力もあり、「青天の霹靂」は米の食味ランキングで5年連続「特A」を取得しており、2018年3月には、この取組みが政府の「第3回宇宙開発利用大賞農林水産大臣賞」に選ばれている。

② 施設園芸におけるセンシング技術

施設園芸においては、温度、二酸化炭素濃度等

をICTで自動的に制御する複合環境制御装置の導入による精密な栽培管理が進みつつあるほか、施設園芸の大半を占めるビニールハウスについても、近年、ベンチャー企業がAIを活用した自動灌水・施肥システムを開発し、現場への導入が始まっている。また、AIを用いた画像認識により収穫適期のトマト等を判別し、自動で収穫するロボットの開発が進められている。

③　畜産分野におけるセンシング技術

畜産・酪農分野においても、牛に装着したセンサーにより牛の活動量（反芻時間、活動時間、休息時間）を測定し、AIで解析することで、牛の発情や疾病兆候を検知し、スマートフォン等で時間と場所を選ばず、一頭一頭の牛の個体情報を一括管理できるシステム等が市販化されている。

(4)　スマート農業を支える農業データ連携基盤の構築

農業現場における生産性を飛躍的に高めるためには、農作業を自動化することやセンシングデータを活用して作物の能力を最大限引き出すことが必要であるが、その基盤としてデータをフル活用できる環境を整備することが不可欠である。

このため、内閣府の戦略的イノベーション創造プログラム（SIP）において、行政や研究機関等の公的データ、民間の農業ICTサービス等について、さまざまなデータを集約・統合し、データの連携・共有・提供機能を有する農業データプラットフォーム「農業データ連携基盤」（通称WAGRI）の構築が進められ、2019年4月から稼働を開始した（図表5）。

WAGRIは、農業ICTサービスを提供する民間企業（農機メーカー、ICTベンダー等）の協調領域として整備されており、WAGRIを通じて気象や農地、地図情報等のデータ・システムを提供し、民間企業が行うサービスの充実や新たなサービスの創出を促すことで、農業者等がさまざまなサービスを選択・活用できるようになることを目指している。

さらに、現在、農業生産を対象として構築されているWAGRIについては、今後、幅広い主体の参画を進め、データの連携・共有・提供の範囲を、生産から加工、流通、消費に至るバリューチェーン全体に広げる「スマートフードチェーン」の構築に向けて研究開発が進められている。これにより、多様化する需要動向に応じた生産、販売を行うマーケットイン型の農業の実現等につながることが期待されている。

図表5　農業データ連携基盤（WAGRI）の役割と効果

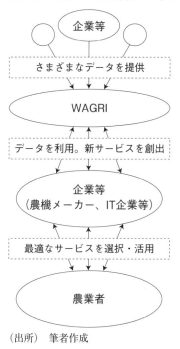

農業データ連携基盤（WAGRI）は……

・データを保有する企業等と、データを利用して農業者にサービスを提供する企業等の、間を橋渡しする役割を担う。
・多くの企業等が活用することで、**サービスの充実**や**農業関連サービスの創出**を促す。

農業者が、
自分の望むサービスを選択・活用
できるようになる。

（出所）　筆者作成

スマート農業の社会実装に向けた政府方針と施策展開

　政府では、未来投資戦略2018や農林水産業・地域の活力創造プランにおいてスマート農業を強力に推進することとしており、2019年6月には「農業新技術の現場実装推進プログラム」を新たに策定した。

　「農業新技術の現場実装推進プログラム」では、農業者や民間企業、研究機関、行政などの関係者が、共通認識のもと連携し、開発から普及に至る取組みを総合的かつ効果的に進められるよう、次のことを示した。
①　新技術の導入により実現が期待される先進的経営の姿を営農類型ごとに示す「農業経営の将来像」
②　先端技術ごとに、開発等の現状や課題を整理し、普及に向けた見通しを示す「各技術のロードマップ」
③　新技術実装に向けた農業者の取組段階に応じた施策や、そのための基盤づくり・技術開発等の取組みを整理した「技術実装の推進方策」
　2019年6月21日に閣議決定された「成長戦略」においても、同プログラムにも即し、スマート農業の本格的な現場実装を着実に進める環境が整うよう、取組みを一体的に進めることとされており、今後、農業技術を学べる環境づくりや、次項でも紹介するスマート農業実証ほ場を活用した新技術の体験、新技術を取り入れた持続的な生産体制への転換等の施策を推進することとしている。

スマート農業実証プロジェクト

　前項で示したように、さまざまな先端技術が開発され、スマート農業推進の機運が高まる一方、農業者がこのような新しい技術体系を積極的に経営に組み入れていくためには、そのための判断材料として導入効果を明らかにする必要がある。

　このため、2018年度第2次補正予算および2019年度当初予算を活用し、農業者の主体的な参画を得て、これまで開発されてきた先端技術を生産現場で導入・実証していくこととした（スマート農業実証プロジェクト）。

　事業実施主体である（国研）農業・食品産業技術総合研究機構（農研機構）が2019年1月4日〜2月4日に公募を行ったところ、全国から252件の提案があり、外部有識者による審査等の結果、3月20日に69件の採択先を公表した。本実証事業にこれほど多くの提案があったことは、スマート農業に寄せる生産現場の期待が高いことの表れと考えられる。

　また、採択された69件の提案は、**水田作**30件、**畑作**6件、**露地野菜・花き**11件、**施設園芸**8件、**果樹・茶**11件、**畜産**3件と、多岐の作目にわたっており、水稲のみならず、麦、大豆、サトウキビ、キャベツ、ほうれんそう、小ギク、トマト、きゅうり、ピーマン、ぶどう、みかん、レモンなど多様な品目で実証されるほか、中山間地域や離島においてもスマート農業への期待は大きく、本実証事業においても、69件のうち33件は中山間地域・離島での取組みである。

　今後、本実証事業によって得られたデータは、農研機構が技術面・経営面から分析・解析し、それらをふまえ、先端技術の導入による最適な技術体系を検討する。事例として整理し、農業者からの先端技術の導入に係る相談に役立て、技術向上・経営判断に資する情報とする予定である。これらの情報提供を通じ、スマート農業技術の有用性を示すことで、スマート農業の社会実装を加速化していきたいと考えている。

　また、それぞれの実証地区には、スマート農業をみられる・体験できる場として、展示会の開催等を通じて、地域のスマート農業の発展に資する情報発信の拠点となることを期待している。また、農林水産省としても、アグリビジネス創出フェアをはじめさまざまな機会をとらえ、実証事業の進捗を全国各地で情報発信することとしており、本稿の読者の皆様にも関心をもっていただければ幸いである。

スマート農業のさらなる普及のために

　農業を取り巻く情勢は、他の産業と比べても、高齢化の進行や、担い手・労働力不足が著しく、年々厳しさを増している。

　こうしたなか、近年発展著しいAI、ロボット、IoT等の先端技術と熟練農業者等の現場の技術の

融合から生まれる「スマート農業」が、農業の未来を切り開く大きな一歩になると考えている。2019年のG20新潟農業大臣宣言においても、ICT、AI、ロボット工学といった先端技術の活用およびアクセスを通じて農業のイノベーションを奨励することの重要性が強調され、持続可能な農業生産に向けたスマート農業の実現は、国際的な潮流にもなってきている。

　これからの農業のカギを握るのは「データ」である。個々の経営に自らの営農データを活用することはもちろんのこと、秘匿すべき情報はそれぞれで保持しつつ、協調できる情報については農業データプラットフォーム「WAGRI」に集約・統合し、データの解析と現場へのソリューションの提供等を進めることにより、わが国の農業ICTの底上げやデータ活用型農業のさらなる普及が図られることを期待している。

　そのためには、農業者がICTサービス等により、データの活用による経営へのメリットを実感できるようになり、これにより農業者のデータ利用が広がって、ますますデータが集まり、さらに質の高いICTサービスが提供される、といった好循環を生み出せるかが重要なポイントとなる。今後、実証事業でスマート農業の効果に関するデータを集め、その成果を広く情報発信するとともに、有用なオープンデータ等のWAGRIへの実装を進め、WAGRIを利用するメリットをしっかり提示することが重要と考えている。

　結びに、ここまで技術開発を進めてこられた企業や研究者、農業者等の皆様へ敬意を表しつつ、スマート農業の社会実装に向けて、引き続き関係各位のご理解、ご協力をお願いしたい。

航空宇宙ビジネスの夢と現実

長鶴コンサルティング
代表取締役
足立　早恵子

航空宇宙産業の現状

(1)　近年の航空宇宙産業の動き

　航空宇宙産業は航空機産業と宇宙関連産業に分けられる。航空機産業においては、防衛関連産業で複数の高性能な機体を開発、製造しているものの、民間機の分野では本田技研工業の航空事業会社ホンダエアクラフトカンパニーが開発、製造した小型ビジネスジェット機HondaJetが2015年から北米、中南米、欧州などで運用されているだけである（図表1）。

　現在、三菱重工業の専門の子会社である三菱航空機が、戦後初の国産旅客機として1965年に就航し2006年に国内での旅客機用途での運航を終了したYS-11以来となる完全な国産旅客機として、三菱スペースジェット（旧名称、MRJ：三菱リージョ

図表1　主な国産航空機

民間航空機	YS-11	第二次世界大戦後初めて日本のメーカーが開発、製造した双発ターボプロップエンジン方式国産旅客機。1965年に全日空機として就航し、海外の航空会社等でも多数活用された。日本では2006年に旅客機用途での運航が終了した。
	三菱スペースジェット旧名称：MRJ（三菱リージョナルジェット）	三菱重工業の子会社三菱航空機が開発、製造を進めているYS-11以来となる完全な国産旅客機。2019年6月、名称をMRJから三菱スペースジェットに変更するとともに、本格的な事業化に乗り出すことが発表された。
	HondaJet	本田技研工業の関連会社であるホンダエアクラフトカンパニーが製造、販売する小型ビジネスジェット機で、北米、欧州、中南米などで運用されている。
防衛航空機	P-1	海上自衛隊の対潜哨戒機。製造の主体は川崎重工業でエンジンはIHIが開発。機体、システムともほぼ国内メーカーが担った国産哨戒機である。
	T-4	川崎重工業が製造している航空自衛隊で使用している中等練習用の亜音速ジェット機。航空自衛隊の曲技飛行チーム「ブルーインパルス」の機体としても活用されている。
	OH-1	川崎重工業が製造している陸上自衛隊の観測ヘリコプター（偵察機）で、愛称はニンジャ。エンジンは三菱重工業が開発・製造したTS1-10ターボシャフトエンジンで、2基を搭載している。
	C-2	航空自衛隊が保有する輸送機で、開発費を抑えるため、対潜哨戒機のP-1と同時に開発し、一部部品や治工具の共用が図られた。
	US-2	海上自衛隊が運用する海洋救難に特化した飛行艇。新明和工業が開発、製造している。波高3～4mでも着水できるなど高い洋上救難能力が評価されている。

（出所）　筆者作成

ナルジェット）の開発を進めている。しかし、その計画は大きく遅れており、2018年に予定されていた航空会社への納入は2年後の2020年に延期されている。

ただし、世界の民間航空機市場で欧州に本拠を置くエアバスと市場を二分する米国のボーイングは新型航空機開発を国際共同開発プロジェクトとして進めており、そうしたプロジェクトのなかで日本の航空機関連企業が大きな存在感を示している。日本からも数十社が参加した最新型のボーイング787の開発では、三菱重工業が米国企業以外で初めて主翼を担当したことでも話題になったほか、前方胴体や主翼固定後縁、主脚格納庫を川崎重工業、中央翼と主脚格納庫の組立てなどをSUBARU（旧富士重工業）が担当し、機体の35％が日本企業によるものである。このほかにも、機体の軽量化のため炭素繊維材料は東レが全量を供給するなど日本企業が機体開発に大きな役割を果たした。

一方、宇宙関連産業の発展は目覚ましく、その環境はここ数年で大きく様変わりしている。かつて宇宙開発は科学技術の発展、安全保障などの側面から各国の威信を賭けて繰り広げられた国家プロジェクトとしての側面しかもたなかった。

いまではだれもが当たり前に活用している衛星による位置情報サービスも、元は米国が安全保障を目的に実用化したものである。しかし近年、民間事業者による宇宙事業が急速に拡大している。そうした背景の1つには、日本政府における宇宙産業の民需拡大への全面的バックアップ姿勢がある。2017年には政府の宇宙政策員会が「第4次産業革命下の宇宙利用創造」と題し、AIなどの技術革新による産業のパラダイムシフトが進むと想定されるなかで民間宇宙利用産業の活性化を図っていくための「宇宙産業ビジョン2030」を発表した。ここでは、宇宙産業全体の市場規模を現在の1.2兆円（宇宙機器産業約3,500億円＋宇宙利用産業約8,000億円）から2030年代早期に倍増させる目標

図表2　宇宙関連産業の売上高推移

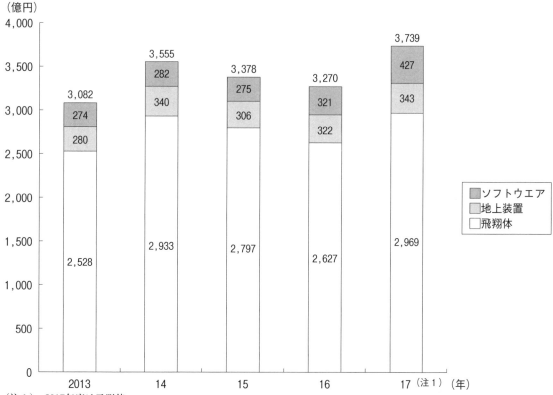

（注1）　2017年度は予測値。
（注2）　合計値は1億円以下を四捨五入しているため誤差が出ている。
（出所）　（一社）日本航空宇宙工業会「航空宇宙産業データベース」（2018年7月、ウェブサイト）から筆者作成

図表3　宇宙関連産業売上高と各省庁宇宙開発費の比較

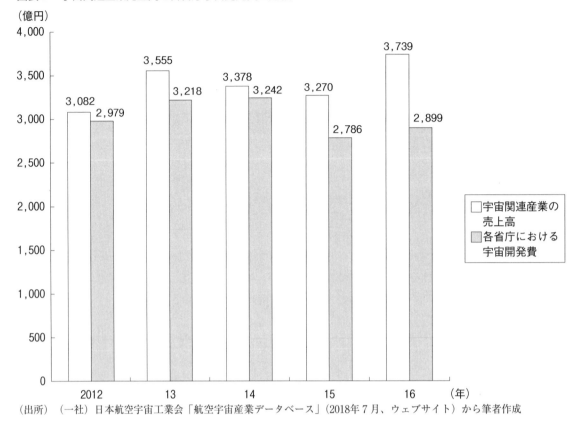

（出所）（一社）日本航空宇宙工業会「航空宇宙産業データベース」（2018年7月、ウェブサイト）から筆者作成

が示されている（図表2〜4）。

　わが国における航空宇宙産業は、1945年の第二次世界大戦敗戦を機に米国の統治下で軍用機、民間機を問わず保有するすべての機体が破壊され、1952年まで航空機およびその部品等の生産を禁止されたことから、そのスタートは諸外国に大きく後れをとった。現在も国の航空宇宙開発政策を担う研究・開発機関である（独）宇宙航空研究開発機構（以下、JAXA）の予算はアメリカ航空宇宙局（以下、NASA）の10分の1程度にとどまる。しかし、そうしたハンデを乗り越え、今日の日本の宇宙産業における技術力の高さはさまざまな実績によって証明されている。たとえば、2014年に世界で初めて小惑星からのサンプルリターンに成功した小惑星探査機「はやぶさ」の快挙や、米ロの度重なる補給機打ち上げ失敗により国際宇宙ステーション（以下、ISS）の使用物資が逼迫しつつあったなかで物資運搬に成功した無人補給機「こうのとり」5号機の存在などは、日本の技術力の高さを世界にアピールする機会となった。

　また、この「こうのとり」を運んだH-ⅡBロケットは2018年9月までに7機が打ち上げられているがすべて成功している。現在、日本の主力ロケットとなっているH-ⅡAロケットも2018年10月までに40機が打ち上げられ、失敗は6号機の1機のみと高い打ち上げ精度を誇っている。このほか、小型人工衛星打ち上げ用固体燃料ロケットであるイプシロンロケットも2019年1月までに4機が打ち上げられいずれも成功しており、日本のロケット技術に対する世界からの信頼は厚い。

　2019年の大きなニュースとしては、太陽系の起源や進化、生命の原材料となる物質の解明を目指し小惑星リュウグウを探査しているJAXAの小惑星探査機「はやぶさ2」がリュウグウへの二度の着陸を果たしたほか、小惑星の表面だけでなく内部の石や砂の採取に世界で初めて成功したことなどがあげられ、わが国の宇宙開発は現在進行形で新たな進歩が続いている。2020年には「はやぶさ2」の帰還、「こうのとり」2機の打ち上げ、そして、次期基幹ロケットとしてJAXAと三菱重工

図表4　各省庁における宇宙開発費の推移

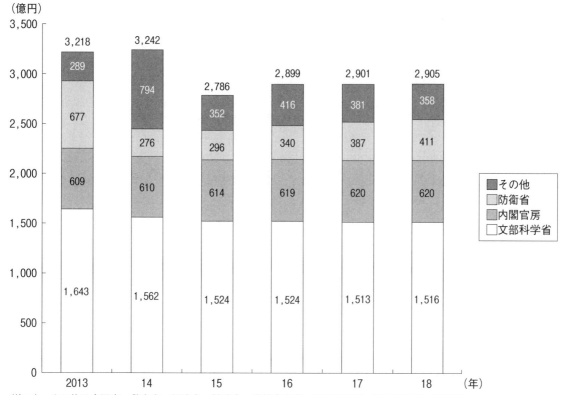

（注1）　その他は内閣府、警察庁、総務省、外務省、農林水産省、経済産業省、国土交通省、環境省。
（注2）　2018年度は当初予算案。
（注3）　合計値は1億円以下を四捨五入しているため誤差が出ている。
（出所）　（一社）日本航空宇宙工業会「航空宇宙産業データベース」（2018年7月、ウェブサイト）から筆者作成

業が開発を進めているH3ロケットの試験1号機の打ち上げが予定されており、さらなる宇宙事業の発展が期待される。

(2)　超小型衛星とベンチャー企業への期待

近い将来、宇宙利用がさらに促進されると、地上と宇宙との間で人やモノのやりとりが増える。いまよりも頻繁に宇宙に物資等を送る必要性が高まるとともに、たとえばISSでの実験成果物のような宇宙から地上に持ち帰る必要があるものが増加することも想定される。そこで、低コストかつ高頻度で打ち上げが可能な小型ロケットや確実かつ安全に宇宙から地上にモノを送るための技術が求められる。なお、JAXAでは「こうのとり」にカプセルを搭載してISSからの物資を地上に戻す取組みを進めており、2018年11月に「こうのとり」7号機で精製された結晶体の回収に成功している。

今後、宇宙と地上の間での人やモノのやりとりの頻度が増えるだけでなく、機器類の小型化も進んでいくものと想定される。CubeSat（キューブサット）といわれる超小型衛星は最小のものが10cm×10cm×10cmと手のひらサイズで、重量も1.33kg以下である。なお、10cm×10cm×10cmサイズのものを1U、20cm×10cm×10cmのものを2U、30cm×10cm×10cmのものを3Uという。場合によっては宇宙専用の部品を使用せず、一般消費者が量販店で購入できる部品を使って製造できるため、製造コストが最低でも数億円規模となる大型衛星とは桁違いの低コスト化が実現できる。なお、超小型衛星はISSへの補給機への搭載や大型衛星打ち上げ時のロケットの空き重量を利用しての打ち上げが可能であることから、宇宙への移送コストも大幅に削減できるのが大きなメリットだ。JAXAではISSの日本実験棟「きぼう」に小型衛星放出機構（J-SSOD）を設置し2019年6月までに38機の超

小型衛星を放出しており、さまざまな観測等で活用されている。なお、JAXAではCubeSatの放出を300万（1U）〜800万円（3U）の有償で請け負っている。

このように宇宙での活動と地上とのやりとりが活発化するなかで、民間企業単独によるロケット開発なども進んでいる。2019年5月にはベンチャー企業であるインターステラテクノロジズの観測ロケットMOMO 3号機が日本の民間企業が単独で開発製造したロケットとしては初めて宇宙空間への到達に成功した。同社は今後、100kg以下の超小型衛星等を宇宙に運ぶための小型ロケットとして商用化を目指している。

政府はこうしたベンチャー企業を含めた民間企業における宇宙事業の活性化に向けて2018年から5年間で1,000億円の資金を政府関係機関が投入することや、投資家とアイデア・ノウハウをもつベンチャー企業などをマッチングさせる新プラットフォーム「S-Matching」の設置などの支援策を示している。そのため、今後はロケットや人工衛星、その制御・運用にかかわる施設や装置、ソフトウエアといったインフラだけでなく、これらを活用した新たなサービスの拡大が見込まれる。

(3) JAXAと民間事業者とのパートナーシップ

JAXAにおいても宇宙ビジネスを目指す民間事業者等とパートナーシップを組み、事業化に向けた検討や技術開発、実証実験を行うことで新しい事業を生み出すための研究開発プログラム「宇宙イノベーションパートナーシップ（J-SPARC）」を開始した。主な事業テーマは月や他の惑星探査、遠隔操作技術など「人類の活動領域を拡げるテーマ群」、通信や測位、IoTなどの活用、宇宙輸送など「地上の社会課題を解決するテーマ群」、そして、個人向けの宇宙旅行やAR／VRなど「宇宙を楽しむテーマ群」の3つに分けている。大企業、ベンチャー企業を問わず、異分野の人材、技術、資金などを統合することで技術革新やイノベーションの創出を目指す取組みである。

2019年5月現在、実施されている主なプロジェクトとしては、ANAホールディングスとともに進めている「アバター（遠隔存在技術）を活用した事業」、川崎重工との「軌道上サービス、ス

ペースデブリ除去事業」、グリーとの「宇宙関連データを活用したVR・教育エンターテインメント事業」、mercari R4Dとの「AIを活用した衛星データ関連事業」、Synspectiveとの「小型SAR（レーダ）衛星によるソリューション事業」、スペースワンやインターステラテクノロジズとの小型ロケットでの「輸送サービス事業」などがあり、大企業からベンチャーまで幅広い企業が宇宙事業に乗り出していることがうかがえる。

航空宇宙ビジネスを手がける企業

(1) 実績のある大手重工・家電メーカーと多様なサプライヤー

現在、わが国の宇宙事業は従来のJAXAから民間企業に発注される形態からJAXAと民間企業がパートナーのかたちで協力しあうことで新たなビジネスを展開するかたちへと大きく変化しつつある。産業構造としては、国＝JAXAを頂点としたピラミッド型からJAXAを中心に民間企業が有機的に結びつくような形態となり、その輪が急速に広がっているのだ。それでも業界を牽引しているのは依然として、三菱重工業、川崎重工業、IHIといった**航空機メーカー**としての実績をもつ大手重工メーカーと日本電気（以下、NEC）、東芝、三菱電機、富士通などの日本を代表する**大手電機メーカー**である。なお、IHIとNECはそれぞれIHIエアロスペース、NECスペーステクノロジーという**航空宇宙関連事業**を専門に扱うグループ企業をもち、宇宙産業に特化した事業を展開している。

なかでも、エンジンを含むロケットから制御装置、ISSに設置された日本実験モジュール「きぼう」、宇宙ステーション補給機「こうのとり」、宇宙利用実験装置など幅広い分野での主導的な役割を果たしている三菱重工業の存在感は大きい。現在主力ロケットとして運用されているH-ⅡA、H-ⅡBはJAXAと三菱重工業が共同開発したもので、2007年以降は同社がそれまでJAXAが行っていた打ち上げを受託し、民間事業として請け負っている。2020年に試験1号機を打ち上げる予定の次期基幹ロケットH3ロケットの開発をJAXAとともに手がけているのも同社である。な

お、小型固体燃料ロケットとして今後の需要拡大が期待されるイプシロンロケットはJAXAとIHIエアロスペースの共同開発である。

人工衛星の開発は三菱電機、NEC、IHI、IHIエアロスペース、富士通などが中心である。特に、気象衛星ひまわり9号や準天頂衛星みちびきなどの開発、製造を手がけた三菱電機、1970年に打ち上げられた日本初の人工衛星「おおすみ」の開発以来、約70機の人工衛星を開発・製造してきたNECは業界を牽引する主力企業である。NECは地上において衛星の追跡管制や衛星から送られてくるデータの解析と活用などのソリューションも実施しており、宇宙産業における中心的存在といえる。

また、ロケットや人工衛星の開発には地上設備製造、部品製造、素材製造、ソフトウエア開発、部材加工などさまざまな要素が必要であり、素材メーカーまで入れると衛星1機に数百社程度の企業がかかわっているケースも少なくない。**リチウムイオン電池**を供給する古河電池、**軌道制御用加速度計**などを製造する日本航空電子工業、サンプル採取用カプセルのパラシュートを手がける藤倉航装、エックス線分光装置メーカーの明星電気、サンプル採取に必要な機器を製造する住友重機械工業、日油技研工業、日本飛行機なども広義では宇宙関連企業といえるだろう。

宇宙産業は他産業に比べ多額の研究開発費が初期段階から必要であり、そのための資金をいかに集めるかが最大の課題である。欧米ではIT・テクノロジー系の**ベンチャーキャピタル**が宇宙産業に投資をする専門のチームを立ち上げることで技術力のあるベンチャー企業に活発な出資を行っている。しかし、ロケット開発となると資金調達規模が大きいことから政府支援が不可欠な状況である。欧米では、政府が主導で宇宙市場における民需拡大を図ってきたこともあり、民需が約4割近い比率にまで育っている。

(2) 宇宙ベンチャー企業

わが国における宇宙ベンチャーは大学発の企業に加えて、近年、JAXA出身者や大手企業退職者などによる創業もみられる。大学発ベンチャー企業としては衛星開発を手がける九州大学のQPS研究所などがあり、こうした大学発の企業は研究機関としての豊富なノウハウや知見が強みとなっている。一方、JAXA出身者による創業としては人工衛星からの地球観測データを活用した水産養殖業の生産効率向上を図るサービスを展開するウミトロンなどが注目を集めている。

ベンチャー企業の資金調達は大手企業との提携によるものやクラウドファンディングを含めた個人投資家による出資などがある。MOMO3号の打ち上げに成功したインターステラテクノロジズは、大手商社である丸紅と調査費用等について業務提携を結んでいる。また、2020年に高度100km到達を目標に有人機の開発にあたっているPDエアロスペースは大手旅行代理店エイチ・アイ・エス（HIS）や大手航空会社の全日本空輸（ANA）からの出資を受けている。一方、個人投資家からの出資で運営している企業としては、流れ星を人工的に発生させる装置を開発し、2020年に世界初の人工流れ星ショーを開催する計画を進めているALE（エール）や衛星データ解析ソフトウエア開発企業スペースシフトなどがあげられる。ALEは個人投資家から数億円の資金調達に成功しており、スペースシフトは**クラウドファンディング**を活用している。

こうしたベンチャー企業の手がける分野はロケット・有人機開発、月面探査といった大がかりなものから超小型衛星の開発や衛星データの解析と活用など一言で宇宙産業といってもかなり幅広い。事業としては実現可能性の検討や研究開発途上のものも多い状況だが、先にあげたALEが人工流れ星を発生させるための衛星の初号機の打ち上げを2019年1月に成功させるなど着実に進歩を遂げている状況だ。

このほか、NPO法人北海道宇宙科学技術創成センターのような地域の宇宙開発関連施設や宇宙関連大学研究室をネットワーク化する団体も設立されている。同センターは宇宙開発技術を生かした新産業創出や起業家支援、次世代研究者や技術者の育成を目的としており、宇宙産業の発展に必要なリソースの醸成を図っている。

また、大手企業においても上記で述べたような海外企業や国内ベンチャーへの出資や連携のかたちでの宇宙事業参画にとどまらず、自ら宇宙関連事業に乗り出すケースが出てきている。たとえば、清水建設や大林組などの**総合建設業（ゼネコ**

20

航空宇宙ビジネス

ン）は宇宙探査、開発、利用分野に直接進出している。自動車業界最大手のトヨタ自動車も2019年、10年後の2029年打ち上げを目指しJAXAとともに**燃料電池車技術**を用いた月面有人ローバーを共同開発することが発表された。JAXAでは今後、自らが主導する「輸送システム」「無人探査機」「有人宇宙技術」の分野での取組みに対しても積極的に民間企業との協業を図っていく方針である。

宇宙関連産業の発展

⑴ 定番の天気予報から医療、ゲーム、葬式まで幅広く活用

人工衛星やISSを通して得られるメリットを生かした新たな事業やサービスも大きな発展を遂げており、今後ますますの進化が期待される分野である。人工衛星を使い位置情報を確認する測位衛星システムは**カーナビ**やスマートフォンを使った道案内サービスへの活用にとどまらず、自動運転車の開発や**宅配便業者**の配送状況把握、海岸や山間部での効率的な測量などに生かされている。

このほか、気象衛星などを活用した**気象情報サービス**や、農作物の生育状況の把握による営農計画の効率化、インフラ状態の監視、気候変動の監視、魚群探査など、地上における経済活動の効率化や利便性向上に人工衛星からの情報は欠かせない存在になりつつある。

また、ISSでは無重力状態を生かし、地球上では開発できない新薬開発に向けた実験なども活発に行われている。近年の例では、医師でもある金井宣茂宇宙飛行士が2017年12月から2018年6月までのISS滞在期間中に糖尿病の診断薬や抗がん剤の開発などに役立つ可能性のあるたんぱく質の結晶をつくる実験などを実施しており、今後画期的

図表5　主な人工衛星活用サービス

人工衛星からの画像や測量データの活用	天気予報
	農作物の生育予測
	インフラ監視
	防災・防衛
	株価予測
	気候変動の監視
	保険
	地形把握
	魚群探査
人工衛星による位置情報の活用	現在位置検索
	郵送補助サービス
	航海支援サービス
	測量
	位置情報ゲーム
通信衛星の活用	衛星通信の整備
	衛星放送
	災害時の通信
	移動通信

（出所）　JAXAウェブサイト、宇宙広報団体TELSTAR運営サイト「宙畑」から筆者作成

な創薬につながることが期待される。主な人工衛星活用サービスは図表5のとおり。

こうした実用的な活用だけでなく、「ポケモンGO」などの位置情報ゲームのかたちで娯楽分野でのサービスに人工衛星からの情報が利用されるなど、宇宙を活用した産業の幅は大きく広がりつつある。たとえば、ALEが企画している人工的に流れ星をつくりだすといったエンターテインメント性のあるサービスや、故人の遺灰をロケットで打ち上げて宇宙に散骨する宇宙葬サービスなどが、新たな宇宙活用サービスとしてあげられる。また、厳しい訓練なしに大気圏外へと旅行できる宇宙機や宇宙ホテルの開発を進めている企業もあり、将来的には民間人の宇宙旅行も産業として成り立つ可能性がある。

(2)　宇宙保険

また、宇宙産業のリスク軽減に大きな役割を果たしている宇宙保険も周辺産業の1つといえるだろう。宇宙保険は大きくロケットや人工衛星等の財産価値あるいは関連費用を担保する物保険と宇宙関連産業に伴う損害賠償リスクをカバーするための賠償責任保険に分けられる。物保険は打ち上げ前保険、打ち上げ保険、軌道上保険と打ち上げから運用までのフェーズで分けられている。一方、賠償責任保険はロケット打ち上げ等に起因する第三者への賠償責任を担保するものが中心となっている。

宇宙保険は1回の事故で想定される保険金支払額がきわめて高額になるほか、事故発生確率は列車事故等とは比べものにならないほど高いことや事故発生の際に損害状況を人間の目でみて査定できる環境にないこと、技術革新により過去の統計が必ずしも有効とはいえないことなどから保険会社にとってきわめて難易度の高い分野である。そのため、2015年時点で宇宙保険に参入している保険会社は世界でも40社弱に限られている。わが国においては東京海上日動、三井住友海上、損保ジャパンなどの大手損害保険会社が引受会社となっている。

(3)　これから宇宙産業の影響を受ける業種

今後、宇宙産業の進展に伴って影響を受けるのはほぼすべての業種といっても過言ではないだろう。直接的には、電機メーカーなどはIoT家電等において衛星からの情報活用を前提に利便性向上を図る機能の付加を要求される。また、大手自動車メーカーが自動運転などの研究を進めているが、これが実現すれば自動車ディーラーや整備工場はサービス内容に影響が出てくる可能性は高い。こうした変化にいち早く対応できるかどうかが今後、各企業、業界の明暗を分けるものと予想される。

なお、自動車の場合、人間が運転することがなくなれば自動車教習所は業界自体の縮小は免れないものと思われる。

農業においても衛星情報をベースにした正確な気象予報や生育予測などにより生産量や市場価格の予想がしやすくなり、青果物市場にかかわる事業者、生鮮食品の小売店、飲食業者、食品加工業者等の経営も大きく変貌するだろう。また、農産物は先物価格に関連することから金融市場への影響も大きいものと考えられている。こうしたことから、宇宙活用が良きにつけ悪しきにつけ将来的には国内外の産業構造を大きく転換させるパラダイムシフトを生むことは間違いない。

20

航空宇宙ビジネス

ドライバーの需給ギャップ解消に構造改革待ったなし

ボストン コンサルティング グループ
マネージング・ディレクター&パートナー

森田　章

2027年に24万人のドライバーが不足する

　昨今、あらゆる業界で人手不足による事業継続の懸念が語られているが、物流業界も例外ではない。ボストン コンサルティング グループ（BCG）が、政府や関係機関等が発表している各種統計調査をもとに、2027年の物流運輸業界におけるトラックドライバーの需給がどう変化するかを予測したところ、その結果は物流業界にとって非常に深刻なものとなった。2027年には、需要側では96万人の物流トラックドライバーが必要となる一方、その供給は24万人も不足するという推計結果

が出たのだ。この推計結果をふまえると、物流業界は抜本的な改革案を創出し、着実に取り組まない限り、現状の事業活動を継続することはきわめてむずかしいとみるべきだ。

　まず、どこに問題があるのかをみていこう。

　2017年時点で、運送業に携わるドライバーは83万人とされているが、2027年には、需要（必要なドライバー数）が2017年比13万人増の96万人となるのに対して、供給（ドライバーのなり手）はどう見積もっても72万人にしかならず、およそ24万人のギャップが生じてしまうことがわかった（図表1）。現状よりも13万人もドライバー需要が増大する大きな理由として、次の3つの要因があげ

図表1　ドライバーは、2027年に24万人不足する見込み

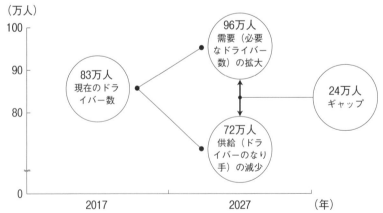

（出所）　総務省統計局「労働力調査」、国土交通省「物流を取り巻く現状について」、国土交通省「宅配の再配達削減に向けた検討について」、厚生労働省「賃金構造基本統計調査」、国土交通省「自動車関係統計」、厚生労働省「トラック輸送状況の実態調査より」、全日本トラック協会「日本のトラック輸送産業現状と課題」13頁、労働政策研究・研修機構「労働力需給の推計」http://www.jil.go.jp/kokunai/statistics/rouju.html、総務省統計局「人口推計」、ボストン コンサルティング グループ分析

図表2　需要と供給に影響のある要素とその前提

	影響を与える要素	概要	前提	影響
需要	①荷物量の増減	・国内全体では微減トレンドだが、EC普及で宅配便の個数が増加	直近5年のトレンドが継続	＋7万人
	②積載効率の低下	・貨物の小ロット化により、積載効率が低下	直近5年のトレンドが継続	＋2万人
	③労働環境改善	・業界共通の課題である長時間労働の実態が改善（頭数の増加）	超過労働時間を50%削減	＋9万人
	④モーダルシフトの進展	・国土交通省が積極的に推進するも、すでに限界に近いところまでシフト	直近5年のトレンドが継続	－0.1万人
	⑤規制緩和による代替（バス・タクシーの混載輸送）	・規制緩和により旅客と貨物の混載輸送が可能に（バス・タクシー）	バスは2割、タクシーは3割が混載輸送に進出	－1万人
	⑥再配達の減少（宅配ボックス・ロッカーの普及）	・宅配ボックス・ロッカー設置が進み再配達が減少	現在の再配達の半分程度が削減	－1万人
	⑦幹線の自動運転化	・自動運転技術の進化により、幹線における自動運転が普及	幹線輸送のうち25%が自動化	－2万人
供給	⑧少子高齢化	・高齢ドライバーは引退 ・少子化で若年層の流入は限定的	現在の年齢構成がそのままシフト	－7万人
	⑨選択率の減少	・過酷な労働環境等による不人気が継続し、選択率は減少	直近5年のトレンドが継続	－4万人

（注）　数字は四捨五入。
（出所）　総務省統計局「労働力調査」、国土交通省「物流を取り巻く現状について」、国土交通省「宅配の再配達削減に向けた検討について」、厚生労働省「賃金構造基本統計調査」、国土交通省「自動車関係統計」、厚生労働省「トラック輸送状況の実態調査より」、全日本トラック協会「日本のトラック輸送産業現状と課題」13頁、労働政策研究・研修機構「労働力需給の推計」http://www.jil.go.jp/kokunai/statistics/rouju.html、総務省統計局「人口推計」、ボストン コンサルティング グループ分析

られる（図表2）。

　1つ目は荷物量の増加である。荷物量の増加によるドライバー需要は、プラス7万人と予想される。この荷物量の増減は、BtoB（企業対企業）の領域では微減となるものの、BtoC（企業対個人）では、主にEC（電子商取引）のさらなる普及によって宅配個数が増加するため、大幅に増加することが予想されている。

　すでに若い頃からインターネットが存在する環境に親しんできた50代以下の世代においては、EC利用率、モバイルインターネットの利用率、EC利用の支出総額ともに、その上の年代より大幅に高い。その50代が60代になったからといってECを使用しなくなるとは考えにくい。そのため今後は、60代以上でも、特にモバイルインター

ネットの利用率がより高まっていくことが予想される。そうなれば当然、荷物量は増加し、ドライバーの需要が高まるとみるのが妥当である。

　2つ目は、積載効率の低下である。荷物量は増加しているものの、貨物のロットが小さくなる傾向が続いており、多頻度配送となっている。

　過去の営業用のトラック積載率をみていくと、2005年には50.3%だったが、微減傾向が続き、リーマンショックの影響が出てきた2010年には一時37.6%まで落ち込んだ。

　その後わずかに持ち直したものの、2015年時点で40.5%と、改善の兆しはほとんどみられない。積載率は重量比だから、最大積載量が10トンのトラックを例にとるなら、2005年には5トン積んでいたが、10年後の2015年には4トンになってし

まったということになる。つまり、2割も減少しているわけだ。

この1990年以降続いている積載率低下の最大の要因は、前述したECの普及の影響である。ECの普及は「必要なものを、必要なときに、必要なだけ」という多頻度小ロット配送を当たり前のものとした。その結果、貨物1件当りの重量は減少し続けているのである。

加えて、そもそもの問題として都市と地方での物量の不均衡もある。人口の多い都市部への輸送は往路の積載率が100%に近くても、地方への復路でほぼ空の状態で走ることになれば、トラック1台の積載量としては5割になってしまう。地方人口の減少や経済の停滞が積載率低下の要因の1つになっているということである。さらに、時間指定便の増加も、積載率低下に拍車をかけている。届け先への配達時間の指定が細かく区切られている場合、荷室が埋まっていなくてもトラックを出発させなければならない。特に交通渋滞の影響が大きい都市部では、納期を守るために積載率が低くても走らせなくてはならないという事情がある。

こうした積載率低下の傾向は今後さらに加速すると見込まれ、その結果、ドライバー2万人の需要増となると予想されている。

そして3つ目は、労働環境の改善だ。長時間労働の是正はすべての業界において共通の課題であるが、超過労働時間を5割削減しようとすると、人手としては9万人の増加が必要となる。

働き方改革を行いトラックドライバー1人当りの労働時間が少なくなれば、頭数を増やす必要がある。物流業界は、従来、残業規制の適用除外業種とされてきた経緯があり、長時間労働が常態化している。2016年の月間労働時間は産業全体では143.7時間だったのに対して、運輸業・郵便業においては171.2時間と、2割も多くなっている。

ある大手運送会社では、大幅な労働時間の削減を発表しており、フルタイムで働く従業員の超過勤務時間を、2015年の月39時間から2025年には20時間と半減させる目標を掲げている。こうした労働時間の削減によって約9万人の需要増となる見通しだ。

つまり、ここまであげた3つの要因だけでも、物流トラックドライバーの需要増は、合計18万人

となるわけである。

需要減の要因もあるにはあるが……

これに対して、需要減となる要素としては、④「モーダルシフトの進展」、⑤「規制緩和による代替」、⑥「再配達の減少」、⑦「幹線の自動運転化」がある。

まず④の「モーダルシフトの進展」だが、そもそも「モーダルシフト」とは、トラックによる幹線貨物輸送を、大量輸送が可能な**海運**または**鉄道**に転換することをいう。2011年に国土交通省が荷主向けに行ったアンケート結果では、トラックから鉄道に振替可能な輸送は0.2～0.3%でしかなかった。その後、自動車による輸送は2011年の54.1%から2015年には50.2%となっているため、振替えは限界に近づいてきていると考えるのが順当であろう。

⑤の「規制緩和による代替」とは、**バスやタクシー**の混載輸送を可能にすることで、トラックの輸送を減少させようというものだ。すでにバスやタクシーなどが宅配便の配達ができる「貨客混載」は認められてはいるが、過疎地域限定の規制緩和のため、現状では部分的な取組みにとどまっている。今後、さらなる規制緩和が行われてもそれほど大きなインパクトをもたらすことはないだろう。

次に⑥の「再配達の減少」については、配送センターから各住宅までのラストワンマイルの工数削減のテーマの1つではあるが、現状でも再配達は全荷物の2割でしか起こっていない。時間指定が細かくできるようになったからだ。そのため、今後、再配達が現状の半分にまで減少すると、ドライバー需要を1万人減らせると思われる。ただし、これはラストワンマイルを主戦場とするヤマト運輸、佐川急便のようなプレイヤーにとっては重要なテーマだが、物流業界全体においてはそれほどのインパクトをもたらさない。

最後に⑦の「幹線の自動運転化」である。現状では、すでに幹線（高速道路）での自動運転化は技術的に可能なレベルに達しており、後は規制緩和の問題だけが残る。

ただし、ラストワンマイルの配送においては、日本では道路が狭小であるために実現にはまだ時

間がかかりそうだ。そのため当面は自動運転による配送ができたとしても幹線にとどまるはずで、ドライバーの需要減少は2万人程度にとどまるだろう。

これらによって需要減は、計5万人と見込んでいる。よって需要側の増減を足し引きすると都合13万人増の96万人となる。

需給ギャップを埋めるための構造改革の必要性

一方、供給側では、少子高齢化によるドライバーの引退、なり手の減少によって2027年時点で7万人減、さらにドライバーが職業として選ばれる率も低下傾向が継続して4万人減となり、計11万人減の72万人となる。よって24万人の需給ギャップが生じると推計できる。

それぞれの項目をもう少し詳しくみていこう。

現状、83万人のドライバーがいるが、その年齢構成は20代が7％、30代が15％、40代が27％、50代が19％、60代以上が13％となっている（2016年の数字）。

これが2027年になると、新しいなり手が増えない状態で、現状の比率のまま推移すると仮定すると、20代が7％、30代も7％、40代が15％、50代が27％、60代以上が19％となる。引退する高齢ドライバーの人数の割には、新しいなり手が入ってこないため、ドライバー数は7万人（8％）も減る。

また、どれくらいの人がドライバーを職業として選ぶかという「ドライバー選択率」でみても、2014年までは1.26％程度選ばれていたが、漸減傾向が続いており、このトレンドのまま推移する

と、2027年には選択率は1.19％となる。数にして4万人もの供給減となると予想できる。賃金や長時間労働が改善されないと、低下傾向に歯止めはかけられないだろう。

「モーダルシフトの進展」「規制緩和による代替」「再配達の減少」「幹線の自動運転化」を着実に行ったとしても、供給側も減るのでギャップは埋まらない。このことは、物流業界を抜本的に構造改革するぐらいの大変革が必要であることを示している（図表3）。改革を実現するためには、物流事業者のみが考えればいいというわけではなく、荷主を含めたサプライチェーンマネジメント（SCM）全体で効率化を推し進めていかねばならない。そうでない限り、消費者側にサービス水準の低下や価格への転嫁を許容してもらうしかない。

異業種間共同配送で積載効率アップ

SCM全体の効率化を考えたとき、大きく分けて2つの領域が考えられる。BtoBtoC（企業対企業対消費者）とBtoB（企業対企業）である（図表4）。

まずBtoBtoCの場合、工場でつくられた商品は卸、小売を経て消費者へ届けられる。この流れで効率化の打ち手として考えられるのは「共同配送」を推し進めていくことだ。

すでに、**飲料メーカー**の間では同じトラックで別のメーカーの飲料を運ぶというように同業種間の共同配送が実現している。こうしたメーカーにとっては、物流は競争領域ではなく、協調領域と認識されるようになっており、共同配送がかなり進んでいる。この環境をもう一歩進めて、異業種間でも共同配送を実現できるようにするのであ

21

物流危機

図表3　このギャップをどのように埋めるのか？　埋められずに妥協・負担するのか？

やるべきことを確実にやっても…

④モーダルシフトの進展
⑤規制緩和による代替
　（バス・タクシーの混載輸送）
⑥再配達の減少
　（宅配ボックス・ロッカーの普及）
⑦幹線の自動運転化

…ギャップは大きく…

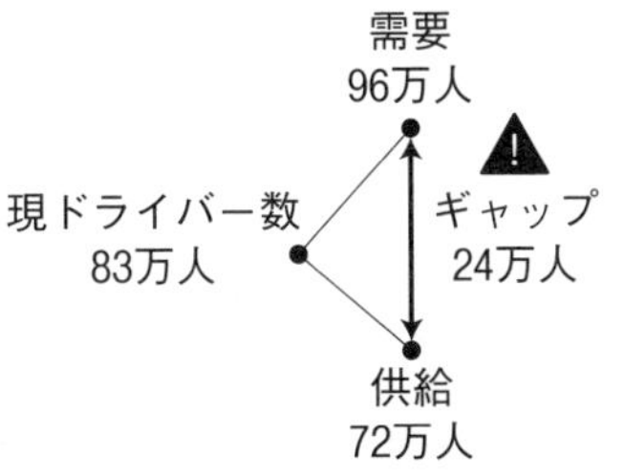

需要
96万人

現ドライバー数
83万人

ギャップ
24万人

供給
72万人

…どう埋めるのかが問題

業界
SCMの抜本的な効率化を推進するか？
OR

消費者
物流サービス水準を妥協するか？

消費者
価格への転嫁を許容するか？

（出所）　ボストン　コンサルティング　グループ分析

図表4　SCMの抜本的な効率化のカギはどこにあるのか？

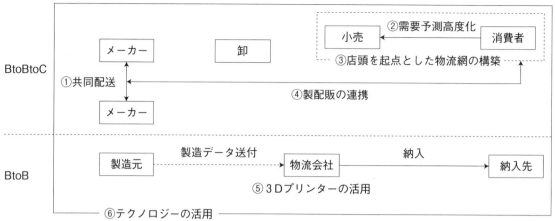

（出所）　ボストン コンサルティング グループ分析

る。たとえば、飲料と即席めんといったように隣接商材間なら進めやすいはずだ。重い飲料の上に軽い即席めんを乗せるというような運用をすれば、積載効率を上げることができる。

ただし、異業種間での共同配送を進めるときには、だれがどのくらい配送費用を負担するかが大変むずかしい。飲料なら体積と重量にそれほどの差異はないが、先にあげた例のように飲料と即席めんでは重量と体積の違いが大きい。だれかが少しでも割を食っていると感じると、感情的にもつれてなかなか進まなくなるというのはよくある話だ。そこはだれかの強力なリーダーシップのもと、トップダウンで推進することが必要となるだろう。

実際、異業種配送は日本でもすでに始まっている。たとえば、味の素を中心とした4社が均等出資して発足した合弁会社「F-LINE」が、2017年3月から事業を開始している。

また、メーカーと小売間の輸送においては、リレー方式を導入するのもよいだろう。東京から大阪へ輸送しようとすると、1泊2日かかっているのが現状だが、中間地の静岡で積み荷を交換して戻ってこられるようにすれば、ドライバーの長時間労働も軽減できるし、宿泊費も不要になる。

需要予測の高度化、共有化で効率化

需要予測を高精度化させることも効率化に寄与するはずである。

従来は、発注担当者の経験に基づく勘によって発注数が判断され、在庫数が決まっていた。こうした統計的根拠に乏しい発注法によって、人間が気づかないレベルで機会ロスが発生していると考えられる。これが、近年ではビッグデータをAIで解析して将来予測をする発注方法に順次切り替えられている。POSデータや曜日・季節、天候やイベントの有無、競合情報やSNS情報などからAIが適正数を算出する。すでに担当者の"職人的勘"による判断をAIが上回る事例も出てきている。需要予測の精度が上がれば積み荷の量も適正になる。

このように需要予測の精度が高まっていけば、店頭を起点とした物流網の効率化にも手をつけられるはずだ。物流の効率化というと、トラック輸送のことばかりが頭に浮かぶが、物流全体を見渡すと、実は末端である店舗での工数が多くかかっている。つまり店頭での品出し、陳列作業である。

多くの場合、メーカーで製造された商品はディストリビューションセンターへ送られ、トランスファーセンターで仕分けされ店舗に配送される。店舗では店舗オペレーションの部署が品出し、陳列作業を行うが、ここでのコストは考慮されていない。たとえば、トランスファーセンターで商品を細かく仕分けできれば、店頭での作業が劇的に軽減できるかもしれない。店頭を起点とした物流網を構築することによって効率化できる余地がかなりありそうだ。

この点に関しては、欧州の小売企業がすでに実現している。この小売企業では従来、店頭の商品棚割を考慮せず、ロールボックス（かご台車と呼ばれる人力運搬機）に積み込んでいたため、品出し時の店内移動距離が長く、時間もかかっていた。これを、仕分けの段階であらかじめ棚割を考慮したかたちへと変えることで効率化を実現している。

また、BtoBにおいては、３Dプリンターの導入によって、そもそも物流をなくす方法をとることができる商材もあるだろう。たとえば、医療用のギプスのようにカスタマイズ性の高いもので、かつ高付加価値のものであれば、消費地に近いところで３Dプリンターによって製造することが可能となり、物流の絶対量を減らすことができる。

商習慣、業界構造の打破がカギ

こうした打ち手を実現していくには、製配販（製造（製）・流通（配）・小売（販））の垣根を越えて、川上から川下までをトータルで設計して全体最適化を図ることが大切だ。それには日本のこれ

までの商習慣、業界構造の壁を打破していく必要がある（図表5）。

日本ではこれまでメーカーは通常、生産供給に関する情報を自分たちで抱え込んだまま、卸へ商品を渡していた。卸はそれを中間在庫として抱え、小売からの発注に基づいて出荷していた。小売がもつ販売情報や需要予測などの情報はメーカーと共有されていないため、メーカーは欠品をおそれて常に多めの需要予測に基づき生産する。食品の場合は「食品ロス」が多くなり、廃棄分は価格に転嫁される。日本ではメーカーと小売は、双方がよりよい条件を相手から引き出そうとする対立関係にあるため、連携が進みにくく、非効率な状態が温存されてしまう。

日本の状況とは対照的に、米国では小売のもつ需要予測のデータがメーカーとも共有されている。さらには中間在庫の管理もメーカーが担っている。共通の需要予測に基づくSCM連携によって効率化を図っており、そうして出た利益は川上から川下までのプレイヤーで公平に分配している。お互いにWIN-WINの関係となっているのだ。日本でも、こうした商習慣の壁を乗り越える

図表5　製配販の連携：緊密な製配販連携が進むことが、効率化につながっていくはず

	米国型	（これまでの）日本型
	メーカーと小売はパートナー ・"プロフィットプールを最大化し分かちあう" 	メーカーと小売は対立関係 ・"よりよい条件を相手から引き出す"
メーカーと小売のSCM連携	連携が進みやすい ・共通の需要予測に基づくSCM連携による効率化（CPFR） ・さらにマーチャンダイジング、販促等に連携が拡大	連携は進みにくい
取引制度	オープン価格 ・商品価格と物流費は分離。機能に応じたリベート体系（メニュープライシング） ・メーカー・小売の協業によるコストメリットの配分が可能	建値制＋店着価格制度 ・原価構造（リベート、センターフィー）が不透明なまま ・結果的に小売各社の疑心暗鬼を招き、メーカーへの過度な要求につながりやすい

（出所）　ボストン コンサルティング グループ分析

ような新たな物流網の構築に手をつけないと抜本的な効率化はむずかしいだろう。

　今後は物流業界の構造自体も変わらざるをえない状況になっていくに違いない。トラック輸送の業界は7階層程度の下請構造になっている。下の階層に行くほど、長時間労働が常態化している現状がある。

　米国ではトラックドライバーの長時間労働が大きな問題になっており、車の運行状況などのデータを吸い上げる仕組みを整備することが義務化された。リアルタイムトラッキングができるようになった結果、何を載せてどこを走っているかがわかるようになってきた。これをビッグデータとして活用するプラットフォームを提供できるプレイヤーがすでに登場している。こうした動きが進むと、運行管理はそうしたプレイヤーに代替されてしまうので、究極的には完全にフラットになり、7つもある階層は瓦解するだろう。

　7階層がなくなれば、階層間で発生していた情報や書類のフロー、製品サービスや資金のフローのトランザクションを劇的に減少させることができ、業界全体での効率化が可能となる。

　これまでもテクノロジーの進化によって物流業界に革新は起きていたが、現在はブロックチェーンが大きな流れになってきている。荷物・人・トラックの流れがリアルタイムで見える化でき、改ざんや不正の防止にも役立つなど、あらゆる面で効率化できる可能性がある。

　テクノロジーの進展により、SCMの抜本的な効率化の余地はまだまだ残されている。全体的かつ抜本的な構造改革を行えば、消費者に負担や我慢を強いることなく、物流業界は進化していけるはずである。

規制強化と
情報銀行等、利活用の新展開

大和総研
金融調査部　研究員
藤野　大輝

データ市場の進化とデジタル・プラットフォーマーの出現・規制

(1)　データ市場の規模は急速に拡大

「データは21世紀の石油」という言葉があるとおり、現代においてはあらゆる企業が個人データをさまざまな場面で取得し、それをもとに新たなサービスの創出や事業の効率化等を行うことで、利益を生み出している。私たち個人は、電車に乗っても、買い物をしても、インターネットを利用しても、いつでもデータをとられ、ビジネスに活用されている。

データ利活用の拡大に関する1つの指標として、わが国のインターネットでやりとりされているデータの通信量（トラヒック）をみてみると、特に総ダウンロードトラヒックが右肩上がりに増加している（図表1）。

この背景には、情報技術の進歩による通信容量の拡大のほか、IoTの登場やビッグデータの活用技術の発達等があると考えられる。政府も「Society5.0」を掲げ、今後のデジタル経済の進化を推進する姿勢を示している。今後も5Gの実

図表1　わが国のインターネットにおけるデータ通信量

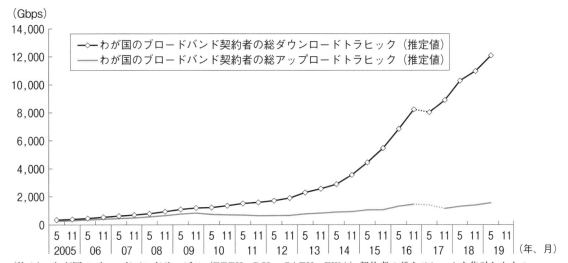

（注1）　わが国のブロードバンドサービス（FTTH、DSL、CATV、FWA）契約者の総トラヒックを集計したもの。
（注2）　総ダウンロード、アップロードトラヒックともに2017年5月より協力インターネットサービスプロバイダが5社から9社に増加し、9社からの情報による集計値、推定値としたため、不連続が生じている。
（注3）　総アップロードトラヒックについて、2017年5月から11月までの期間に、協力事業者の一部において計測方法を見直したため、不連続が生じている。
（出所）　総務省「我が国のインターネットにおけるトラヒックの集計・試算」から大和総研作成

現等によりデータ市場は拡大していくことが見込まれ、**情報通信サービス業**に限らず、これまでデータをあまり活用してこなかった業種や、シェアリングエコノミー等の新たな事業等においてもデータ活用の幅が広がっていくと考えられる。

(2) デジタル・プラットフォーマーの出現と寡占化

データ市場の拡大に大きく寄与しているのは、いわゆるGAFA（Google、Apple、Facebook、Amazon）等の**デジタル・プラットフォーマー**である。デジタル・プラットフォーマーの特徴の1つは、個人との接点の多さである。個人の多くはGAFA等のサービスを利用しない日は少ないと考えられ、プラットフォーマーは日々、位置情報、検索履歴、購買履歴等、個人のさまざまな情報を収集している。

もう1つの特徴が、企業と個人の仲介である。プラットフォーマーは個人からはサービスの提供を通じてデータを収集し、そのデータを他の企業に提供等するという両面的な市場を構成している。これまでデータを活用してこなかった業種等がデータを活用する際にもプラットフォーマーは大きな役割を担っていくことと考えられる。

一方で、デジタル・プラットフォーマーはその特性上、データ市場を独占してしまう傾向にある。プラットフォーマーには、その利用者である個人と企業の数が多ければ多いほど、提供するサービスの価値が高まる「ネットワーク効果」が働く。そのため、多くのユーザー、参加企業を獲得したプラットフォーマーは、大きなプレゼンスを有し、他の新規参入企業がこれに対抗することはむずかしい。

また、「データ」は無限に複製することができ、他のデータとつなぎ合わせることでさらなる価値をもつ。プラットフォーマーは、大量のデータを蓄積しており、それを利用して高付加価値のサービスを提供し、新たなデータを得る。こうしてプラットフォーマーは個人のデータを寡占し、個人・企業に対して優位性をもち、個人・企業にとっては他のサービスに切り替えるスイッチング・コストが大きくなってしまっている。たとえば、アンケート調査（注1）によると、プラットフォーマーから販売チャネルを切り替える容易性について、とても容易、容易と答えた事業者が全体の10.3％であるのに対し、非常に困難、困難と答えた事業者は65.2％となっている。

(3) わが国でもプラットフォーマーに対する規制の導入が見込まれる

このようにデジタル・プラットフォーマーはデータ市場において、競合他社や利用者たる個人・企業への優位性を維持し、公正・自由な競争をゆがめている可能性が示唆されている。これに伴う世界的な規制の潮流を受け、わが国でもデジタル・プラットフォーマーについて議論が行われており、規制が検討されている。

プラットフォーマーへの規制については、いくつか論点がある。まず、規制とイノベーションのバランスである。規制は必要であるが、過剰な規制によりプラットフォーマーによるイノベーションを阻害しないように、バランスのとれたルール整備が求められる。また、規制の方法についても考える必要がある。より強力な強制力を伴う独占禁止法等の法規制か、もしくはより迅速な対応が見込めるガイドラインや自主規制とするかを慎重に検討していくことが求められる。さらに、プラットフォーマーには海外事業者も含まれ、国内の事業者と海外の事業者が同等のルールに服するように、わが国の法令のあり方を検討すべきだろう。

これらの論点をふまえ、規制の方向性が示されている。たとえば、2020年の通常国会に法案を提出し、デジタル市場に特有に生じる取引慣行等の透明性や公平性確保のための法則・ガイドラインの整備を図るとされている（注2）。また、独占禁止法においても、プラットフォーマーが個人データを囲い込むことによって個人に対していわゆる「優越的地位の乱用」を行っているとみなされる場合、独占禁止法違反とするという考え方が示されている（注3）。こうしたプラットフォーマーの寡占状態に対する規制が強化されれば、他の業者の参入により競争が促進されることにつながる。わが国において情報を活用した事業を検討している企業の参入が予想される。

個人情報保護に対する意識の高まりと規制の強化

(1)　厳しい個人情報保護規制であるGDPRがEUで発効

デジタル・プラットフォーマーによって個人情報が独占的に利用されていること、また、個人の意思と関係なく個人情報が利活用されている状況を受け、EUでは、個人のデータ保護を強化すべく、2018年5月25日にGDPR（EU一般データ保護規則）の適用が開始された。GDPRについて特筆すべき点は、域外適用、同意の必要性、個人の権利、高額な課徴金であると考えられる。

まず、GDPRはEU域内の個人を対象に商品やサービスを提供している日本法人などに対しても適用されるため、そうした日本法人は、日本の個人情報保護法だけでなく、GDPRも遵守する必要があり、注意が必要である。

GDPRでは、個人の情報を扱う（取得、利用、提供などすべて該当する）場合には、本人からの明確な同意が必要となる。たとえばウェブサイト上のチェックボックスによる同意も認められるが、あらかじめチェックが入っている状態のボックスで同意を得ること等は認められておらず、あくまで本人による主体的なチェックが必要となる。

また、GDPRでは忘れられる権利やデータポータビリティ権（後述）といった、個人の権利が保障されている。特に忘れられる権利は、同意の撤回等により、企業がもつ個人データを消去するように個人が要請することができる権利であり、企業側の対応・負担が求められる。

ただ、GDPRが注目されている最大の理由は、これらの規定ではなく、その高額な課徴金にあると思われる。GDPRに違反した場合は、違反した条項にもよるが、最大で「2,000万ユーロか売上総額4％のうちいずれか高いほう」の課徴金が課せられる。2019年1月にはGoogleが、利用目的のページが分散していてわかりづらい等の理由でGDPRに違反したとして、5,000万ユーロ（約62億円）の課徴金を命じられた。GDPRが適用される企業は、違反した際のリスクが非常に大きいこと

を意識し、違反しないよう慎重な対応が求められる。

(2)　わが国の個人情報保護はまだ十分とはいえない

EUではGDPRで個人情報保護が厳しく規制されているが、わが国ではどうだろうか。わが国では2003年に個人情報保護法が制定されており、2017年には改正法が全面施行されている。個人情報保護法では、個人情報を取り扱う事業者に対する規定として、個人情報の取得、利用、第三者提供、域外移転などについて定められている。

事業者は、個人情報を取得する際は、一部の情報（病歴等の要配慮個人情報）を除いては、本人の同意なしで取得することができる。ただし、個人情報を取り扱うにあたっては、その利用目的を公表等しなければならない。

また、個人情報保護法では、「オプトアウト」による個人情報の第三者提供が認められている。通常、個人情報を第三者に提供する際は、本人の同意が必要になる。しかし、本人から第三者提供を停止してほしいという求めがあったときに停止を行うこととしていれば、本人の同意なく第三者提供を行うことができるという特例があり、これをオプトアウトという。

個人情報をわが国から外国に提供する場合、つまり域外移転の場合については、個人情報保護法では、個人情報保護の水準が十分であると認められた国には、海外の第三者へ提供するという本人の同意なしに提供を行うことができる（注4）。この認定を「十分性認定」といい、わが国はEUとの間で相互に十分性認定を発効している。

しかし、GDPRとわが国の個人情報保護法を比較すると、わが国の保護の水準は十分であるとは言いがたいように思われる（注5）。特に、個人情報保護法では、GDPRで認められていないオプトアウトによる第三者提供が認められていること、忘れられる権利やデータポータビリティ権等の個人の権利が十分に保障されていないことが大きな違いであり、個人情報保護の水準がより高められる余地があることには注意が必要だろう（図表2）。

データ利活用と個人情報保護

図表2　個人情報保護法とGDPRの主な違い

		個人情報保護法	GDPR
定義	期間	6カ月以内に消去することになっている個人データは、「保有個人データ」に該当しない	期間に関する規定なし
	要配慮個人情報	本人の人種、信条、社会的身分、病歴、犯罪の経歴、犯罪により害を被った事実等	人種的・民族的な出自、政治的な意見、信条、労働組合への加入、遺伝子データ、生体データ、健康に関するデータ、性生活・性的指向に関するデータ
本人の同意が必要な場合		第三者に提供するとき	取扱いをするとき（取得・利用・第三者提供等）
本人による同意の撤回		規定なし（不正利用時のみ利用停止等が可能）	いつでも撤回することが可能
オプトアウトによる第三者提供		可能	不可能
忘れられる権利（データを消去してもらう権利）		不正利用時のみ	同意を撤回した場合等でも可能
データポータビリティ権		規定なし	同意に基づく取扱いであり、その取扱いが自動化された手段で行われる場合に保障される
記録義務		第三者提供をしたとき、受けたとき	取扱いをするとき（管理者等のみ）
罰金（最大）		100万円	2,000万ユーロか売上総額4％のうちいずれか高いほう

（注）　定義の部分は「補完的ルール」という追加の規定を遵守することによって補完される。
（出所）　各種法令から大和総研作成

(3)　わが国でも利用停止権の導入等の保護強化が検討されている

　個人情報保護法は、3年ごとに施行の状況について検討し、必要に応じて改正等の措置をとるとされている。この「3年ごとの見直し」が2020年に予定されており、個人情報保護委員会で、適用状況等について検討が行われている。

　2019年4月25日にこの検討に関する中間整理（注6）が公表されており、今後の改正に向けて検討すべき論点についてまとめられた。この検討を経て、2020年の通常国会に改正法案を提出することが図られている（注7）。

　事業者が特に注目するべきは、まず利用停止権

の導入であろう。個人のデータに対する権利について消費者から不満が寄せられており、個人の要請に応じて個人データ利用を停止する権利の導入が検討されている。利用停止権が導入されれば、個人からの停止の要望が出てくることが想定され、事業者には対応が求められる。

　また、罰金の強化や課徴金の導入等も検討されている。GDPRと比較しても、個人情報保護法の罰則はその額も実効性も不十分であるという指摘があり、望ましいあり方を検討するとされている。ペナルティが強化されれば、事業者のリスクが大きくなるため留意すべきである。ほかにも、個人情報の漏えい時の報告の義務化等も検討されている。

個人情報保護法では、こうしたGDPRとの差異を縮めるかたちでの企業に対する個人情報保護の強化が図られている一方で、データの利活用を促進することも検討されている。現在も「匿名加工情報」という一定の処理を行った個人情報は事業者が自由に扱うことができるが、より簡易的な方法でデータの利活用ができる「仮名化」を規定することが検討されている。仮名化が導入されれば、これまで以上に低負担で事業者はデータの利活用を行うことが可能になるだろう。

十分な保護のもとでの情報の利活用が国内・国外で広がる

(1)　情報銀行の事業化が始動

個人情報保護の潮流がある一方、十分な保護のもとでの自由なデータの流通・利活用を図る動きがみられる。そのなかでもわが国における特徴的な取組みとして、「情報銀行」という仕組みが検討されている。

情報銀行とは、本人に委任されて、同意された範囲内で、本人にかわって個人情報の第三者提供を行うという仕組みである。情報銀行は、本人もしくは企業から、その個人に関するデータを預託・提供され、個人との契約・同意に基づき、第三者企業へ選択的にデータを提供する。本人は、情報銀行もしくは提供先の企業から金銭やサービ

ス等の便益を得ることができる。また、情報銀行自体は、提供先企業から対価を得る等して事業を成り立たせるものと考えられる（図表3）。

足元では、いくつかの企業が情報銀行の事業化・実証実験に取り組んでいる、または検討している（図表4）。特に情報通信サービス、商社・金融サービスの事業者が多い。情報通信サービス業は、もともとデータの扱いやセキュリティに強く、情報銀行事業を行うハードルが他業種よりも低く、金融業は個人からの信頼度が高く情報を集めやすい、預金者の情報をもっているという強みがあることから、検討している企業が多いと考えられる。一方、電気・ガス・水道や、旅行・宿泊といった業種の企業も情報銀行事業を検討しており、今後さまざまな業種で、その業種固有のデータを利用した情報銀行が検討される可能性も考えられる。

情報銀行として事業を行う企業は、任意の認定を取得することができる。この情報銀行への認定について、政府は認定指針を定めており、この指針に基づき、（一社）日本IT団体連盟が認定を行っている。認定を取得するには、セキュリティやガバナンス体制、資産規模等に関する一定の認定基準をクリアする必要があり、情報銀行の事業化を図る企業は、この厳しい基準を満たす準備をすべきだろう。大企業は比較的クリアしやすいだろうが、中小企業等は他の企業と共同で事業を行う等の工夫をすることも考えられる。

図表3　情報銀行の仕組み

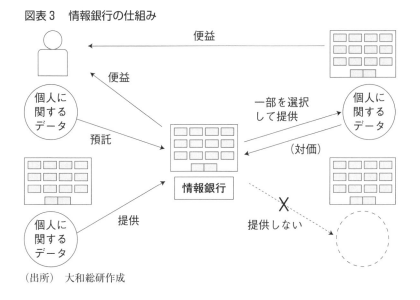

（出所）　大和総研作成

図表4　情報銀行の事業化・実証実験に取り組んでいる、検討している企業

業種	代表企業
情報通信サービス	フェリカポケットマーケティング
情報通信サービス	DataSign
情報通信サービス	マイデータ・インテリジェンス
情報通信サービス	ユーシーテクノロジ
情報通信サービス	NIPPON Platform
情報通信サービス	スカパーJSAT
情報通信サービス	NTTデータ
情報通信サービス	（一社）おもてなしICT協議会
商社・金融サービス	三井住友信託銀行
商社・金融サービス	三菱UFJ信託銀行
商社・金融サービス	三井住友銀行
商社・金融サービス	みずほ銀行
電気機械器具	日立製作所
電気機械器具	富士通
印刷・出版	大日本印刷
専門サービス・コンサルタント関連	インテージ
電気・ガス・水道	中部電力
旅行・宿泊	JTB

（注）　2019年9月時点で筆者が確認したものであり、すべての情報銀行を網羅しているわけではない。
（出所）　各種公表資料等から大和総研作成

　政府も情報銀行を推進する姿勢を示している。2019年の成長戦略フォローアップ（注8）では、先述の認定指針の見直しを2019年夏をメドに行い、認定を加速させるとともに、情報銀行間の連携を実現するプラットフォームの構築やデータフォーマットの標準化等に関する検討を行い、2019年度内に取りまとめるとしている。情報銀行によって、これまで企業が得ることのできなかったさまざまな個人データが流通・利活用され、イノベーションが生まれていくことが期待される。

(2)　データポータビリティ権が保障されるのはいつになるか

　情報銀行が十分な機能を発揮し、データが個人の意思に基づいて流通するためには、データポータビリティ権が重要な役割を担う。データポータビリティ権とは、事業者が保有する個人データを再利用しやすいかたちで本人に還元する、もしくは他の事業者に移管できる機能・権利のことを指し、GDPRにおいてもこの権利が保障されている（図表5）。

　データポータビリティ権が保障されれば、個人は、ある企業に保有される自分のデータを他の企業に移すことができるようになるため、データが囲い込まれているからという理由で他のサービスに乗換えできていなかった個人も、自由に好きなサービスを選択することが容易になる。また、情報銀行に十分な情報が蓄積されるためには、データポータビリティ権によって企業から情報を自由に引き出せる環境が理想的である。情報銀行間でデータを移管し、個人が自由に情報銀行を選択できるようになることも重要となる。

　政府はデータポータビリティ権について、検討会（注9）を設立し、議論を行っていたが、いま

図表5　データポータビリティ権の仕組み

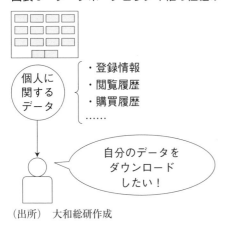

・登録情報
・閲覧履歴
・購買履歴
……

自分のデータを
ダウンロード
したい！

自分のデータを
他の企業に
移したい！

（出所）　大和総研作成

のところ明確な結論（取りまとめ等）は出ていない。個人情報保護法の見直しに関する中間整理では、データポータビリティ権の重要性について触れたうえで、法的な義務化よりもひとまず各種業界等における議論の推移を見守るとされた。また、2019年の成長戦略フォローアップでは、2019年度中に課題の整理を行い、**医療、金融、クラウド**等の固有の分野については、分野固有の問題に留意しつつ検討を進めるとされた。

データポータビリティ権は、個人にとっては自分のデータへのコントローラビリティが高まるため、効果的な仕組みである。しかし、企業にとっては個人のデータを本人の要望によって本人にダウンロードできるようにしたり、他企業に移管したりといった対応が求められる可能性があり、負担が生じると考えられるため、注意が必要である。

(3)　国際的なデータ流通に向けわが国が議論を主導

国内だけではなく、国境を越えた自由なデータ流通・利活用について、わが国が主導して推進していくことが目指されている。2019年1月23日のダボス会議において安倍首相は、匿名の情報等が保護のもとで自由に国境をまたぐような環境が整備されるべきであると述べ、信頼に基づく自由なデータ流通を意味する「DFFT（データ・フリー・フロー・ウィズ・トラスト）」を提唱した。2019年6月に大阪で行われたG20サミットでも、国際的なデータの自由な流通を目指すルールづくりの枠組みである「大阪トラック」の開始を宣言した。

2019年の成長戦略実行計画（注10）においても、DFFTのコンセプトのもと、日本が主導権を握って国際的な議論をリードするとされ、ルール交渉について国際的な合意形成を進めることが示された。

現状は、国境をまたぐデータ流通は各国がそれぞれの法令のもとで行っている。国際的なデータ流通圏が確立されれば、一定の共通ルールのもとで、従来以上にデータが国家間で自由にやりとりされるようになることが想定される。現在は匿名の非個人的なデータについて議論されているが、将来的には個人データの流通に話が及ぶことも考えられる。たとえば**宿泊業**等、海外の個人データを扱う事業者は、個人データの扱いに関して複雑な多数のルールに従う負担が軽減されると考えられる。また、海外に進出している企業等においては、円滑なデータ流通環境が整備されることで、これまで以上に多様な個人データを扱うことが容易になり、より幅広い分析やサービスの開発等が可能になるのではないだろうか。

（注1）　経済産業省「オンライン・プラットフォームと事業者の間の取引関係に関する事業者向けアンケート調査」（2018年）より。
（注2）　首相官邸日本経済再生本部「成長戦略実行計画」（2019年6月21日閣議決定）より。
（注3）　公正取引委員会「デジタル・プラットフォーマーと個人情報等を提供する消費者との取引における優越的地位の濫用に関する独占禁止法上の考

22

データ利活用と個人情報保護

え方（案）」（2019年8月29日公表）より。

（注4）　ただし、オプトアウトの場合等を除き、「第三者提供をする」という本人の同意は必要である。

（注5）　日本の事業者がEUの個人データを扱う際は、「補完的ルール」という追加の規定を遵守することとされているが、それを含めてもGDPRとの間には差があると考えられる。

（注6）　個人情報保護委員会「個人情報保護法　いわゆる3年ごと見直しに係る検討の中間整理」（2019年4月25日公表）。

（注7）　首相官邸日本経済再生本部「成長戦略実行計画」（2019年6月21日閣議決定）より。

（注8）　首相官邸日本経済再生本部「成長戦略フォローアップ」（2019年6月21日閣議決定）。

（注9）　経済産業省・総務省「データポータビリティに関する調査・検討会」。

（注10）　首相官邸日本経済再生本部「成長戦略実行計画」（2019年6月21日閣議決定）。

相次ぐ異業種参入と他業種連携、生前・死後の多様なニーズに応える

明石シニアコンサルティング
相続・終活コンサルタント
明石　久美

終活の背景

「終活」という言葉が登場した当初は、主に本人が「死亡したときに家族が困らないような準備や対策をしておく」という趣旨であった。そのため、**葬儀社**、**石材店**、**霊園**、**寺院**、**散骨業者**、手元供養や**仏壇業者**などの供養関連の業界をはじめ、**税理士**や**司法書士**など相続の専門家、**保険会社**や**不動産会社**、**遺品整理業者**等が主に終活を広めていった。

終活の肩書きを得たい者や終活を業務に取り入れたい者を対象とした「資格ビジネス」が横行したことと、「エンディングノート」を活用してアプローチを行う者の増加、さらに多くの異業種参入により、終活が加速していった。

そのようななか、さまざまな供養のあり方や死後の準備の仕方が提唱されるようになり、生活者の意識変化が進むとともに供養不要論などが後押しをし、生活者の供養に対する意識が次第に薄れていった。

いままでタブー視されていた「死の準備」に目が向けられるようになったことで、生活者自身が積極的に「自分の人生の終い方」を考え始めた。

しかし、その過程で死後の準備のみではなく「よりよく生きる」にも次第に目が向けられるようになり、徐々に医療や介護などの業種も加わるようになった。

このように、さまざまな業種が終活に参入してきたため、いまでは「生き方」も「終い方」も終活と位置づけられ、「終活」の定義が幅広くなってしまった。

いま、苦しい業種

終活に携わる業種のなかでも供養に携わる業種が特に、見込客の獲得やリピート率増加に向けた企業努力が必須となっている。

異業種の参入や生活者意識の変化に対応するため、葬儀業界では価格競争が激しくなり、葬儀の簡素化、価格低下につながってしまったからだ。

もともと葬儀社は、小規模な会社が葬儀業界全体の大多数であるため、開業も廃業も激しい。そこに小規模の葬儀を数多く行わなければならない状態に置かれ、厳しい会社は廃業・撤退せざるをえない。

後述する石材店や石材卸業、寺院なども、いわゆる「墓（石）離れ」や「寺離れ」があり、仏壇業も以前のような大きな仏壇を備える人が少なくなったことから需要減になってきている。

いまの時代だからこそのニーズ

(1) 墓じまい

① 言葉が後押し

「墓じまい」とは、墓所をさら地にして墓地管理者に返却し（その場所で永代供養できる場合もある）、別の場所に改葬（遺骨の移転）することをいい、ここ数年でよく使われる言葉になった。

その理由は、先祖代々の墓を次世代に継がせるのはむずかしいなどから、その墓の行く末を考える人が増えたからだ。また、子どもがいても、離れた地域に住んでいる場合には墓参りや墓の管理

図表1　全国の改葬件数の推移

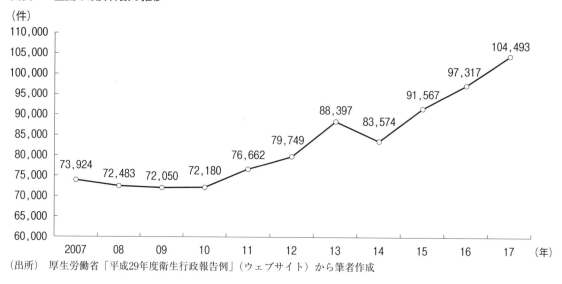

（出所）　厚生労働省「平成29年度衛生行政報告例」（ウェブサイト）から筆者作成

がむずかしいため、いまのうちに先祖代々の遺骨を別の場所に移して供養したいという人が増えてきている（図表1）。

これらに加えて、終活によって供養のあり方や選択肢が増え、永代供養（一定期間、墓の管理・供養を行ってもらう）の墓が増えたこと、「改葬」ではわかりにくい内容が、「墓じまい」という言葉によってイメージしやすくなったことも後押しをしている。

② 寺離れ・墓（石）離れの現状

通常、**墓地霊園**の管理者が寺院や民営の場合、同じ墓地内にある納骨堂や樹木葬、合葬墓などの永代供養の墓に改葬されたり、空いた墓所に別の墓が建立されたりすれば、永代供養の墓の契約金や御布施などが納入される。

しかし、近年では、檀家になるのを嫌がって寺院墓地を避けたり、墓の建立を望まなかったりする人が増えたこともあり、寺離れ・墓（石）離れが進んでいる。

墓じまいによって別の墓地や散骨、手元供養などが改葬先であったり、墓所が空いた状態であったりする場合には、寺院等の維持管理が大変になる。

そのような状況で墓の建立が減少していることから、寺院等だけでなく、**石材店**や**墓石の卸業者**も同様に苦しい立場にある。

石材店は、墓所をさら地にする作業の収益があっても、改葬先で新規の墓契約が成立するとは限らない。そもそも石材店は、公営霊園以外の寺院墓地や民営霊園に自由に出入りできるわけではなく、指定の石材店のみがその墓地で作業できるという縛りがあるからだ。墓石の卸業者も同様に、墓石のニーズが減ることで苦しい立場になっている。

③ ニーズがある業者

墓じまいによって、**供養業界**は苦しい状況にある一方で、新しい供養の形態として「散骨」や「手元供養」を望む人が少しずつ増えてきている。

散骨の主流は海洋散骨であるが、散骨といっても、海、山、空、成層圏、宇宙など多くの選択肢がある。船で散骨場所まで移動してまいたり、寺院などが所有している山にまいたり、ヘリコプターやセスナなどで空から海にまいたり、遺灰を入れた巨大なバルーンが成層圏で破裂することにより散骨したり、ロケットに遺灰数グラムを搭載して海外から打ち上げて宇宙に散骨したりなど、選択肢はさまざまだ。

亡くなった本人や遺族が散骨を希望する場合もあるが、すべての遺灰をまくのではなく、少し手元に残しておきたい人もいる。そのようなニーズに対応しているのが手元供養である。

手元供養もここ最近は少しずつ売上げを伸ばしている。遺骨や遺灰の一部をミニ骨壺等に入れて供養したり、遺骨自体を宝石のように加工したり数珠の一部にしたりなどさまざまである。

散骨も手元供養も、爆発的に需要が増える業種

ではないが、これらの供養形態は定着してきている。

(2)　遺品整理

①　モノ社会だからこそのニーズ

単身世帯が増加しているといえども、単身者の家には多くのモノがある。遺族が自分たちで遺品整理をしようと始めても、みえない部分に多くのモノがあり、途中で断念して**遺品整理業者**に依頼する場合もある。もちろん、最初から業者に依頼する人も多い。モノ社会だからこそ、そのモノの処分で困るのだ。

同じように、生前整理についても「施設入居で自宅を処分するため片づけてほしい」「病気や介護等で親が施設に入居するため部屋を片づけてほしい」「2階への昇降がむずかしくなったため1階に拠点を移したい」など、さまざまなニーズがある。

そのため、生前整理や遺品整理は、長寿、単身、核家族などにより、ニーズが増えている業種である。

②　携わっている業者

いまは、生前整理・遺品整理業に新規参入する業者や個人が増えている。また、既存の業者がいま行っている業に生前整理・遺品整理業を加えるケースも多い。

たとえば、**ごみ処分業**、**産業廃棄物処理業**やリサイクルショップ、**家事代行業**、**ハウスクリーニング業**、**不用品回収業**などがそうだ。「生前整理」「遺品整理」の言葉をつければ、その業者としての位置づけで業務を行うことができる。また**整理収納アドバイザー**など整理収納のスキルを身につけノウハウを指導・アドバイスする専門資格も生まれている。

既存の業務の延長で行う仕事なら、遺品整理業として受注すれば売上げを増やすことも可能だ。

また、遺族にとっては不要物でも、価値あるモノにできる業者にとっては、そこから収益を生み出すこともできる。

しかし、これらの業者でも行わないことがある。その部屋で事件や事故、自死、孤独死などにより発見が遅れてしまった案件だ。これらの場合、特殊清掃を請け負っている業者が行う。

遺品整理業者が特殊清掃を行うケースもあるが、特殊清掃を外部に依頼し、遺品整理のみ業者

が行うケースもある。部屋の状況や状態などによりケースバイケースであるが、すべてを行っている業者ばかりではないということだ。

本来の遺品整理業者は、先に記述した産業廃棄物処理業やリサイクルショップなどのように主軸とした業はない。主に、不要品と遺品の分別をし、重要な書類を見つけたり不要品の処分を行ったりし、エアコンなどの電化製品は電気店、本は古本店、骨とう品は古物店というように通常は遺族がやるべき必要な業者の手配をする。手配後は遺族とその業者のやりとりで行ってもらう。

リサイクルショップでの買取りがあればその店舗から支払われる金銭は遺族が受け取る。

なお、生前整理や遺品整理は需要が伸びる業種ではあるが、値段の設定も経験もその業者次第である。そのため、費用や日数の超過、室内の傷、モノの損傷や紛失、仕事ぶりや応対など、依頼者と業者とのトラブルが少なくない。

不安を抱える生活者が求める支援やサービス

長寿、単身、核家族が多いことから、生活者は多くの不安を抱えている。そのため、自分の今後に関する不安を補ってくれるサービスを求める傾向にある。

認知症やケガ・病気などでの介護に関する不安、孤独死の不安、自分の死によって家族に迷惑をかけてしまうかもしれない不安、財産や遺産に関する問題など、これらの不安や問題を少しでも取り除き、安心できる環境を手にしておきたい心理が働くからだ。

生活者が求める傾向にある支援やサービスなどには、次のものがある。

(1)　見守り

①　どのような不安があるか

一人暮らしで頼れる身内がいない高齢者は、「自分が認知症になっている状態に気づいてほしい」「孤独死してもすぐに発見してほしい」など、安否を気にする人が多い。また、実際に孤独死の件数も増加傾向にある（図表2）。

室内に機器を設置してセンサーで安否を確認するものもあるが、機器での安否確認ではなく、

図表2　東京23区内における一人暮らしで65歳以上の人の自宅での死亡者数

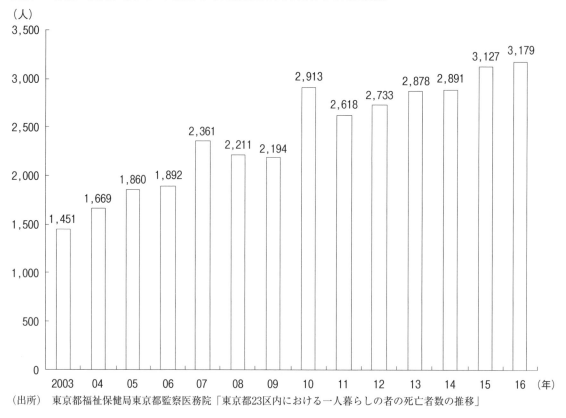

（出所）　東京都福祉保健局東京都監察医務院「東京都23区内における一人暮らしの者の死亡者数の推移」

「不安や困りごとを相手に相談したい」「孤立を避けたい」などの場合には、だれかと会話ができる形態の契約が安心だからだ。

これは、子どもがいない夫婦にも当てはまる。夫の死亡後は妻が単身で住み続ける場合が多いからだ。

そのため、いま現在このような見守りニーズが増えてきていることから、事業を展開している、もしくは展開していこうとする業者や専門家もいる。

② 積極的に取り組んでいる業種

郵便、宅配便等の配達業者、飲料や弁当などの宅配業者、公共料金の検針担当者など、定期的に訪問しやすい業者が安否確認サービスを行っている。

最近このサービスで売上げを伸ばしているのが、**飲食料の宅配業者**だ。健康維持と配達者による安否確認や会話などが単身高齢者に安心を与えているからだ。

しかし、これらだけでは不十分と考えている人たちもいる。安否や相談のみならず、その先に起こるかもしれない出来事に対しての不安があるからだ。

見守りだけでは足りない不安を解消するには、あらかじめ相続等を行っている**弁護士・司法書士・行政書士**など（以下、士業という）の専門家や、後述する高齢者サポートサービス提供事業所と契約をしておくことで回避が可能だ。

たとえば、当面は「見守り契約」で定期的な連絡や訪問をしてもらい、身体が不自由になってきたら財産管理も行ってもらう「任意代理契約（財産管理等委任契約）」へ移行。判断能力が低下してきたら、後見人として支援してもらう「任意後見契約」への移行など、状況や状態に応じた依頼をしておけるからだ。

このように、飲食料配達業者などの見守りのみならず、先々までの不安に対するサポートを提供している士業の専門家や事業所が増えてきている。

(2)　死後事務委任契約

①　どのような不安があるか

頼れる身内のいない人や身内がいても疎遠で頼れない人など、いわゆる"おひとりさま"は、自分が死亡したときの葬儀や納骨、役所の手続、遺品の整理などに関する不安が強く、事前に対策をとりたい人が多い。おひとりさまは、生前に起こる可能性がある出来事よりも、今日起こるかもしれない死亡への対策が急務だからだ。

②　積極的に取り組んでいる業種

このようなニーズに対応しているのが、主に相続を行っている士業の専門家や高齢者サポートサービスを行っている事業所だ。

しかし、死後事務委任契約の実行援助には費用がかかる。葬儀代、納骨等の費用、遺品整理業者への支払、受任者の報酬などが必要だからだ。

そのため、死後事務委任契約の受任者は、これらの金銭で困らないよう、公正証書遺言の作成もあわせて行うケースが多い。死後事務委任契約で預り金をもらうだけでは、費用や報酬などの金銭精算が行いにくいからだ。遺言執行者となって最後に遺産の精算をすれば、死後のすべてを行うことができるうえ、本人の要望どおりに遺産を渡すことができる。死後の案件を託されるのならば、すべて行えるほうがお互いによいからだ。

このように、死後事務委任契約と公正証書遺言の依頼を同時に受けることができるため、これらを受任したい相続業務を行っている士業の専門家や高齢者サポートサービス事業所は多い。

③　ユニークな取組みをしているケース

死後事務委任契約は、契約者本人が行ってもらいたい内容を決められるため、一部分のみをほかの者に依頼することも可能だ。それを上手に活用している、墓管理のサービスを展開している石材業者がある。

そのサービスは一定期間墓を管理し、その後改葬（遺骨の移転、「墓じまい」ともいわれる）を依頼しておく契約だ。

たとえば、祭祀承継者がいないが先祖代々の墓を承継している人が、「自分たちも先祖代々の墓に入った後、契約で設定した期限になったら永代供養の墓に移転してもらう」などができる。

祭祀承継者がいなくてその墓に入れない、もしくは、入る墓を建立できないとあきらめていた人たちにとってはニーズがある。

墓に着目した死後事務委任契約で、現在、石材業者が中心となり全国で取組みを進めている。

(3)　身元保証サービス

①　どのような不安があるか

賃貸住宅を借りたり、病院入院・施設入所などをしたりする際に求められる身元保証人。しかし、頼れる身内がいない、身内はいるが疎遠で頼めない、依頼したが断られたなどの理由で困るケースがある。士業などの専門家も身元保証は避ける傾向があるからだ。

身元保証人になるということは、依頼者の損害賠償等も含む金銭保証になるため、個人事業もしくはそれに近い形態で業務を行っている士業にとって、そのリスクは大きい。

しかし、いまの団塊世代は子どもに迷惑をかけたくない意識が強い傾向にあるため、あえて第三者に依頼したい人が少なくない。特におひとりさまなど頼る人がいない場合には、身元保証に関するニーズが高い。また、身元保証のみならず、生前の困りごとや死亡後のことなどに関する準備や対策も求められている。

②　身元保証等高齢者サポートサービス

身元保証を行ってほしいニーズがあっても、**身元保証サービス**のみでは業として成り立ちにくい。そのため、身元保証を必要とする人たちがさらに必要とする他のサービスを展開していくことになる。それが、あらかじめ事業所と依頼者が契約をしておき、必要時に実行援助してもらう「身元保証等高齢者サポートサービス」などといわれるものだ。

たとえば、定期的な見守り、病院等への付添い、入院時に必要な着替え等の準備、認知症になったときの後見人、死亡時の葬儀、納骨、遺品整理、遺言執行など、生きているときに困ることから死亡後に行ってもらいたいことまで対応している。

事業所は、必要としているサービスの契約をしてもらうことで、契約書作成の報酬や実行援助する際の報酬、月会費などの収入を得ることができる。

事業所が外部に委託してサービスを提供する

23

終活ビジネス

ケースもあるが、事業所で数人から数十人の実行援助者がいれば、士業では行えない細部まで援助も可能だ。

このように、葬儀や納骨などにかかわる寺院や葬儀社、医療や介護、福祉などに強い専門家などが法人等をつくり、身元保証等高齢者サポートサービスに取り組んでいる、もしくは取り組みたいという人たちは多い。

しかし、身元保証等高齢者サポートサービスは、トラブルに発展するケースも少なくない。依頼者が一定額の金銭を預ける仕組みをとるため、その預り金を流用して裁判になったり、破綻してしまったりするケースも実際にあるからだ。

また、子どもに迷惑をかけたくないからと高齢者サポートサービスと契約をしたが、それをよく思わない子どもが、事業所に対して不信感を抱き、トラブルに発展するケースもある。

③ 士業への依頼プラス身元保証

高齢者サポートサービスで支援を依頼する場合は、費用がかかる。預り金や定期的な会費が必要であり、支援してもらうにも費用がかかるからだ。そのため、依頼者側にとっては資産状況により最低限の支援しか依頼できないケースもある。

そのような場合、士業で対応してもらえるものは士業へ依頼をし、身元保証など必要なもののみを事業所に依頼（部分的な依頼が可能な場合）するかたちもとれる。事業所にすべてを依頼するよりは、費用がかからないケースが多いからだ。

事業所は会費等がかかるが、士業の場合は契約を交わしたからといって会費等がかかるわけではない。実行援助を依頼した月から契約で決めた報酬が発生するが、支援のつど費用がかかるものではないからだ。

ただし、士業の場合は個人レベルで受任していることから、多くの人数で対応している事業より細かい対応はむずかしい。

いまや相続は、終活と同様に自分の今後を考える生活者が増えており、高齢化と団塊世代の人数が多いことから、相続案件を扱いたい専門家が増えている。見守り契約、任意代理契約、任意後見契約、死後事務委任契約、公正証書遺言などの依頼を受けたい士業の専門家は多いからだ。

終活業界のさまざまな取組み

終活を行っている事業者たちは、自社を窓口にしたワンストップサービスの展開のほか、供養、相続、福祉、遺品整理など他業種との連携体制づくりをする者が多くいる。生活者が必要とする導線に業を構えることによって、そこから仕事につながるため、他社との連携や提携がいまでは不可欠なものとなっている。

なかには、他業種相手の資格ビジネス業の展開や、終活を扱いたい他業種の集まりで法人等をつくって顧客アプローチをするなどの取組みも、数多く見受けられた。しかし、軌道に乗せるのがむずかしく、すぐに消滅するケースも多くある。

ここ近年は、葬儀社が介護施設との連携や提携をするケースが多い。小規模ではあるが、案件につながるからだ。なかには、葬儀社が介護施設をつくって運営し、その施設入居者の葬儀をそのまま請け負うケースもある。また、介護施設が永代供養の墓を建立し、提供しているなど、いまや供養に携わる業種は生残りをかけた戦略を見出していかざるをえない状態である。

発信される情報に左右される

「終活」ブームによる影響は、業界・業者にとってプラスにもマイナスにも働いた。生活者が求めるものを提供したり、いままでにない新しい提案を打ち出したりしたことにより「変化」があった。そのため、業界内の考え方やとらえ方、価格の低下、生活者の意識などが次第に変わっていった。しかし、「業界内の競争」により変化した部分もあるが、いわば「植付け」によって起こった部分もある。

それは、メディアのみならず、事実をよく知らない者たちや自社に有利な情報を提供したい者たちが、レアケースをさも多いように発信して不安をあおったり、事実とは違う情報を伝えてしまったり、本来考えなければならない根本部分を無視して供養不要論を唱えたりしたからだ。

「終活」がブームとなり、発信する人の思惑によってさまざまな情報が発信されたことにより、大きなマイナスに動いてしまった業界・業者が結

果としてあった。

　しかし、「相続対策」と同じように「終活準備」も当たり前のこととして定着してきたことから、いままでの終活ブームのようなトレンドに左右されない、顧客のニーズに応じた動きになるだろう。

企業経営に求められる SDGsの本質と考え方

KPMGジャパン　有限責任あずさ監査法人
統合報告CoE　コーポレートガバナンスCoE　パートナー
芝坂　佳子

SDGs（持続可能な開発目標）とは何か

(1)　不確実性の高まる社会

現在の経営環境の特性を表すVUCAという言葉がある。これは、Volatility（不安定）、Uncertainty（不確実）、Complexity（複雑）、Ambiguity（あいまい）の頭文字をとったもので、その根底には、3つの大きなリスクが背景にある。

まず、これまでのビジネスモデルの抜本的な見直しを引き起こす、破壊的テクノロジーの登場である。これは、自動運転や、AI、スマートシティなど、これまでの常識が通用しない事象による、新たな「ゲームのルール」を引きおこし市場を短期間で大きく変容させるような力を秘めている。

次に地政学リスクがより複雑になってきていることである。グローバル化の進展は、企業のサプライチェーンの広がりとなり、これまでは配慮する必要もなかったような領域で起こった事件が、たちどころに、収益に大きく影響する事態も日常のものになりつつある。

最後に、社会的課題の深刻度が増していることである。エネルギー問題、特に途上国でみられるような交通問題、水や衛生状況の悪化、気候温暖化の企業に与える多様な影響など、経済社会が持続していくための根本が揺らごうとしているのである。

これらの要因は複雑に絡み合い、単独に対処することはできないシステミックリスクとなっている。事業規模やドメインにかかわらず、経営者に求められることは、自社の差別化要因を認識し、他社とは異なる自らのユニークな価値を自覚したうえで、長期的な展望のなかでその方向性を見失わないことである。組織のなかで、いちばん長期的な視点を持ちうるのは、経営者にほかならない。

多くの優れた企業は、自らの経営の羅針盤を有し、それを根拠に、現在のさまざまな意思決定を行っている。たとえば、オムロンのSINIC理論は、その典型的なものの1つである。同社の統合レポートなどを参照すると、将来の姿を予見し、バックキャストの発想で、中期経営計画をはじめとするさまざまな経営上の意思決定の実践を推進していることがわかる。

企業の多くは、創業の精神や社是などを表し、自らの存在価値を明らかにしている。いま一度、長期的な視点に立ち戻り、「自社が社会に提供できるもの」を見直すことが、SDGsを考える第一歩なのである。これは、企業の規模や業種を問わず、企業価値向上のための土台となってくる。

混沌の時代だからこそ、目の前の事象の課題に対応する場合であっても、将来の方向性との関係性のなかで考察する必要がある。いま一度、過去からの積上型発想からの脱却が求められている。

SDGsは不確実性の高まる時代にあって、社会を形成するさまざまな主体が目指すべき目標を示したものである。後述するが、SDGsの特徴の1つに「普遍性」がある。SDGsの目標達成のためには、目標17「パートナーシップで目標を達成しよう」とあるように、地球全体を覆うシステミックリスクの脅威に立ち向かうために、あらゆるレベルでの活動の相互関連性がますます強めることが提唱されているのである。その結果、かかわり

あうそれぞれにとって、有意な成果の獲得へとつながっていくのである。

(2) 社会的課題の解決のために

SDGsの基本的な理念は「誰一人取り残さない」である。通常、企業は事業のさまざまな局面で、大小を問わずに多くの決断と、選択に迫られるものである。「ゼロサムゲーム」という言葉に代表されるように、相反のなかで選択のバランスを保ち、より多くの果実を獲得しようとする行動がこれまでの中心であった。

しかし、SDGsが提唱している社会的課題の解決は、「AND」の考え方に基づく。社会的課題解決のためには、包括的で多様性の社会の実現のなかで、国際社会が協力して価値観や目標を共有する必要があり、それを明文化したのが17のゴールである（図表1）。

そして、17のゴールのもとに、169のターゲットと232の指標が定められ、具体的な行動との連動を具体化している。

不確実性が高まり、システミックリスクの脅威をふまえて、社会全体の持続可能性の実現のために、すべての関係者が同じ目標を共有し、それぞれの立場で責任と役割を果たすことが期待されている。最初にネスレが提唱し、その後、ハーバードビジネススクールのマイケル・ポーター教授が理論化した「CSV（Creating Shared Value）」からもわかるように、社会的課題の解決のための活動は、単なる「社会貢献活動」ではなく、自社の存続をかけた「事業戦略」のなかに組み込まれていなければ、長期にわたる経済的な便益は獲得しえなくなってきているのである。

SDGsの17のゴールは、4つの社会的課題をカバーしている。①〜⑥までは人権や地域など、社会的厚生にかかわる基本的な課題、⑦〜⑫は事業や経営の継続性にかかわる課題、⑬〜⑮は環境問題への対応、そして、⑯と⑰は、①〜⑮までの目標を実現するための要件となっている。これらすべての目標に1つの主体が対応することは不可能である。企業は自社の事業を通じて社会に提供しよう、あるいは提供したい、と考えている価値が、これら17の社会課題のどれに貢献するのかを検討して、自らの進む方向性とビジネスの土台となる持続可能な社会の実現のベクトルを合致させ

図表1　SDGsにおける17の目標

（出所）　国際連合広報センター

ていくことができるのだ。

(3) SDGsの特徴

　SDGsは、その前身であるMDGs（ミレニアム開発目標）とは異なりすべての企業や組織に対して、はっきりとその関与を期待しているところに大きな特徴がある。いまや、民間企業の価値創造を行う力こそが、共通の課題を解決し、持続可能な社会の実現の原動力となっているのである。地球上の限りある資源を有効に活用するために、企業が有する多様な資源、戦略的思考、技術やノウハウ、コミュニケーションによる推進、包括的なネットワークなどを活用することが要請されている。

　SDGsが全会一致で採択された2015年当時の国連事務総長であった潘基文氏は「企業は、SDGsを達成するための重要なパートナーである。企業は、中核的な事業を通じて、貢献することができる。私たちは、すべての企業に対し、その業務が与える影響を評価し、意欲的な目標を設定し、その結果を透明なかたちで周知するように要請する」と述べている。

　SDGsが有する特徴として、以下の5点がある。
① 普遍性……国際社会全体の共通目標であり、すべての国が行動すること。
② 包摂性……人としての安全保障の理念を反映し「誰一人取り残さない」こと。
③ 参画型……個人を含むすべてのステークホルダーがその役割を担うこと。
④ 統合性……SDGsを構成する多様な分野と目標に対して、統合的に取り組むこと。
⑤ 透明性……2030年という年限を目標にその進捗を共有するための定期的なフォローアップを行うこと。

　これらの特徴は、従来の国際的な目標設定や達成にみられるように政府等の主導する政策アジェンダの実施に多くを依存するのではなく、策定の過程から、幅広くステークホルダーが関与していた。ここからも、利害対立ではなく、共存を目指す考え方が根底にあることが明らかとなっている。

　日本企業の多くは歴史的に「共存共栄」の考え方を有している。SDGsの特徴は、日本企業が培ってきた価値観を再認識し、その強さを具体的

な戦略としてより幅広い展開につなげる可能性を示唆するものなのである。

SDGsの実際

(1) 企業における関心の高まり

　日本経済団体連合会（経団連）は、2017年11月に、会員企業が遵守・実践すべき事項を記載した「企業行動憲章」を7年ぶりに改定した。このなかで、SDGs達成への取組み等を会員企業に要請している。

　2019年3月には、G20に先立つB20（Business 20）を「Society 5.0 for SDGs」をテーマに開催し、「SDGsは、世界のニーズと野心をビジネスによる課題解決へと変える新たな視点をすべての企業に提供している。企業はイノベーションを推進し、資金源を提供し、経済発展と雇用のためのエンジンとなる。SDGsの実行に向けた取組みを加速しなければならない」と表明し、そのための政府への提言を行っている。

　日本証券業協会も、業界をあげた取組みを検討しており、ESG投資やインパクト投資などの普及・促進を通じた貢献を進めている。

　全国銀行協会も、金融経済教育の推進や地方創生への取組みを推進するなど、独自の目標を設定している。

　個々に企業においても、財務的な価値以外の要素を重視した公的年金や機関投資家による投資判断の広がりを受けて、統合報告書等の媒体により、自社のビジネスとSDGsとの関連性を示す企業が拡大している。たとえば、KPMGジャパンの調査によると、自己表明型統合報告書414のうち、SDGsに言及しているものは75％（312社）まで拡大している。しかしながら、その記載内容から、具体的な目標や成果、あるいは達成に至る道筋や定量的な記載がみられる事例はわずかにとどまっていることも報告されている（図表2）。

　日本規格協会が2017年に実施した「SDGsビジネスの可能性とルール形成に関する調査結果報告書」では、16の目標（17番目は実施手段のため対象外）のそれぞれの市場規模は、70兆から800兆円にのぼると試算しており、SDGsは大きなビジネスチャンスにつながる可能性を示している。

図表2　SDGsについて言及している自己表明型統合報告書の割合

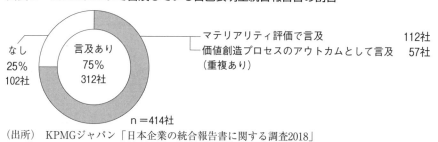

マテリアリティ評価で言及　　　　　　112社
価値創造プロセスのアウトカムとして言及　57社
（重複あり）

n＝414社

（出所）　KPMGジャパン「日本企業の統合報告書に関する調査2018」

図表3　SDGsアクションプラン

「SDGsアクションプラン2019」のポイント

■日本は、豊かで活力のある「誰一人取り残さない」社会を実現するため、一人ひとりの保護と能力強化に焦点を当てた「人間の安全保障」の理念に基づき、世界の「国づくり」と「人づくり」に貢献していく。

■「SDGsアクションプラン2019」では、次の3本柱を中核とする日本の「SDGsモデル」に基づき、「SDGs実施指針」における8つの優先分野に総力をあげて取り組むため、2019年におけるより具体化・拡大された政府の取組みを盛り込んだ。

■2019年のG20サミット、TICAD7、初のSDGs首脳級会合等に向けて、①国際社会の優先課題、②日本の経験・強み、③国内主要政策との連動をふまえつつ、以下の分野において国内実施・国際協力の両面においてSDGsを推進。

Ⅰ．SDGsと連動する「Society 5.0」の推進	Ⅱ．SDGsを原動力とした地方創生、強靱かつ環境に優しい魅力的なまちづくり	Ⅲ．SDGsの担い手として次世代・女性のエンパワーメント
中小企業におけるSDGsの取組強化 ・大企業や業界団体に加え、中小企業に対してもSDGsの取組みを強化。 ・「SDGs経営／ESG投資研究会」の開催等を通じて、「SDGs経営イニシアティブ」を推進。TCFD（気候関連財務情報開示タスクフォース）の提言をふまえ、企業の取組みを促進。 ・「中小企業ビジネス支援事業」を通じた途上国におけるSDGsビジネスの支援。	SDGsを原動力とした地方創生 ・SDGs未来都市の選定、地方創生SDGs官民連携プラットフォーム等を推進。 ・2020年東京オリンピック・パラリンピック競技大会、2025年大阪・関西万博を通じたSDGsの推進。 ・ICT等先端技術を活用した地域の活性化。 ・スマート農林水産業の推進。	次世代・女性のエンパワーメント ・「次世代のSDGs推進プラットフォーム」を始動し、国内外における具体的な取組みを推進。 ・3月に同時開催するWAW!（国際女性会議）とW20（G20エンゲージメント・グループ会合）において女性活躍のための方途について議論。
科学技術イノベーション（STI）の推進 ・統合イノベーション戦略推進会議下の「STI for SDGsタスクフォース」で、「ロードマップ」やそのための「基本指針」を策定。「STI for SDGsプラットフォーム」の立上げも準備。 ・STIフォーラムやG20関連会合を通じ、国際社会における議論を促進。	強靱かつ環境に優しい循環型社会の構築 ・国内外における防災の主流化の推進。 ・質の高いインフラを通じて連結性を強化。 ・海洋プラスチックごみ対策を含む持続可能な海洋環境の構築。 ・地域循環共生圏づくりの推進。 ・日本の技術・経験を生かした気候変動対策への貢献。 ・省エネ・再エネ等の推進。	教育・保健分野における取組み ・国内で、幼児教育から高等教育まであらゆる段階において「質の高い教育」を実施。 ・G20関連会合やTICAD7を通じ、日本の経験を共有しつつ、国際教育協力やUHC（ユニバーサル・ヘルス・カバレッジ）を推進。

展開とフォローアップ	・日本のSDGsモデルを、東南アジア・アフリカを重点地域としつつ、国際社会に展開していく。 ・国際的な指標等に基づいて、これまでの取組みをレビューし、2019年後半に「SDGs実施指針」を改訂。

（出所）　SDGs推進本部「SDGsアクションプラン2019」（2018年12月）

24
SDGs

企業の積極的な取組みを支援しているのが、官邸に置かれた「SDGs推進本部」である。総理大臣を本部長とし、全閣僚を構成員とするものであり、その本部のもとに、SDGs推進円卓会議も設置され、広範な関係者の意見交換を行う体制が構築されている。2016年12月に策定された「SDGs実施指針」をベースに、毎年具体的なアクションプランが公表されるだけでなく、「ジャパンSDGsアワード」を選定している。

「SDGsアクションプラン2019」では、①国際社会の優先課題、②日本の経験・強み、③国内主要政策との連動をふまえて、①SDGsと連動する「Society 5.0」の推進、②SDGsを原動力とした地方創生、強靭かつ環境に優しい魅力的なまちづくり、③SDGsの担い手としての次世代・女性のエンパワーメントを柱に、具体的な取組みごとに予算措置に至るまで実施されている（図表3）。

SDGsの取組みによる成果が、組織規模や形態、業種にとどまらない事実は、「ジャパンSDGsアワード」の表彰対象から鑑みることができる（図表4）。

いまや、「SDGsブーム」の感もあるが、一つひとつの目標が壮大であるだけでなく、相互に絡み合い、時として相反している。表面的な対応にとどまらず、長期的に「果実」を獲得するためには、さらなる協力関係の構築とともに、組織のリーダーの資質も同時に問われてくると思われる。

⑵　取組みの現状と課題

SDGsの特徴の1つとして、「透明性」のためのフォローアップの実施がある。このために、169のターゲットと232の指標が定められており、SDGsの推進を後押ししている。

ここでは、国連持続可能な開発ソリューション・ネットワーク（SDSN）とドイツのベルテルスマン財団が2016年から報告している「サステナブル・ディベロップメント・レポート」の2019年版（2019年6月公表）の国別ランキングから、日本の取組みについての課題を紹介する。

日本のランキングは、2017年11位、2018年15位、そして2019年も15位であった。ちなみに、1位がデンマーク、2位スウェーデン、3位フィンランドと上位はすべて北欧の国々である。米国は

図表4　ジャパンSDGsアワード

〈第1回表彰企業・団体等一覧〉

【SDGs推進本部長（内閣総理大臣）表彰】
　北海道下川町

【SDGs推進副本部長（内閣官房長官）表彰】
　NPO法人しんせい
　パルシステム生活協同組合連合会
　金沢工業大学

【SDGs推進副本部長（外務大臣）表彰】
　サラヤ㈱
　住友化学㈱

【特別賞「SDGsパートナーシップ賞」】
　吉本興業㈱
　㈱伊藤園
　江東区立八名川小学校
　国立大学法人岡山大学
　（公財）ジョイセフ
　福岡県北九州市

〈第2回表彰企業・団体等一覧〉

【SDGs推進本部長（内閣総理大臣）表彰】
　㈱日本フードエコロジーセンター

【SDGs推進副本部長（内閣官房長官）表彰】
　日本生活協同組合連合会
　鹿児島県大崎町
　（一社）ラ・バルカグループ

【SDGs推進副本部長（外務大臣）表彰】
　㈱LIXIL
　NPO法人エイズ孤児支援NGO・PLAS
　会宝産業㈱

【特別賞「SDGsパートナーシップ賞」】
　㈱虎屋本舗
　㈱大川印刷
　SUNSHOW GROUP
　㈱滋賀銀行
　山陽女子中学校・高等学校地歴部
　㈱ヤクルト本社
　産科婦人科舘出張佐藤病院
　㈱フジテレビジョン

（出所）　外務省「JAPAN SDGs Action Platform」（ウェブサイト）から筆者作成

35位で、中国は39位という結果は、ESG課題に対する取組みへの他指標との連動がみられる。

　日本は、⑤ジェンダー平等を実現しよう、⑫つくる責任つかう責任、⑬気候変動に具体的な対策を、⑰パートナーシップで目標を達成しようの4点の遅れが指摘されている。**女性活用、労働環境、再生エネルギー**の割合、廃棄物の多さ、食料自給率、水産資源の乱用、**金融セキュリティ**などが具体的にあげられている。

　一方、達成できている項目は、④質の高い教育をみんなに、⑨産業と技術革新の基盤をつくろうであった。特に⑨は昨年から大きく前進し、これは経団連の企業行動憲章の推奨による効果が大きいとの評価がなされている。

　先述した政府のアクションプランは、本調査で指摘されている課題解決のために有効であると考えられ、特に、この分野での進捗への貢献が期待される**保険**や**介護**の領域や**家電製品**の高度化（目標⑤）、**リサイクル**や**リセール**の領域（目標⑫）などの商品やサービスの提供に、大きな事業機会の可能性があるといえよう。

　SDGsの進捗を確認することで、その国や地域の社会的課題を、より明確に理解できる。すべての目標を達成している国はまだ、存在しておらず、前述の⑫や⑬、**海洋プラスチックごみ対策**をはじめ⑭海の豊かさを守ろう、⑮陸の豊かさも守ろうなどについては、取組みの遅れについての指摘がある。

　日本は⑭の領域においては、**水質汚染監視システム**や**輸送効率化**のノウハウ、⑮の分野では、**灌漑の技術**や**生物多様性保護**のための官民での取組体制の経験などで、貢献ができるであろう。また、地方へのインバウンド波及のためにも地方の豊かな自然資産を生かした**ツーリズム**、過疎地域への誘致を目指した啓発なども考えられる。

　国際的な協力関係についても、いまだ十分とはいえず、特に、不正防止等を通じた対策も今後の課題となっている。

なぜ、SDGsに取り組むのか

(1)　事業機会としての活用とリスクマネジメント

　SDGsは、不確実性の高まりのなかでの戦略立案に有用な包括的なフレームワークとして利用することが可能である。

　1997年に設立され、CSR報告書のフレームワークを提供してきているGRI（グローバル・レポーティング・イニシアティブ）、国連グローバルコンパクト、持続可能な開発のための世界経済人会議（WBCSD）が、多くの関係者の協力のもと公表した「SDG Compass：SDGsの企業行動指針──SDGsを企業はどう活用するか──」は、企業がSDGsを利用する理論的根拠を次のように整理している。

① 　将来のビジネスチャンスの見極め
（例）
・省エネルギーや再生可能エネルギー等の技術を生かす
・情報技術を用いた資源の有効活用の提案
・発展途上国での公衆衛生への貢献
・新たな**金融サービス**の提供
② 　企業の持続可能性にかかわる価値の増強
（例）
・炭素税や排出権の流通等により、外部不経済を経済の仕組みに入れ込み効率化の促進
・社会的な課題に関心のある優秀な若年層の獲得
・従業員のやりがいの向上
・グリーンカスタマーの取込み
③ 　ステークホルダーとの協力の強化、新たな政策展開との歩調合わせ
（例）
・投資家等との長期的な信頼関係の構築
・レピュテーションリスク、法的リスクへの対処
・社会的な信頼の向上による新規事業等へのアクセスの向上
④ 　社会と市場の安定化
（例）
・社会的安定がもたらす新たな市場の拡大
・教育水準の向上による良質な労働力の確保
・ジェンダー格差解消を通じた新たな購買層や需

24

SDGs

要の喚起
・天然資源確保による持続的供給可能性の向上
・安全性の高い金融システムの促進によるコスト
　やリスクの軽減
⑤　共通言語の使用と目的の共有
（例）
・目標の共有によるステークホルダーとの対話の
　促進
　自社が提供している価値を、どのような社会的
課題の解決と結びつけ、展開していくのか。その
ためには、どのようなストーリーが考えられるの
か。必要となるリソースは何か。そのリソースは
すでにあるのか、ないのか。ないとすれば、どの
ようにして入手するのか。そして、リソースの調
達に要するコストはどの程度か……。SDGsはそ
のための多くのヒントを企業に提供しているので
ある。

⑵　持続的な価値向上のために

　SDGsについて理解をし、その考え方を自社の
事業立案のなかに取り込んでいくためには、「発
想の転換」が求められている。冒頭で記載したよ
うな「AND」で考えることは、すべてを獲得し
ようとすることではなく、社会としての全体最適
を目指すためにある。
　SDGsを根拠とする企業展開のための視点につ
いて、整理をしておくことにする。
①　企業価値に影響のある事象にフォーカスをす
　る。
②　長期の時間軸を重視する（2030年以降など）。
③　バックキャスティングで考える（これまでの
　延長線上ではない）。
④　包括的／統合的に検討する。
⑤　多様な資源を視野に入れる（これまでのヒト・
　モノ・カネだけではなく、自然資本や知的財産、
　技術などを生かす）。
⑥　デザイン思考でビジネスを表現する（エコシ
　ステムで考え、ストーリーで示す）。
⑦　トップマネジメントのリーダーシップを明確
　に示す（ボトムアップ、積上型では推進がむずか
　しい）。
　現在、日本企業はこれまでにない変革の必要性
に迫られている。その変革の要請をチャンスとす
るための多くの示唆をSDGsは提供しているので

ある。かわいらしい17のアイコンに惑わされた
り、ラウンド型のSDGsピンバッチを装着するこ
とにとどまることなく、「自社の言葉」で適用す
ることが大切なのである。

変化する高齢者ニーズ、非金融分野へのサービス拡張迫る

株式会社マリブジャパン　代表取締役

高橋　克英

遺すよりも自分で使うための金融ニーズ

　わが国では平均寿命が男性81歳、女性87歳までのび、「人生100年時代」が近づきつつある。ところが、健康寿命は男性72歳、女性74歳であり、男女ともに平均寿命と健康寿命の間に約10年の差が生じている。長寿化はめでたいことではあるが、同時に、高齢者に、はたして自分が生きている間に必要な医療費や介護費を支払い続けられるのだろうかという不安も抱かせている。特に、公的年金制度の持続可能性をはじめ、社会保障に対する国民の不安の高まりも背景に、老後期間の長期化に備えて若いうちから資産形成に取り組まなければならない、という認識は以前よりも広まりつつある。

　同時に、高齢者の資産管理ニーズも、これまでのように自分の死後、いかにたくさん家族に遺すかという相続対策一辺倒から、長くなる一方の老後を自分自身が楽しく、安心して過ごすためのお金の使い方への関心も高まっている。高齢化社会における資産運用など金融サービスに求められるニーズはいま、かつてないほど多様化してきている。

　就労・積立・運用の継続による所得形成や不動産など資産の有効活用・取崩し、長生きへの備え、相続・遺言など資産承継等に対する金融サービスの提供に加え、相続や認知症に伴う経済的虐待、不正利用、裁判係争や、振込詐欺などの経済犯罪からの財産の保全なども金融機関に求められている役割といえる。

地方金融機関経営を取り巻く三重苦

　一方、金融サービスを提供する金融機関サイド、特に地方の銀行、信用金庫はいま、きわめて厳しい経営課題に直面、持続可能なビジネスモデルの構築を迫られている。すなわち、地方銀行の経営を支えてきた商業銀行モデルが、①人口減少と少子高齢化、②低金利環境の長期化、③デジタル化の進展という三重苦によって、大きく揺らいでいるのである。

　具体的には、①人口減少と少子高齢化により、法人・個人の顧客数の減少、市場の縮小による貸出や運用ニーズの低下、店舗ネットワークの維持困難といったかたちで、金融機関に悪影響を及ぼしてきている。

　また②低金利環境の長期化により、預金を低利で幅広く集めて、その預金を原資に、より高い金利で貸出を行うことで利鞘を稼ぐ銀行の貸出業務が振るわない。全国銀行の2019年3月期決算は、貸出金利息の減少などにより、業務粗利益は前年比3.2%減の9兆6,864億円、当期純利益は、前年比27.1%減の2兆2,131億円と落ち込んでいる。

　そして、③デジタル化の進展においては、AI（人工知能）やビッグデータの活用などによって、金融とITが融合した新しい金融サービス（FinTech）や保険分野のFinTechであるインシュアテックなどが創出されてきている。米国のGAFA（Google、Apple、Facebook、Amazon）や、わが国のソフトバンク、楽天、LINEなどに代表されるデジタル・プラットフォーマーによる金融業務への進出が続いている。

　さらにネット証券会社やネット保険会社も台頭

している。利便性や価格などに優れたこれらデジタル・プラットフォーマーが提供するスマホアプリやキャッシュレス手段などの登場により、決済、送金、融資、資産運用、保険など既存の金融機関の業務が脅かされているのである。

高齢化社会における金融包摂

ところで、高齢化対応は全世界共通の課題になりつつある。最近、世界の金融当局が啓蒙しているのが、「金融包摂」という考え方である。これは、年齢や性別、地域にかかわらず、すべての人が、金融サービスを利用できるようにしていこうという考え方であり、G20や各国の国際機関で構成するGPFI（金融包摂のためのグローバルパートナーシップ）が積極的に取り組んでいる。

高齢化に関していえば、たとえば、認知・身体機能が低下する高齢者への金融サービスをどのように整備し構築していくべきか。また、デジタル化の進展もふまえ、高齢化のニーズにあった金融商品・サービスをどのように提供していくのか、といったことが課題とされている。

2019年4月、三菱UFJ信託銀行、野村ホールディングス、慶應義塾大学が中心となって「日本金融ジェロントロジー協会」が設立された。金融ジェロントロジー（金融老年学）とは、長寿が経済活動や社会経済に与える影響を、医学や経済学、心理学などから多面的に研究する学問である。同協会では、金融機関における高齢者向け顧客対応担当者への研修や資格認定制度なども設け

図表1　取組みの全体像のイメージ

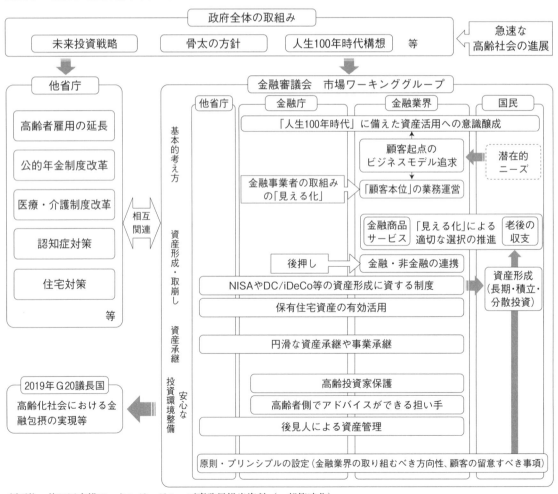

（出所）　第15回市場ワーキング・グループ事務局提出資料（一部簡略化）

218

る予定である。

　金融庁においても、金融審議会市場ワーキンググループ「高齢社会における金融サービスのあり方」などにおいて議論されており、テーマや課題が多岐にわたるなか、多方面の協調・協働が必要となる包括的な取組みを進めている（図表１）。

４つの高齢者向け金融サービス

　人生100年時代における高齢者向けの金融サービスとしては①「年金・保険・資産運用」、②「ローン・不動産・資金調達」、③「相続・資産承継」、④「非金融サービス」の４つに大きく分けられる（図表２）。

　たとえば、横浜銀行では、高齢者向け金融サービスの拡充の一環として、55歳以上の無料会員サービス「クラブアンカー」を導入。①老後の資産形成では、個人年金保険の提供、長生きした人ほどより多くの年金を受け取れるトンチン年金を導入。②老後の資金調達では、リバースモーゲージやリースバックを提供。③相続では、信託代理業務により遺言信託、財産承継、遺産整理、生前贈与のニーズに対応した保険をラインナップ。④生活サポートでは、介護セミナーなどを実施している。

　以下、上記４つの金融サービスカテゴリーごとに具体的な取組みを紹介する。

(1)　年金・保険・資産運用

　高齢者向けの年金・保険・資産運用関連商品・サービスでは、投資信託（バランス型、ときどき分配型など）、預貯金や債券、NISAやiDeCo、一時払終身保険、トンチン年金、高齢者向け生命保険・医療保険（認知症保険など）があげられる。

①　ときどき分配型の投資信託

　ときどき分配型の投資信託は、たとえば、２カ月に１回分配金を払う「年６回型」では、年金支給がない奇数月に分配金を受け取れる仕組みを提供することで高齢者のニーズに応えている。分配金を頻繁に支払うのは、運用効率が悪いとされるが、高齢者が人生の最後まで自分らしく生きていくうえで、公的年金での不足分を、定期的な現金収入によって補いたいとの要望に応える運用商品といえる。

②　トンチン年金

　トンチン年金とは、死亡保障や解約返戻金を抑えることで、加入者で分配して年金を受け取り、早く亡くなった人は損をし、長生きした人ほど得する仕組みの個人年金保険である。長生きリスクに備えることが可能である一方、50歳以降しか加入できず、保険料も高いといったデメリットもある。日本生命「グランエイジ」、第一生命「ながいき物語」、太陽生命「100歳時代年金」、かんぽ生命「長寿のしあわせ」などが販売されている。

図表２　人生100年時代の４つの金融サービス

①　年金・保険・資産運用	②　ローン・不動産・資金調達
・投資信託 　（バランス型、ときどき分配型など） ・預貯金・債券 ・NISA・iDeCo ・一時払終身保険 ・トンチン年金 ・介護・認知症保険	・リバースモーゲージ ・リースバック ・不動産担保ローン ・アパートローン ・セカンドハウスローン ・リフォームローン
③　相続・資産承継	④　非金融サービス
・遺言代用信託 ・遺産整理 ・暦年贈与信託 ・任意後見、家族信託 ・後見制度支援預金 ・後見制度支援信託	・見守りサービス ・生活サポートサービス ・介護支援サービス ・家事代行サービス ・会員クラブ ・かかりつけ弁護士紹介

（出所）　カンパニーレポート、㈱マリブジャパン作成

25

人生100年時代の金融機関ビジネス

⑵　ローン・不動産・資金調達

　高齢者向けのローン・不動産・資金調達関連商品・サービスには、リバースモーゲージ、リースバック、不動産担保ローン、アパートローン、セカンドハウスローン、リフォームローンなどがあげられる。

①　リバースモーゲージ

　リバースモーゲージは、自宅を担保にすることで、高齢者が一生涯、自宅を手放すことなく融資を受けられる商品であり、死亡後は自宅を売却して、その代金を融資の一括返済に充てる。持家比率が高い高齢者にとって、自宅に住み続けながら、年金以外の生活資金やセカンドライフ資金を得られる点は魅力的である。

　東京スター銀行は、2005年からリバースモーゲージ「充実人生」を取扱うパイオニアである。「充実人生」では、55歳以上の個人を対象に、極度額500万円以上1億円以内、使途自由（除く事業・投資）で、戸建てだけでなくマンションも対象としている。

②　セカンドハウスローン

　セカンドライフの充実を目的に、高齢者が都心から郊外や地方へ移住する、または、セカンドハウスを構えるといった動きも活発化しつつある。たとえば、世界的なリゾート地となりつつある沖縄では、内外からの観光客数の増加に伴い、人口も増加、地価も上昇傾向にある。地元の沖縄銀行では、住宅への県内需要に加え、県外需要も旺盛なことから、「おきぎんセカンドハウスローン」「おきぎん美ら島移住ローン」を取扱っている。

　規制緩和の可能性もあり、銀行など金融機関は、アパートローン、リバースモーゲージ、セカンドハウスローンだけでなく、住宅ローン、リフォームローンに加え、不動産担保ローンや古民家向けローンなど、不動産に係るローンを強化している。今後も少子高齢化や過疎化の影響で、空き家、所有者不明地、相続放棄地は増える見込みであり、**不動産代理業・仲介業、アパート経営、不動産管理業、家賃債務保証業、別荘分譲・管理**といった分野での他業態との連携や協働も含め、金融機関が果たす役割は拡大するとみられる。

⑶　相続・資産承継

　高齢者向けの相続・資産承継関連商品・サービスでは、遺言代用信託、遺産整理、暦年贈与信託、任意後見、家族信託、後見制度支援預金、後見制度支援信託などがあげられる。

①　ネット・スマホでの提供

　城南信用金庫では、高齢者向け総合サポートサービス「いつでも安心サポート」を提供している。現金お届けサービス、指定振込サービス、代理人サービス、見守り定期積金サービス、リバースモーゲージに加え、相続・遺言関連サービスまで高齢者のニーズに寄り添った多種多様なサービスを網羅している（図表3）。

　また、60代、70代のインターネットやスマホの利用者増加を受けて、三菱UFJ信託銀行は2019年3月から、高齢者の家族らが本人のためにお金を引き出せる信託商品「つかえて安心」の販売を始めた。スマホアプリを使って家族や親族が入出金を確認できる。みずほ信託銀行では、遺産整理において、対話アプリ「LINE」を使ったサービスを2018年8月から始めている。申込前の相談、対象財産の指定、換金手続、報告書の作成などをLINEで完結できる。

②　信託業務への参入

　地方銀行による信託業務への参入も相次いでおり、地方銀行104行のうち、信託兼営銀行は、京都銀行、南都銀行、武蔵野銀行など31行にのぼっている（図表4）。最も活発な動きをみせる千葉銀行では、相続関連業務取扱件数（サポートサービス、遺言信託、遺言整理）1,471件、収益7.0億円（2019年3月）に達している。

　信用金庫では、セントラルバンクである信金中央金庫が、信用金庫向け信託商品として、しんきん相続信託、しんきん暦年信託を個別の信用金庫に供給している。

⑷　非金融サービス

　金融機関による高齢者向けの非金融サービスには、見守りサービス、生活サポートサービス、介護支援サービス、家事代行サービス、会員クラブ、かかりつけ弁護士紹介などがあげられる。

①　見守りサービス

　内閣府「令和元年版高齢社会白書」によれば、

図表3 ［城南信用金庫］高齢者向け総合サポートサービス「いつでも安心サポート」

現金お届けサービス
指定口座から毎月1回現金を本人宛に届ける（手数料1,100円）

指定振込サービス
病院などの支払請求書に基づき指定口座から振込

代理人サービス
あらかじめ届けた代理人により支払などの手続が可能

見守り定期積金サービス
毎月「お見守りチェックシート」「写真」を家族宛に郵送する場合、月額1,100円の手数料

リバースモーゲージサービス

いつでも安心口座
死亡時に法定相続人のうち1名に指定預金（最大300万円）支払。葬儀費用や当面生活費を確保。申込時に手数料5,500円

暦年贈与預金
生前贈与年間110万円の非課税枠。贈与契約書の作成、振込、贈与取引の記録。年額3,300円の手数料

家族信託預金・融資
親子間で信託契約を締結し、財産の弾力的な運用を可能とする民事信託。家族信託事務取扱手数料＋別途弁護士費用等

城南遺言・家族信託契約書お預りサービス
遺言書、家族信託契約書を保管し、万が一の場合、指定先に届ける。申込時11,000円＋年額利用料5,500円

「公正証書遺言作成お手伝い」紹介サービス
「しんきん安心サポート」利用により必要に応じて弁護士が対応、信用金庫OB・OGが公証役場まで同行し証人（2名）も引き受ける

「遺言執行」紹介サービス
遺言書に指定する遺言執行人を「しんきん成年後見サポート」とすることで、相続発生時には信用金庫OG・OBが遺言執行する

「任意後見制度」紹介サービス
あらかじめ「しんきん成年後見サポート」と将来の財産管理プランを立て、任意後見契約と委任契約を締結。「城南成年後見サポート口座」の利用も可能

「有料老人ホーム」紹介サービス

一般社団法人しんきん安心サポート
城南信金OB・OGが公正証書遺言作成をサポート

一般社団法人しんきん成年後見サポート
さわやか・芝・湘南・城南・目黒信用金庫OB・OGが複数名で担当者として支援。法定後見受任27件（成年後見21件、補佐5件、補助1件）、任意後見契約47件、遺言執行者指定122件。2019年6月現在

（出所）　カンパニーレポート、一般社団法人しんきん成年後見サポート（ウェブサイト）、㈱マリブジャパン作成

図表 4 ［地方銀行］信託兼営銀行31

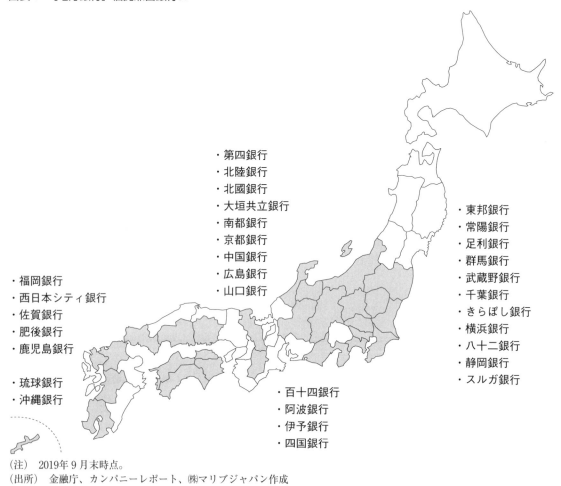

・第四銀行
・北陸銀行
・北國銀行
・大垣共立銀行
・南都銀行
・京都銀行
・中国銀行
・広島銀行
・山口銀行

・東邦銀行
・常陽銀行
・足利銀行
・群馬銀行
・武蔵野銀行
・千葉銀行
・きらぼし銀行
・横浜銀行
・八十二銀行
・静岡銀行
・スルガ銀行

・福岡銀行
・西日本シティ銀行
・佐賀銀行
・肥後銀行
・鹿児島銀行

・琉球銀行
・沖縄銀行

・百十四銀行
・阿波銀行
・伊予銀行
・四国銀行

(注)　2019年9月末時点。
(出所)　金融庁、カンパニーレポート、㈱マリブジャパン作成

日本の65歳以上人口のおよそ6人に1人、627万人が一人暮らしをしており（2017年）、少子高齢化と過疎化の進展により、社会的に孤立する単身高齢者も増え続けている。

こうした状況を受けて、日本郵便は2017年10月から「郵便局のみまもりサービス」を全国で開始している。このうち「みまもり訪問サービス」は、タブレット端末をもった郵便局員が月1回30分、高齢者宅を訪問し、体調や睡眠の状況や外出頻度などを確認し、結果を家族へメールする（月額2,500円）。また、「みまもりでんわサービス」は、毎日定時に自動音声電話で高齢者の体調を確認し、結果を家族へメールするサービスである（月額980～1,180円）。日本郵便は、全国にある約2万4,000の郵便局・郵貯銀行のネットワークを使って高齢者を支援し、新たな収益源として育成

していく方針である。

みずほ信託銀行が2017年8月から取扱いを開始した「選べる安心信託」では、生活サポートサービスにおいて、リフォーム、家事代行などのサービスに加え、見守りサービスを行う提携企業を優待条件で紹介している。

こうした見守りサービスをすでに実施、あるいはそのインフラとなりうる企業として、セコムやALSOKなど**ホームセキュリティサービス**、ヤマト運輸など**宅配便業**、AmazonなどEC、インターネットショッピングモール、IT企業、セブンイレブンなど**コンビニエンスストア**などがあげられ、金融機関にとって競合企業にも、協働企業にもなろう。

なお、見守りサービスの展開として、空き家見守りサービス、墓地清掃サービス、家の庭木の手

図表5 広島銀行の取組み事例

〈ひろぎん〉生活パートナーサービス 　住まいやくらしの相談窓口 　　　 手数料、入会手続不要

住まいのサポート

| 家のクリーニング ・キッチン・レンジフード
・エアコン
・浴室
・トイレ
・カーペット など | リフォームや外構工事 |

屋根や外壁の修理	キッチンやおふろなど水回りの修理	ドアやサッシ窓など建具の修繕
ふすまや網戸の張替え	電気や照明の修理工事	畳の表替えや障子の張替え
鍵の付替えや修理	ハチや白アリなどの害虫駆除	引越し
庭木の剪定や庭の除草	防犯や防災危機の取付け	ホームセキュリティ

くらしのサポート

不要品の処分	家事代行 ・掃除の手伝いや代行 ・日用品の収納や整理 ・洗濯やアイロンの代行 など	
遺品整理	美術品や骨董品の買取り、廃車の買取り	大掃除を手伝ってほしい

高齢者へのサポート

一人暮らしの親が心配	高齢者の見守り	買い物や掃除の手伝い
手すりや段差解消リフォーム	高齢者向け住宅の紹介	空き家が心配
墓参り代行や清掃サービス	空き家の見守り	

相続や不動産に関するサポート

| 不動産売却 | 不動産活用 | 相続対策 |

（注）　〈ひろぎん〉生活パートナーサービスは、「ひろしま信愛不動産」子会社の「ひろしま生活パートナー」が運営。
（出所）　カンパニーレポート等をもとに㈱マリブジャパン作成

入れサービス、民泊代行サービスなども考えられる。

②　提携企業を通じた生活サポートサービス

広島銀行では、口座保有者に対して、広島県全域などで、手数料、入会手続不要でパートナー企業が提供する非金融サービスを紹介する「〈ひろぎん〉生活パートナーサービス」を展開している。高齢者へのサポートとして、高齢者の見守り、買い物や掃除の手伝い、手すりや段差解消の

リフォーム、高齢者向け住宅の紹介、墓参り代行や清掃サービス、空き家の見守りを提供している（図表5）。

このように金融機関の提供する非金融サービスとして、**ハウスクリーニング業、家事代行業、ホームセキュリティサービス、カルチャーセンター、パソコン教室、料理教室、旅行業、シティホテル、リゾートマンション、会員制リゾートクラブ**などが考えられ、こうした異業種との連携が

増えると見込まれる。

⑸　高齢者のための店舗

①　バリアフリーと移動店舗車

高齢者を迎える金融機関の店舗にも、バリアフリー化のほか、高齢者でも利用しやすいラウンジ、デジタルスペース、前面駐車場などの工夫が必要となる。

京葉銀行では、有人店舗における５つのコンセプトとして、①365日利用可能な全自動貸金庫、②多機能なATM、③個別ブースの相談コーナー、④バリアフリー対応、⑤使いやすい店舗前面の駐車場を掲げている。

高齢者は身体が衰えると、金融機関を訪問したり、取引や相談がむずかしくなるおそれが出てくる。すでに、過疎地を抱える地方銀行や信用金庫、JAバンクなどでは移動店舗車を展開することで、店舗空白地帯への金融サービスの提供を行っているが、今後は、店舗への送迎サービス、ATM出前サービス、ATM搭載自動運転車などが広がるとみられる。

②　納骨堂隣接型店舗

過疎化や少子高齢化が進むなか、空き家問題など住宅と同様に、墓地墓苑も地方では特に引き継ぐ者や管理する者がなく、放置されるケースが増え問題化している。そこで、息子や娘世代が住む東京都心など都市部において、寺院など宗教法人などの敷地内に新たに１棟ビルを建設し自動化された墓地墓苑や納骨堂が増加している。マンション型墓地、自動搬送式納骨堂、タワー型納骨堂、屋内陵墓といった名称で呼ばれている。

こうした墓地墓苑・納骨堂を営む事業者が代理業として、併設して、銀行の貸金庫や証券会社の相続・資産運用相談窓口を設けたり、銀行店舗などが同居するかたちや隣接するかたちで立地するスタイルもありえるのではないか。家族葬の形態が葬儀の主流になるなか、**葬儀社**、**葬祭会館**、**墓地霊園業**、**仏壇仏具店**などと、金融機関の店舗や相続業務などにおける連携や協働も考えられる。普段はなかなかそろう機会がない家族が、アクセスのいい都心での「お墓参り」とあわせて金融機関に集まり、貸金庫を確認したり、相続や資産運用の相談までできるのは合理的といえよう。

高齢化対応のカギを握る人材

⑴　介護職・ケアマネージャーの育成

今後も社会の高齢化が進み、大量介護への対応が必要になるにもかかわらず、介護人材不足は深刻だ。厚生労働省の第7期介護保険事業計画に基づく試算によれば、2016年の約190万人の介護人材に加え、2020年度末までに約26万人、2025年度末までに約55万人、年間6万人程度の介護人材を確保する必要がある。

そこで、今後、店舗や人員の大幅なダウンサイジングが予想される金融業界において、介護職に人員をシフトすることも考えられよう。

すでに先駆例がある。損保ジャパン日本興亜火災は2020年度末までに、従業員数を2017年度比、4,000人程度減らし、余剰人員は、グループ内の介護企業であるSOMPOケアへの出向など配置転換を実施するという。SOMPOケアでは、傘下の**通所介護（デイサービス）事業所、有料老人ホーム、ホームヘルプサービス（訪問介護事業）、サービス付き高齢者向け住宅**において、所長・事業所長、マネージャー（経理・財務）、ケアマネージャー、スーパーバイザーなどとして活躍することになる。

今後は研修に、介護職員初任者研修や介護職員実務者研修を設けたり、行職員に認定介護福祉士、介護福祉士（国家資格）、ケアマネージャー（介護支援専門員）、介護予防運動指導員、リクリエーション介護士、社会福祉士（国家資格）、管理栄養士（国家資格）といったさまざまな資格取得を奨励する金融機関が増えるのではないだろうか。

⑵　高齢顧客対応専門職の導入

野村證券では、10年以上の勤務経験で異動のない社員による高齢顧客対応専門職である「ハートフルパートナー」が全店に配置され、高齢顧客とその家族を専門に担当している。みずほ証券でも80歳以上の高齢顧客を担当する「シニアコンサルタント」を配置。また、秋田銀行は2019年3月末時点で789名の認知症サポーター行員を育成している。相続関連業務の受付・取次、資産運用の相

談受付・セールスを担うべく、高齢者対応専門スタッフを、県内7カ所にあるローン・保険プラザに今年度中に配置することを検討している。

(3)　IFAの活躍機会広がる

高齢者の資産運用ニーズの高まりとともに、顧客と対面で向き合い、顧客のライフプランに沿うように、金融商品における投資リスクや商品説明や提案を行うFA（金融アドバイザー）へのニーズは高い。さらに、**IFA（独立系金融アドバイザー）**へのニーズも高まっている。IFAは、より長期的な視点で顧客と関係を築くことができる利点があるとされる。まずは、銀行や証券会社においてFAとしての力を磨きながら、IFAとして独立するケースがこれから増えるのではないか。

(4)　かかりつけ弁護士の紹介

三井住友信託銀行では、人生100年時代のフラッグシップ商品として、2019年6月より「人生100年応援信託〈100年パスポート〉」の取扱いを開始している。特殊詐欺に備える一方、生活費相当額を定期的に受け取れるなど、資産を守り、使うなどの機能をパッケージ化している。特に、認知症への不安などに対して、あらかじめ、資金の支払手続を任せる代理人を指定しておくことや、**ホームロイヤー**（かかりつけ弁護士）の紹介を受けることもできる。また同行は、第二東京弁護士

会との間で、ホームロイヤーを紹介する協定を金融業界で初めて結んだ。東京都近郊の高齢顧客に対して、「見守り」「見守り＋財産管理」「任意後見」の3つのサービスが用意されている（図表6）。

財産管理に不安を抱える高齢者の支援を強化する施策として、こうした金融機関と連携した、かかりつけ弁護士のニーズは今後高まるとみられる。同様に、金融機関と医療機関などが連携した、かかりつけ医師やかかりつけ看護師の紹介サービスといった新たな試みも、高齢者および家族の長寿・健康・病気予防とリンケージした資産管理・資産承継ニーズの高まりとともに、必要とされるサービスとなるとみられる。

図表6　「ホームロイヤー」3つのメニュー

	見守り		見守り＋財産管理		任意後見
財産管理の主体	自分で財産管理		ホームロイヤーが財産管理		ホームロイヤー（任意後見人）が財産管理
サポート内容	安否確認、法律相談、入院など緊急時の支払代行		安否確認、法律相談、財産管理		安否確認、財産管理
費用の目安	1万円／月	毎月1回の安否確認＋1時間程度の相談	2〜5万円／月	依頼内容によって変化	費用は基本的に「見守り＋財産管理」とおおむね同じ。ただし、後見監督人の報酬も別途発生する
	5千円／月	2カ月に1回の安否確認＋1時間程度の相談	3〜10万円／月	資産高額・複雑事案など	
チェック機関	第二東京弁護士会				後見監督および家庭裁判所による監督

（出所）　第二東京弁護士会、三井住友信託銀行、㈱マリブジャパン作成

2019年対日審査が銀行等への態勢整備を迫る

EYアドバイザリー・アンド・コンサルティング株式会社
エグゼクティブ ディレクター

和家　泰彦

経済のグローバル化で増大するリスク

マネー・ローンダリング（資金洗浄。以下、マネロン）とは、違法な起源を偽装する目的で犯罪収益を処理することであり、それらの資金を正当な取引で得た資金のようにみせかける行為や口座から口座に転々とさせたり、金融商品や不動産、宝石などに形態を変えてその出所を隠したりすることをいう。一方、テロ資金供与とは、爆弾テロやハイジャックなどのテロ行為の実行を目的として、そのために必要な資金をテロリストに提供することをいう。

金融界ではAML／CFT（Anti-Money Laundering／Countering the Financing of Terrorism）と呼ばれることが多いマネロン・テロ資金供与対策は、資金面から犯罪組織、犯罪行為の撲滅を目指すことである。なお、「テロ資金供与対策」という場合には、国連安保理決議や各国の独自の判断に基づき、テロリスト等と特定された個人や法人・団体に対する資金供与の防止を指す。

また、よく「制裁措置」や「経済制裁措置」という言葉を聞くことも多いが、これは国連安保理決議に基づき実施するものや、G7などの有志国連合で実施するもの、あるいは各国の独自の判断で実施する制裁措置あり、北朝鮮やイランなどの核等大量破壊兵器開発への資金面での供与防止措置（大量破壊兵器拡散金融防止措置）、また、関連貨物（物資）、技術開発などの役務の提供、さらに人的往来を規制することがある。これとは別に、紛争国や紛争地域へのさまざまな規制が制裁措置として実施されており、一般的にはこうした制裁措置に対する適切な対応についても、マネロン・テロ資金供与対策の一部と考えられている。

こうしたマネロン・テロ資金供与リスクは、国内だけにはとどまらず、国境を越える資金の大量かつ瞬時の移動や各国間の貿易の拡大、人の往来の増加など、また、それらを支えるITシステムを含むさまざまなインフラの整備・進歩により、ますます複雑化・巧妙化してきており、国際社会からそのための適切な対策を強く求められてきている。

FATF対日審査で厳しい結果か

こうしたマネロン等の対策に対する国際的な協力強化のため、1989年のアルシュサミットにおいて「金融活動作業部会（Financial Action Task Force、FATF）」の設立が合意された（本部はパリのOECDの一角にある）。現在、FATFは36カ国、2国際機関（国際通貨基金、世界銀行）が加盟しており（FATF類似の地域体加盟国等も含めるとほとんどの国・地域がカバーされている）、マネロン・テロ資金供与対策に係る国際的な基準を「勧告」というかたちで策定することにより、加盟各国に対して法制度の整備および具体的な実務面での有効性のある対応を求めてきている。なお、これまで4回にわたり勧告が策定・改正され、現在の第4次勧告は2012年に策定・公表されている。

なお、当初は国際的な麻薬取引や国際組織犯罪を摘発する目的が中心であったが、2001年の米国同時多発テロを受けてテロ資金供与対策が抜本的に強化され、また、2000年代から国際的にきわめて重要な課題となってきている北朝鮮やイランの

核開発問題に対応するための対策が強化されてきている。

日本のFATF勧告に対する対応については、2008年に実施されたFATF第3次対日審査において、49勧告中25項目について対応が不十分との指摘がなされ（G7のなかでは最低レベル）、その改善のためにさまざまな法令改正や新法の制定が行われるなど、その国内整備に計約8年を要することとなった。

2019年秋には、FATFの第4次対日審査（オンサイト）が実施された。すでに実施された他国の審査結果に鑑みて、日本にも相当厳しい結果が下されることも想定される。犯罪収益移転防止法上のさまざまな義務を負っている金融機関を主体とする特定事業者は、よりいっそうの態勢整備が求められることになる。

なお、こうしたマネロン・テロ資金供与対策は、国際社会が一致して取り組むべきものであり、累次のG7会合等における主要な課題として共同宣言等に盛り込まれてきている。こうした状況下、日本の金融機関等がマネロン・テロ資金等に容易に利用されることは、当該金融機関が国際的な非難を受けるだけでなく、他の日本の金融機関や取引先を含む一般企業のビジネスもまた悪影響を受けることとなる。金融機関規模の大小、業務範囲にかかわらず、官民一体となって強力に取り組んでいく重要なテーマとなってきている。

対策義務を法的に負う業種

日本におけるマネロン・テロ資金供与対策は、従来から大きな社会問題とされている「反社会的勢力への対応」および振り込め詐欺やオレオレ詐欺などの「特殊詐欺対策」に重点を置いたものとされてきていた。なお、最近では、これらの事例に加えて、外国人労働者の増加に伴う外国人名義

図表1　犯罪収益移転防止法で規定されている特定事業者

特定事業者の業種	業者数 （2018年3月末または10月末）
預金取扱金融機関（銀行、協同組織金融機関、信用金庫、信用協同組合、労働金庫、農業協同組合など）	1,349
保険会社（生命保険会社、損害保険会社、共済事業など）	96
金融商品取引業者、商品先物取引業者	4,237
信託会社等	64
貸金業者	1,770
資金移動業者	58
仮想通貨（暗号資産）交換業者	16
両替業者（預金取扱金融機関、資金移動業、クレジットカード業、旅館業、旅行業、古物商、空港関連業など）	491（注）
ファイナンスリース事業者	未掲載
クレジットカード事業者	259
宅地建物取引業者	12万3,782
宝石・貴金属等取扱事業者	未掲載
郵便物受取サービス業者	未掲載
電話受付代行業者	819
法律・会計専門家（弁護士、司法書士、行政書士、公認会計士、税理士）	約22万

（注）　報告件数。
（出所）　国家公安委員会「平成31年度版犯罪収益移転危険度調査書」（2018年12月）から筆者作成

口座の不正利用、送金人や受取人の実態から経済合理性のない海外送金を利用した多額のマネロン事例など、さらに、北朝鮮やイランによる大量破壊兵器開発のための資金、貨物、技術の移転対策、また、貿易規制をかいくぐるための洋上での貨物の瀬取り行為への対策なども重要なテーマになってきており、こうした不正取引の決済等において、金融機関等が容易に利用されるリスクが高まってきている。

日本においては、FATF勧告やテロ資金供与対策、組織犯罪防止に関係する国際条約などに対応するための法制度として「犯罪収益移転防止法」「外国為替及び外国貿易法」や「国際テロリスト財産凍結法」が制定されており、金融機関を含む特定事業者にその有効性ある対策を行うためにさまざまな義務が課されている。

なお、マネロン・テロ資金供与対策では、銀行などの預金取扱金融機関だけではなく、金融商品取引業者、保険会社、クレジットカード会社、資金移動業者、仮想通貨（暗号資産）交換業者、また、貴金属商や宝石商、宅地建物取引業者、弁護士や会計士などに対しても、法令上の義務が課されている。

図表1は、犯罪収益移転防止法に基づくマネロン・テロ資金供与対策上のさまざまな義務を課されている特定事業者の業態および業態別事業者数である。

全顧客のリスク評価求める金融庁ガイドライン

マネロン・テロ資金供与対策が義務づけられている特定事業者は図表1のとおりであるが、リスクの高い口座開設や資金移転サービス（為替取引）、さまざまな金融サービスを提供している金融機関に対しては、2018年2月に金融庁が「マネー・ローンダリング及びテロ資金供与対策に関するガイドライン」を策定・公表しており、銀行等預金取扱金融機関、金融商品取引業者、保険会社、貸金業者、資金移動業者、仮想通貨（暗号資産）交換業者など、金融庁の監督対象とされていく業態に対しては、より強化された対策が求められることとなった。なお、2019年4月には同ガイドラインが改正され、全顧客のリスク評価の実施

や継続的顧客管理などよりきめ細かな対応が求められるようになってきている。

金融庁のガイドラインは、FATF勧告で求められているリスクベースに基づく「Ⅰ．マネー・ローンダリング及びテロ資金供与対策に係る基本的考え方」をふまえ、「Ⅱ．リスクベースの意義と具体的な対応（リスクの特定・評価・低減など）」「Ⅲ．管理態勢とその有効性の検証・見直し」でマネロン・テロ資金供与対策（方針、手続、計画等の策定・実施・検証・見直し（PDCA））、経営陣の関与・理解、経営管理（3つの防衛線等）、グループベースの管理態勢、職員の確保・育成、最後に「Ⅳ．金融庁によるモニタリング等」では官民連携の重要性を強調する構成となっている（図表2）。

なお、各パートは、日本のマネロン法と位置づけられる「犯罪収益移転防止法」およびテロ資金供与対策法である「外国為替及び外国貿易法」で定められている規定と、FATF新「40の勧告」や審査のメソドロジー（方法論）に加えて、バーゼル銀行監督委員会が公表している「マネー・ローンダリング／テロ資金供与リスクの適切な管理に係るガイドライン（BCBSのAML／CFTガイドライン）」で求められている内容もふまえた、態勢強化のあるべき姿を示しており、このガイドラインに対応したマネロン・テロ資金供与対策を実施する態勢整備を実施していくことが必須となってきている。

特定事業者に課される義務

金融機関は多数の顧客を抱え、口座の入出金、為替取引（海外送金を含む）など膨大な各種取引がなされており、マネロン・テロ資金供与リスクに日々さらされている状況にある。こうした膨大な取引のなかからマネロン・テロ資金供与に関係する疑わしい取引を検知していくためには顧客管理システム面での対応や不審者の検知や異常な取引を検知するためのITシステムの活用が必須であろう。金融庁のガイドラインで求められている事項のうち、特に、マネロン・テロ資金供与リスクの低減措置として、顧客管理システムやITシステム面での対応が必要な事項として、次の6項目がある。

図表2　金融庁ガイドラインの構成

基本的考え方	・マネロン・テロ資金供与対策に係る基本的考え方 ⇒機動的かつ実効的な管理態勢の構築には、リスクを適時・適切に特定・評価し、リスクに見合った低減措置を講ずるリスクベース・アプローチの手法を用いることが不可欠 ・金融機関等に求められる取組み ⇒経営陣の主体的かつ積極的な関与のもと、自らを取り巻く環境や経営戦略、リスクの許容度をふまえた管理態勢を構築し、組織横断的にマネロン・テロ資金供与対策を高度化することが重要 ・業界団体・中央機関等の役割 ⇒業界団体や中央機関が当局とも連携し、金融機関に対するサポート・支援等を実施
RBA(注)	**リスクの特定** リスクの所在を特定する作業。金融機関の規模・特性等をふまえ、包括的かつ具体的に特定　**リスクの評価** 特定したリスクを評価する作業。金融機関の事業環境・経営戦略等をふまえて、全社的に実施　**リスクの低減** 特定・評価したリスクを低減する作業。実際の顧客や取引のリスクに応じて、実効的に低減措置を実施（例）顧客管理、取引モニタリング等 ・海外送金等を行う場合の留意点　・FinTech等の活用
管理態勢	・マネロン・テロ資金供与対策に係るPDCA ⇒マネロン・テロ資金供与対策の方針・手続・計画等を策定、検証、見直し ・経営陣の関与・理解 ⇒経営陣によるマネロン・テロ資金供与対策への主体的かつ積極的な関与、対応の高度化推進 ・経営管理　**第1線** 顧客と接点のある営業部門が、方針や手続等を理解して対応　**第2線** 担当役員等を中心に、管理部門が第1線を継続的モニタリング　**第3線** マネロン・テロ資金供与対策に係る必要な監査を実施 ・グループベースの管理態勢 ⇒グループ全体に整合的なかたちでマネロン・テロ資金供与対策を実施 ・職員の確保、育成等 ⇒必要な能力を有する職員の採用、研修による職員の理解の促進
当局	・金融庁によるモニタリング ・官民連携 ⇒業界団体、関係省庁等との連携による情報発信や金融機関等との対話

（注）リスクベース・アプローチ。
（出所）金融庁のAML／CFTガイドライン（2018年2月）から筆者作成

(1)　顧客管理（カスタマー・デュー・ディリジェンス、CDD）

金融庁のガイドラインでは、特に個々の顧客に着目して、顧客の情報や当該顧客が行う取引の内容等を調査したうえで、その調査結果をリスク評価結果と照らして、講ずべき低減措置を判断・実施する一連の流れを「顧客管理」と呼んでいる。金融機関等が顧客と取引を行うにあたっては、当該顧客がどのような人物・団体で、団体の実質的支配者はだれか、どのような取引目的を有しているか、資金の流れはどうなっているか、など顧客に係る基本的な情報を適切に調査し、講じるべき低減措置を判断・実施することが重要である。顧客管理のプロセスにおいては、取引の開始時、継続時、終了時のそれぞれの段階において、個々の顧客やその取引のリスクの大きさに応じて調査を行い、講じるべき低減措置を的確に判断・実施し

なければならない。たとえば、外国の公的に重要な地位のある者（Politically Exposed Persons、PEPs）や特定国等に係る取引を行う顧客やハイリスク取引は、より厳格な顧客管理（Enhanced Due Diligence、EDD）を行うことが求められる一方、リスクが低いと判断した顧客には、簡素な顧客管理（Simplified Due Diligence、SDD）を行うこととし、効率的かつ円滑な取引の実行に努める必要がある。

(2) 取引モニタリング・フィルタリング

個々の顧客に着目する顧客管理のほかにも、リスク低減措置の実効性を確保する手段として、取引そのものに着目し、取引状況の分析、異常取引や制裁対象取引の検知等を通じてリスクを低減させる手法があり、これらを取引モニタリング・フィルタリングといい、金融機関等は、適切な取引モニタリング・フィルタリングを実施することが求められている。

(3) 記録の保存

金融機関等は、自らの顧客管理の状況や結果等を示すものとして、また、当局への必要なデータの提出や、疑わしい取引の届出の要否の判断等において利用するために、確認記録や取引記録を適切に保存することが必要であり、金融庁のガイドラインではこの「記録の保存」もリスク低減措置の一部とされている。記録すべき情報には、確認記録・取引記録のほか、疑わしい取引の届出件数（国・地域別、顧客属性別等の内訳）、内部監査や研修等（関係する資格の取得状況を含む）の実施状況、マネロン・テロ資金供与リスク管理についての経営陣への報告や、必要に応じた経営陣の議論の状況などが含まれる。

(4) 疑わしい取引の届出

疑わしい取引の届出は、犯罪収益移転防止法に定める法律上の義務となっており、金融機関等は、同法にのっとって、届出等の義務を果たす必要がある。また、金融機関等は、取引時の状況や金融機関等が有している情報を総合的に勘案したうえで、疑わしい取引に該当するか否かを適切に検討・判断するとともに、疑わしい取引に該当すると判断した場合には、届出を直ちに行う態勢を構築する必要がある。

なお、疑わしい取引の届出状況の適切な分析は、リスクの評価などにも活用することで、マネロン・テロ資金供与リスク管理態勢の高度化を図ることに活用できる。具体的には、実際に疑わしい取引の届出を行った取引についてリスク低減措置の実効性を検証し、必要に応じて同種の類型に適用される低減措置を見直すことや、疑わしい取引を契機にリスクが高いと判断した顧客について、当該リスクに見合った低減措置を適切に実施することなどがあげられる。

(5) ITシステムの活用

金融機関等は、ITシステムを活用することで、商品・サービス、取引形態、国・地域、顧客属性等のさまざまな情報を集約的に管理することができる。また、異常な取引の自動的な検知や、顧客・取引の傾向分析、顧客のリスク格付等においてもITシステムの活用が可能である。なお、ITシステムの導入にあたっては、異常取引や疑わしい取引を検知できるよう取引金額や取引頻度など、リスク評価のシナリオ・敷居値等の抽出基準の設定を行うとともに、さらにその設計・運用が、自らが行うリスクの評価に見合ったものとなっているかを定期的に検証し、改善を図ることが求められている。また、前述したフィルタリングシステムについては、制裁対象者、送金先や輸出入品目等についての制裁リストが最新のものとなるように適切な運用を図ることが不可欠である。

なお、内外の先進的なマネロン・テロ資金供与対策においては、取引時確認や疑わしい取引の検知・届出等の各局面で、AI（人工知能）、ブロックチェーン、RPA（ロボティック・プロセス・オートメーション）等の新技術（FinTech）が活用されるようになっている。金融庁のガイドラインでは、これらの対応に加え、「対応が期待される事項」として、新技術の有効性を積極的に検討し、他の金融機関等の動向や、新技術導入に関する課題の有無等もふまえながら、マネロン・テロ資金供与対策の高度化や効率化の観点から、こうした新技術を活用する余地がないか、前向きに検討を行うことを推奨している。

(6)　データ管理

ITシステムの有効性等は、同システムにおいて用いられるデータの正確性があってはじめて担保されるものである。金融機関等は、同システムを有効に活用するために、確認記録・取引記録等について正確に記録するほかデータを正確に把握・蓄積・整理するなど、適切に管理することが求められている。

システムベンダー、教育機関等にビジネスチャンス

こうした当局からの要請に適切に対応するため、コンプライアンス上の課題に関しては今後、**法律事務所、弁護士、監査法人、コンサルティング会社**のニーズが増大すると考えられる。また、特に金融機関においては、膨大な顧客のさまざまな情報や各種取引の記録、そうしたデータに対するブラックリストとのフィルタリングや異例取引（疑わしい取引）のモニタリング、顧客情報や取引記録に基づく顧客のマネロン・テロ資金供与リスク評価などの複雑な作業については、マニュアルベースでは非効率であり、いかにITシステムを活用して効果的・効率的に対応するのかが重要な課題となってきている。いずれにしても、この分野の投資は著しい増加が見込まれ、こうした顧客管理システムやITシステムを活用したマネロン・テロ資金供与対策の態勢整備を図る観点からは、**受託開発ソフトウェア業**、制裁対象者や反社会的勢力、PEPs、法人の実質的支配者などの企業や個人に関する**データベース提供業**、疑わしい取引を検出するための**ビックデータアナリティクス、AI（人工知能）研究・開発業**に対するニーズが増大することが考えられる。

なお、グローバルに展開している金融機関では、海外拠点（支店・現法）におけるマネロン・テロ資金供与対策は本邦内と同程度か、あるいはそれ以上のレベルが求められてきており、本邦と海外拠点の顧客・取引情報システム等との連携・整合性確保が求められる。特にマネロン・テロ資金供与対策に関する規制が最も厳しい米国では、相当数のグローバルな大手銀行が米当局の制裁措置に係る法令違反により、巨額の罰金・制裁金を課せられており、金融機関のなかでも米国内に支店・現法を有する大手銀行を中心に、米国規制にも対応したシステム整備について、積極的な取組みがなされてきている。また、最近では、本邦中小金融機関においても、海外送金を利用した多額のマネロン事例が頻発していることから、地方銀行や信用金庫においてもシステム面も含めて対策のいっそうの強化が求められてきている。

同時に、有効性のあるマネロン・テロ資金供与対策を実施するためには、顧客と接する担当者の役割が重要であり、金融機関の窓口担当者（第1防衛線）も含めた管理部門（第2防衛線）、また、内部監査（第3防衛線）の担当者に対する人材育成の観点から、マネロン等の研修実施に関係する**金融関連出版会社**や**金融関係教育・研修実施機関**などもニーズも高まってきている。

今後のマネロン・テロ資金供与対策については、本年秋のFATF第4次対日審査結果次第であるが、他の審査終了国の審査結果から想定すると日本についても相当厳しい評価が予想されよう。FATFからの指摘事項に対応するためには、その改善策を策定して、必要に応じて関連する法令やガイドラインの改正がなされるなど、5年程度はフォローアップが必要となるのではないか。この間、金融機関を含む特定事業者はそれら改善事項に対する実務的・具体的な対応が求められよう。

50音索引

巻末付録　ビジネス索引

この「ビジネス索引」は本書に掲載している各テーマと関連のある業種を50音順に並べました。
また、当該業種が『第14次業種別審査事典』全10巻のうち、どの巻に収録されているのかを示したものです。
本書から『第14次業種別審査事典』を逆引きする際にもご活用ください。
なお、業種名は『第14次業種別審査事典』に収録されているものに準じています。

第14次業種別審査事典の収録業種	巻	本書のテーマ番号 （　）はページ
【数字】		
24時間営業フィットネスクラブ	9	11（91）
３Ｄプリンター製造業	10	20（180）
【英字】		
ＡＩ（人工知能）研究・開発業	10	13（110）、19（172）
ＥＳＣＯ（省エネルギーサービス）事業	3	12（100）、24（210）
ｅスポーツ事業	9	18（159）
ＩＣカード製造業	10	7（61）
ＩｏＴプラットフォーム提供業	10	13（110）、17（153）、19（172）、22（195）
ＩＳＰ（インターネット・サービス・プロバイダー）	10	22（195）
ＩＴコーディネータ	10	17（153）
ＬＣＣ（格安航空会社）	6	14（119）
ＬＰＧ元売り業	3	12（100）
Ｍ＆Ａ・事業承継 仲介・斡旋業	10	10（81）
ＮＰＯ（保健・医療・福祉分野）	8	3（16）
ＰＰＰ事業運営	7	8（68）
ＲＰＡサービス開発業	10	11（91）、17（153）、22（195）、26（226）
ＳＮＳ運用コンサルティング業	7	16（146）、22（195）
ＶＲ／ＡＲ／ＭＲコンテンツ制作業	10	18（159）
ＶＲ／ＡＲ／ＭＲ用端末製造業	10	18（159）
Ｗｅｂ（インターネット）マーケティング	10	16（146）、22（195）
【あ】		
空き家管理サービス	7	9（75）、23（203）、25（217）
麻紡績業	2	10（81）
味そ製造業	1	10（81）
アニメーション制作業	9	18（159）
アパート経営	6	6（52）、25（217）
アパレル産業	2	5（37）、15（137）
アプリ開発業	10	17（153）、18（159）、19（172）、22（195）
網地製造業	2	24（210）
アミューズメント施設運営業	9	16（146）、18（159）
アルミニウム・同合金プレス加工製品製造業	4	20（180）
暗号資産（仮想通貨）交換業	10	26（226）
アンモニア製造業	3	12（100）
【い】		
異業種協同組合	7	19（172）
一般土木建築工事業	4	4（23）、10（81）、11（91）
一般病院	8	3（16）

第14次業種別審査事典の収録業種	巻	本書のテーマ番号 （ ）はページ
移動電気通信業	10	13(110)、17(153)
稲作農業	1	5(37)、10(81)、19(172)
遺品整理業	7	23(203)
イベント業	7	16(146)、18(159)
医薬品小売業	8	3(16)
医療インバウンド（メディカルツーリズム）	9	14(119)、25(217)
医療関連サービス業	8	3(16)、11(91)
医療経営コンサルタント	7	3(16)、10(81)
医療事務代行	8	3(16)
医療法人	8	11(91)
印刷製版機械製造業	5	11(91)
インターネット広告業	10	22(195)
インターネットショッピングモール	8	7(61)、21(188)、22(195)
インターネットデータセンター（IDC）	10	17(153)、22(195)
インダストリアルデザイン業	7	17(153)、18(159)
【う】		
ウィークリー・マンスリーマンション	6	15(137)
宇宙関連産業	5	20(180)
運送取次業	6	21(188)
運転代行業	6	15(137)
運搬機械製造業	5	4(23)、17(153)
【え】		
映画・ビデオ制作業	9	18(159)
衛星放送業	10	20(180)
エコカー関連産業	5	13(110)、24(210)
煙火（花火）製造業	2	10(81)
【お】		
屋外広告業	10	18(159)
温泉	9	14(119)、16(146)
オンライン診療（遠隔診療）サービス	8	3(16)
オンラインフリーマーケット	8	15(137)、16(146)、21(188)
【か】		
会員制リゾートクラブ	9	15(137)、16(146)、25(217)
海運仲立業	6	21(188)
絵画リース・レンタル業	10	15(137)
外航貨物海運業	6	5(37)、21(188)、24(210)
外航クルーズ・旅客航路運行事業	6	16(146)、14(119)
外国為替証拠金取引業	10	6(52)、26(226)
外国人労働者受入支援業	7	4(23)
介護付有料老人ホーム	8	3(16)、4(23)、9(75)、11(91)、23(203)、25(217)
介護用ロボット製造業	5	3(16)、17(153)
介護療養型医療施設（療養病床等）	8	3(16)、9(75)
介護老人福祉施設（特養）	8	3(16)、4(23)、9(75)、11(91)、23(203)
介護老人保健施設（老健）	8	3(16)、4(23)、9(75)、23(203)
解体工事業	4	8(68)
海難救助業	6	17(153)

239

第14次業種別審査事典の収録業種	巻	本書のテーマ番号 （　）はページ
漁網製造業	2	24(210)
銀行（主要行）	10	6 (52)、22(195)、24(210)、25(217)、26(226)
金属鋳造業	4	10(81)
金属熱処理業	4	4 (23)
金属プレス加工業	4	4 (23)、20(180)
金箔製造業	2	10(81)
金融機関機器製造業（ATM、CD、紙幣勘定機器など）	5	7 (61)
【く】		
空港業	6	8 (68)、14(119)
クラウドサービス事業	10	22(195)
クラウドソーシング	10	11(91)、15(137)
クラウドファンディング事業	10	15(137)、20(180)
クラブ（ダンス飲食店）	9	14(119)
グラフィックデザイン業	7	18(159)
グループホーム（認知症対応型共同生活介護）	8	3 (16)、9 (75)
クレジット・信販会社	10	1 (2)、6 (52)、7 (61)、22(195)、26(226)
【け】		
経営コンサルタント	7	10(81)
警備業	7	17(153)
軽費老人ホーム（ケアハウス）	8	3 (16)、9 (75)、23(203)
ゲームソフト開発業	9	16(146)、18(159)
ゲームソフト販売業	9	18(159)
ゲームマシン（業務用）製造業	5	18(159)
毛織物業	2	10(81)
劇場	9	14(119)
下水道事業	3	8 (68)、24(210)
ゲストハウス	9	14(119)
決済代行業	10	7 (61)
原子力事業	3	12(100)
建設機械器具賃貸業	10	20(180)
建設機械製造業	5	17(153)
建設コンサルタント	7	8 (68)
建設産業	4	4 (23)、8 (68)、10(81)、11(91)、14(119)
建設廃棄物リサイクル業	4	8 (68)
建築工事業	4	11(91)
建築設計事務所	7	8 (68)、9 (75)、18(159)
【こ】		
公害・環境関連検査・分析・計量証明業	7	8 (68)
公害防止産業	4	24(210)
興行場（演芸、相撲、プロ野球等）	9	16(146)
工業用ガス製造・販売業	3	12(100)、20(180)
工業用プラスチック製品製造業	3	24(210)
航空宇宙機器製造業	5	20(180)
航空会社	6	14(119)
航空貨物運送業（エアカーゴ）	6	5 (37)、21(188)

244

第14次業種別審査事典の収録業種	巻	本書のテーマ番号 （　）はページ
セルロースナノファイバー製造・加工業	3	13(110)、24(210)
セロファン製造業	3	24(210)
専修学校・各種学校	7	2（9）
潜水工事業	4	8(68)、24(210)
銑鉄鋳物製造業	4	4(23)、13(110)
船舶代理店	6	5(37)、21(188)
専門学校	7	2（9）
専門職大学・大学院	7	2（9）
【そ】		
葬儀社・葬祭会館	7	16(146)、23(203)
総合建設業（ゼネコン）	4	11(91)、18(159)
総合レンタル業	10	15(137)
惣菜店	6	1（2）
造船業	5	4(23)
ソーシャルネットワークサービス業	10	22(195)
ソーダ・無機化学工業製品製造業	3	24(210)
ソーラーシステム機器製造業	5	12(100)
測量調査業	7	20(180)
損害保険会社	10	22(195)、26(226)
損害保険代理店	10	26(226)
【た】		
ダイカスト製造業	4	4(23)、5(37)
第三セクター	7	8(68)
第三セクター鉄道業	6	8(68)
大衆酒場	6	4(23)
ダイビングスクール	7	16(146)
太陽光発電業	3	12(100)
太陽光パネル製造・販売業	3	12(100)
太陽電池製造業	5	12(100)、20(180)
ダイレクトメール業	10	22(195)、21(188)
宅配便業	6	7(61)、11(91)、13(110)、21(188)
宅配ボックス事業	6	21(188)
多言語音声翻訳サービス業	10	14(119)、17(153)
畳店	2	10(81)
建売業者（パワービルダー）	4	1（2）
鍛圧機械製造業（金属加工機械製造業）	4	4(23)
炭素繊維製造業	2	20(180)
【ち】		
地域密着型サービス（介護）	8	3(16)、9(75)
蓄電池製造業	5	5(37)、12(100)、20(180)
チケットショップ	8	7(61)
地質調査業	7	8(68)
地熱発電業	3	12(100)
地方銀行・第二地方銀行	10	6(52)、23(203)、24(210)、25(217)、26(226)
地方公共団体	7	8(68)
中古衣料品ショップ	2	15(137)

第14次業種別審査事典の収録業種	巻	本書のテーマ番号 （　）はページ
【ゆ】		
有機質肥料製造業	1	19(172)
ユースホステル	9	14(119)
郵便物受取サービス（私設私書箱）	6	11(91)、26(226)
輸入車ディーラー	5	1（2）
【よ】		
養鶏業（ブロイラー）	1	10(81)
幼児教育	7	2（9）
洋紙製造業	3	24(210)
幼稚園	7	1（2）
養豚業	1	5（37）、10(81)
養蜂業	1	5（37）
ヨガスタジオ	9	11(91)
予備校	7	2（9）
【ら】		
ライブハウス	9	16(146)
酪農業	1	4（23）、5（37）、19(172)
ランドオペレーター（旅行サービス手配業）	9	14(119)、22(195)
【り】		
リース業	10	26(226)
理科実験教室	7	2（9）
リサイクルショップ	8	15(137)
リゾートマンション	9	6（52）、25(217)
料理教室	7	11(91)
旅館	9	6（52）、14(119)
旅行・ホテル予約仲介サイト	9	14(119)、15(137)、22(195)
旅行業	9	14(119)、16(146)、18(159)、22(195)
旅行代理店	9	22(195)、25(217)
リラクゼーション業	8	16(146)
林業	1	5（37）、10(81)、24(210)
【れ】		
冷蔵倉庫業	6	21(188)
冷凍食品製造業	1	4（23）
レジャー体験予約サイト	9	14(119)
レンズ製造業	5	18(159)
レンタカー	10	15(137)
レンタサイクル（シェアサイクル）	10	15(137)
レンタルオフィス	10	15(137)
【ろ】		
労働組合	7	11(91)
露地野菜栽培	1	10(81)、19(172)
【わ】		
和風ファストフード	6	1（2）

イベント・トレンドで伸びる業種、沈む業種
逆引きビジネスガイド2020

2020年2月10日　第1刷発行

編　者　一般社団法人 金融財政事情研究会
発行者　加　藤　一　浩

〒160-8520　東京都新宿区南元町19
発　行　所　一般社団法人 金融財政事情研究会
企画・制作・販売　株式会社きんざい
出 版 部　TEL 03(3355)2251　FAX 03(3357)7416
販売受付　TEL 03(3358)2891　FAX 03(3358)0037
URL https://www.kinzai.jp/

校正:株式会社友人社／印刷:三松堂株式会社

ISBN978-4-322-13492-6